Mobilität nach COVID-19

Wolfgang H. Schulz · Nicole Joisten ·
Christina F. Edye
(Hrsg.)

Mobilität nach COVID-19

Grenzen – Möglichkeiten – Chancen

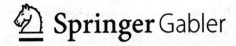

Hrsg.
Wolfgang H. Schulz
Zeppelin Universität
Friedrichshafen, Deutschland

Nicole Joisten
International School of Management (ISM)
Köln, Nordrhein-Westfalen, Deutschland

Christina F. Edye
Zeppelin Universität
Friedrichshafen, Baden-Württemberg
Deutschland

ISBN 978-3-658-33307-2   ISBN 978-3-658-33308-9 (eBook)
https://doi.org/10.1007/978-3-658-33308-9

Die Deutsche Nationalbibliothek verzeichnet diese Publikation in der Deutschen Nationalbibliografie; detaillierte bibliografische Daten sind im Internet über http://dnb.d-nb.de abrufbar.

Planung/Lektorat: Nora Valussi
Springer Gabler ist ein Imprint der eingetragenen Gesellschaft Springer Fachmedien Wiesbaden GmbH und ist ein Teil von Springer Nature.
Die Anschrift der Gesellschaft ist: Abraham-Lincoln-Str. 46, 65189 Wiesbaden, Germany

Vorwort

Am 31. Dezember 2019 veröffentlichte die Wuhan Municipal Health Commission die Nachricht, dass eine Anhäufung von Pneumonie-Erkrankten festgestellt wurde. Zwischen Anfang Januar und Oktober 2020 wurden 35 Millionen Ansteckungen mit dem SARS-CoV-2-, auch COVID-19- und Corona-Virus genannt, festgestellt. Aufgrund der hohen Rate an internationalen Reisen hat sich das Virus wie ein Lauffeuer in der Welt ausgebreitet und ein baldiges Ende, wie anfangs erhofft, ist aufgrund schneller Übertragung nicht in Sicht.

Dieses Buch beschäftigt sich mit dem Einfluss von COVID-19 auf unsere Mobilitätswelt. Jegliche Bereiche der Mobilität, von Luftfahrt bis zu Spaziergängen, haben sich in den vergangenen Monaten verändert. Während einige Bundesländer stärker betroffen waren als andere und die Lebenseinschränkungen dadurch im ganzen Land variierten, ist dennoch eines klar: die Freiheit, die uns unser Fortbewegungsnetzwerk ermöglicht, ist nicht mehr wie vorher.

In diesem Buch kommen Experten aus jeglichen Sektoren der Mobilitätsindustrie zusammen und analysieren, evaluieren und diskutieren die Entwicklung ihres Bereiches. Das Buch soll nicht nur anderen Experten und Beschäftigten der Industrie einen Überblick verschaffen, sondern allen die Entwicklung der Branche näherbringen.

Redaktionsschluss war der 1. Oktober 2020.

Wir hoffen, dass dieses Buch Ihnen einen Einblick in die sich wandelnde Mobilitätsbranche gibt.

Univ. -Prof. Dr. Wolfgang H. Schulz
Prof. Dr. Nicole Joisten
Christina F. Edye

Inhaltsverzeichnis

Die Theorie der institutionellen Rollenmodelle – der Restrukturierungsansatz für Unternehmen zur Bewältigung der COVID-19 Krise

Wolfgang H. Schulz, Oliver Franck und Stanley Smolka

1.1 Einleitung und Problemstellung

Der COVID-19-Virus hat auf wirtschaftlicher Seite den Anpassungsdruck für Unternehmen in allen Industrien erhöht. Im Guten wie im Schlechten. Es gibt Verlierer, die durch einen Einbruch der Nachfrage sowie durch Angebotsrestriktionen in die Verlustzone gerutscht sind und nun unter einem enormen Kostensenkungsdruck stehen. Es gibt Gewinner, die ihre Produktion hochfahren und die die Marktchancen ergreifen konnten, um aufgrund einer hohen Produktionsflexibilität neue Produkte anzubieten. Aber es gibt Industrien, die in doppelter Weise getroffen wurden. Dazu gehört die Mobilitätsindustrie – und zwar verkehrsträgerübergreifend. Klimawandel, Elektromobilität und der Eintritt neuer Player in die verschiedenen Märkte hatten schon vor der Pandemie einen Anpassungsdruck erzeugt. Dieser Anpassungsdruck wurde durch die Pandemie deutlich verschärft. In den 80er Jahren im 20. Jahrhundert gab es das Paradigma, dass Großunternehmen, und damit eine gewisse Konzentration in den verschiedenen Märkten, für eine industrielle Volkswirtschaft gut sind, da gerade Großunternehmen in Konjunkturkrisen stabilisierend wirken: Aufgrund ihrer „finanziellen" Größe verfügen sie über Puffer, so dass ohne Freisetzung von Beschäftigung die Krise durch-

W. H. Schulz · O. Franck (✉) · S. Smolka
Zeppelin Universität, Friedrichshafen, Deutschland
E-Mail: oliver.franck@zu.de

W. H. Schulz
E-Mail: wolfgang.schulz@zu.de

S. Smolka
E-Mail: stanley.smolka@zu.de

© Der/die Autor(en), exklusiv lizenziert durch Springer Fachmedien Wiesbaden GmbH, ein Teil von Springer Nature 2021
W. Schulz et al. (Hrsg.), *Mobilität nach COVID-19*,
https://doi.org/10.1007/978-3-658-33308-9_1

standen werden kann. Dieses Paradigma wurde durch das Shareholder-Value-Paradigma abgelöst. Großunternehmen werden als ewiger monetärer Strom in Richtung Shareholder betrachtet und die Vorstände entsprechend belohnt, wenn sie in geschickter Weise die Liquidität aus dem von ihnen geleiteten Unternehmen herausziehen. Diese neue „Manager-Generation" ignorierte eine der drei Unternehmerfunktionen, die Richard Cantillon, der Begründer der Unternehmenstheorie, herausgearbeitet hatte, weil sie sich auch nur noch auf die ambidextrische Sichtweise konzentrieren konnte. Diese Unternehmerfunktion ist die Verringerung der Einkommensunsicherheit von Dritten. Aus dieser Funktion folgt die Frage: Was muss man tun, um wirtschaftlich zu überleben und gleichzeitig das Einkommen der Beschäftigten zu sichern? Zugegeben, es ist im operativen Geschäft einfacher, schnell die Kosten zu senken, indem Beschäftigte entlassen werden, und in Deutschland können schon aufgrund von bestehenden Regulierungen, vor allem im Arbeitsmarkt, die Manager nicht so frei handeln wie Lee Iacocca, der 1979 einen freiwilligen Lohnverzicht bei den Chrysler-Mitarbeitern per Akklamation erreichte. Aber das Geheimnis für den anschließenden Erfolg von Chrysler war nicht der Lohnverzicht, sondern die im Hintergrund konsequent betriebene Veränderung der Organisationsstruktur. Genau das macht dieses Kapitel: Es liefert mit der Theorie der Institutionellen Rollenmodelle einen theoretischen Beitrag, um den Entscheidern ein Tool in die Hand zu geben, die Organisationsstruktur effizient zu organisieren und zu flexibilisieren. Hat Lee Iacocca sich damals von den Japanern inspirieren lassen, ist die Theorie der Institutionellen Rollenmodelle „made in Germany".

Bleibt nur noch eines zu sagen: Mit der Theorie der Institutionellen Rollenmodelle können sich Unternehmen effektiv, effizient und diskriminierungsfrei organisieren, um Digitalisierung, Künstliche Intelligenz und alles, was noch kommt erfolgreich zu bewältigen.

Gewisse gesellschaftliche Veränderungen wie zum Beispiel die Digitalisierung und die Künstliche Intelligenz prägen das 21. Jahrhundert auf eine Art und Weise, wie sie die Welt zuvor noch nie gesehen hat. Neben der Zunahme der Globalisierung liegt der Grund für diese gesellschaftlichen Veränderungen in der Dynamik der Digitalisierung begründet, die in allen sozioökonomischen Lebenssphären ihren Einfluss entfaltet. Neben einer zunehmenden Vernetzung unterschiedlicher Akteure ist eine regelrechte Neuerschaffung der Welt zu beobachten. Beispielhaft können an dieser Stelle Themengebiete wie zum Beispiel die Digital Economy, die Sharing Economy sowie die autonome Mobilität genannt werden.

Aufgrund der zunehmenden Digitalisierung werden ebenfalls Bereiche der Mobilität mittels der Sharing Economy grundlegend verändert und ein Paradigmenwechsel in der Nutzung von Mobilitätskonzepten ist festzustellen. Hierbei gibt es mittlerweile die unterschiedlichsten Kooperationslösungen wie zum Beispiel „ShareNow", die aus der Fusion zwischen „Car2Go" und „DriveNow" hervorgegangen ist. Dies hat eine Reduktion des motorisierten Individualverkehrs zur Folge, die eine Senkung der externen Kosten in den Innenstädten ermöglicht.

Die steigende Komplexität zwischen den einzelnen Stakeholdern führt zu einer Ver-
netzungszunahme zwischen den individuellen Bedürfnissen der Akteure, die auf einem
gemeinsamen Markt konkurrieren. Am Beispiel von ShareNow kann eindrucksvoll
beobachtet werden, wie verschiedene gesellschaftliche Stakeholder interagieren und miteinander kooperieren, um die Gesamtwohlfahrt einer Volkswirtschaft zu maximieren.
Dies betrifft die Bereiche der Ökonomie sowie der Ökologie. Aufgrund der steigenden
Komplexität, die mit der Entwicklung von neuen Mobilitätsangeboten einhergeht, ist
es nicht mehr ausreichend, einzelne Abteilungen siloartig agieren zu lassen, ohne dass
zwischen den Abteilungen die Zusammenarbeit aktiv gesucht wird. Um holistische
Lösungskonzepte entwickeln zu können, ist es zwingend erforderlich, die vollständige
Wertschöpfungskette mit all ihren Stakeholdern zu beachten. Die gewinnbringende
Platzierung und Monetarisierung einzelner Marktlösungen gestaltete sich in der Vergangenheit als relativ einfach für die einzelnen Marktakteure. Diese Marktlösungen
waren bereits in der Vergangenheit das Ergebnis der Zusammenarbeit aller Unter-
nehmensabteilungen. In der heutigen Zeit wird die Berücksichtigung externer Stakeholder, deren Bedarfe in unterschiedlichsten Formen befriedigt werden müssen, als
neuartig betrachtet. Die Kombination von externem und internem Wissen gewinnt im
Zuge der Digitalisierung für die Automobilindustrie an Relevanz. Dies ist erforderlich,
da die Automobilindustrie nicht über die nötigen Fähigkeiten und Ressourcen verfügt,
um in zwei unterschiedlichen Systemen agieren zu können. Ursächlich hierfür sind
die damit verbundenen Transaktionskosten und die erforderlichen Ressourcen. Dabei
kommt es vor allem darauf an, dass die Unternehmen sich die Fähigkeit der Kooperation
aneignen müssen und dies innerhalb eines widerspruchsfreien Rechtsrahmens geschieht.
Es ist festzuhalten, dass das Handeln und Kooperieren marktmächtiger Unternehmen
stets diskriminierungsfrei und im gültigen Rechtsrahmen zu erfolgen hat.

Hartmut Rosa betont in seinem Werk, dass die Modernisierung zu einer bestimmten
Form der Beschleunigung führt. Diese subjektiv wahrgenommene Akzeleration resultiert
aus einer Mengenerhöhung pro Einheit an Zeitressourcen. Folglich entsteht eine
relative Zeitverknappung. Mathematisch kann dies damit begründet werden, dass die
Kontraktion der Zeitressource nur dann erfolgen kann, wenn für eine bestimmte Menge
an Arbeit eine größere Zeiteinheit erforderlich ist oder wenn die Mengenwachstums-
raten größer sind als die Beschleunigungsraten. Dann entspricht dies einer technischen
Entschleunigung und ergo einer Verknappung der Ressource „Zeit". Um die gewaltige
Menge an Daten verarbeiten zu können, werden neue Innovationen wie zum Beispiel Quantencomputer benötigt, um die relative Zeitressource nicht zusätzlich zu ver-
knappen. Dieser Zwiespalt zwischen Innovation einerseits und Zeit andererseits erfordert
eine andauernde Optimierung und Leistungssteigerung, welches gewisse soziale Nachteile hervorruft, aufgrund des Drucks sich permanent den Veränderungen anpassen zu
müssen. Sofern das Subjekt nicht die nötige Bereitschaft aufbringt, sich auf die stetig
wandelnden Anforderungen einzustellen, entsteht die Gefahr den Status innerhalb des
sozialen Schichtungssystems zu verlieren und nicht mehr über die dem ehemaligen
Status zugehörigen Ressourcen zu verfügen (Rosa 2012).

Die Berücksichtigung diverser gesellschaftlicher Stakeholder bedarf eines neuen Organisationsmodels, das den Spagat zwischen den unterschiedlichen Wertvorstellungen und Zielen meistert.

Der nachfolgende Beitrag beginnt mit einer Propädeutik zu dem Phänomen der hybriden Organisation, gefolgt von Ausführungen zur Komplexität sowie der Systemtheorie nach Niklas Luhmann. Anschließend wird eine Einführung in die Theorie der Institutionellen Rollenmodelle nach Wolfgang H. Schulz vorgenommen. Schließlich wird anhand der Theorie der relationalen Führung nach Joseph Wieland ein Beitrag zur Anwendung auf einer Leadership-Ebene geleistet.

1.2   Hybride Organisation

For-Profit-Organisationen (FPO) und Non-Profit-Organisationen (NPO) erfahren seit geraumer Zeit Fokuserweiterungen, die laut Stephan A. Jansen neue Gesellschaftsspiele schafft. Der Kern hierfür steckt in den transsektoralen Aktivitäten, die die altehrwürdigen Sektorgrenzen verschieben oder sogar beginnen, diese aufzulösen. Organisationen entwickeln sich infolgedessen weiter und bilden auf der nächsten Entwicklungsstufe Hybride aus, die dazu befähigt sind, zwischen den einzelnen Sektorgrenzen zu agieren (Jansen 2013).

Jene Kompetenz der Entdifferenzierung ist in den einzelnen Organisationen institutionell veranlagt. So vereinen beispielsweise klassische Non-Profit-Organisationen gemeinschaftliche, staatliche und marktnahe Elemente, während sie diverse Ziele zeitgleich nachgehen, diverse Organisationskulturen integrieren und last but not least multiple Ressourcen verwenden. NPOs sind folglich hybride Gebilde jenseits von Markt, Staat und Civil Society. Aus diesem Grund lassen sich keine trennscharfen sektorspezifischen Abgrenzungen zwischen den Sektoren Markt, Staat und Zivilgesellschaft finden (Schulz 2010). Beispielhaft sei an dieser Stelle an das soziale Unternehmertum sowie an Wohlfahrtsorganisationen erinnert, die verschiedene Sektorlogiken miteinander verzahnen und als hybride Organisationen betrachtet werden (Scheuerle et al. 2013). Hybride Organisationen sind folglich nicht mehr allein auf ihre ursprüngliche natürliche Sektorlogik avisiert, sondern integrieren mindestens eine weitere Sektorlogik – beispielsweise die des Marktes oder der Politik – in ihr Organisationskalkül. Somit agieren diese Organisationen fortan als Zwitter (Simić und Predović 2014). Damit einhergehend erschaffen hybride Organisationen neue unterschiedliche Formen der Ressourcenallokation, die in multiple Organisationsziele münden. Dies ermöglicht einen Ausgleich zwischen Eigen- und Gemeinwohlinteressen. Zudem führen die Handlungslogiken der hybriden Organisationen zur Auflösung traditioneller Sektorgrenzen, so dass gleichzeitig neue intersektorale Orientierungsgrößen geschaffen werden, die zu fundamental neuen Wettbewerbskompositionen zwischen den Organisationen des Marktes, des Staates sowie der Zivilgesellschaft führen (Kordesch 2017).

Treiber für die Hybridisierung von Organisationen lassen sich einerseits in der zunehmenden Ökonomisierung von NPOs und andererseits in der zunehmenden Integration von nachhaltigen Aspekten auf Seiten der FPOs finden. Dies lässt den gedanklichen Schluss zu, dass alle Organisationen im 21. Jahrhundert als Hybride gelten. Aus diesem Grund schlagen Glänzel und Schmitz (2012) eine schärfere Definition von hybriden Organisationen vor, so dass jene von „gewöhnlichen" Organisationen mit ausgeprägtem Corporate-Social-Responsibiliy-Verhalten oder jenen, die einen Shared-Value-Ansatz (nach Porter und Kramer) verfolgen, unterschieden werden können. Die Art und Weise des inter- sowie transsektoralen Agierens von Organisationen mit hybrider Identität ist durch die Bündelung und Verwendung diverser sektorspezifischer Ressourcen gekennzeichnet. Somit geht es a priori nicht um das „entweder oder", sondern vielmehr um das „sowohl als auch". Zudem ist in allen hybriden Organisationen eine multiple Zielsetzung festzustellen, die auf unterschiedliche Sektoren wirken, gleichwertig nebeneinander stehen und erfüllt werden. Nur, wenn diese beiden Bedingungen erfüllt sind, handelt es sich – folgt man Glänzel und Schmitz – per Definition um hybride Organisationen (Glänzel und Schmitz 2012).

Somit lassen sich klassische For-Profit-Organisationen und Non-Profit-Organisationen von hybriden Organisationen abgrenzen. FPO verwenden ihre Mittel vorwiegend, um ihren wirtschaftlichen Ertrag und damit folgend den Shareholder Value zu maximieren. Wobei NPO ihre zur Verfügung gestellten Mittel dafür verwenden, die selbstgewählten gemeinwohlorientierten Aufgaben, gemäß ihrer Solidaritätslogik, zu erfüllen. Mit Blick auf die existierenden Organisationen wird deutlich, dass sie sich unterschiedlichen Sektorlogiken widmen und unterschiedliche Ressourcen verwenden – siehe Corporate Social Responsibility und Created Shared Value – jedoch stets eine Sektorlogik in Hinblick auf die zu erreichenden Organisationsziele als dominant erscheint.

Bei den meisten FPO lässt sich konstatieren, dass soziale und nachhaltige Ziele als relevant betrachtet werden und unterschiedliche Zielsetzungen in diesen Bereichen existieren, jedoch die Sektorlogik des Marktes und damit einhergehend das verbundene Ziel der Profitmaximierung stets primär betrachtet und realisiert wird (Glänzel und Schmitz 2012). Für For-Profit-Organisationen werden somit Zielfunktionen des Dritten Sektors zu Mitteln innerhalb ihrer eigenen Marktlogik. Umgekehrt nehmen Non-Profit-Organisationen Instrumente des Marktes auf und ordnen diese ihrer eigenen Solidaritätslogik unter. Unter jenen Umständen ist die Integration von hybriden Mitteln beobachtbar: Die Organisationsziele scheinen hybrid zu sein, jedoch dominiert die natürliche Sektorlogik. Jene Asymmetrie verdeutlicht, weshalb die Mehrheit von Organisationen eine schwache Hybridität aufweist. Sie agieren de facto intersektoral, aber weisen keine vollendete Hybridität auf (Glänzel und Schmitz 2012). Diese scharfe Unterscheidung ist elementar für den Management- und Leadership-Diskurs im 21. Jahrhundert. Die transaktionale Führung sowie die spätere Weiterentwicklung zur transformationalen Führung – beide haben ihren Ursprung in der Transaktionskostentheorie von Coase (1937) – finden ihre Berechtigung im 20. Jahrhundert. Sie stoßen jedoch bei intersektoral agierenden – hybriden – Organisationen an ihre Grenzen. Denn hybride Organisationen erbringen eine Vermittlungs- und Mediationsleistung zwischen den entsprechenden Sektoren. Diese müssen in der Lage sein, ein flächendeckendes Signalspektrum zu empfangen, zu verstehen und darauf zu reagieren sowie darauf bezugnehmend interne und externe Entscheidungen treffen zu können. Hier wird ersichtlich, dass gleichzeitig eine Übersetzung des jeweils sektorspezifischen Codes in die Codes anderer beteiligter Sektorlogiken notwendig ist. Dies ist der Grund, weshalb hybride Organisationen Personal mit unterschiedlichen Hintergründen und Kompetenzen benötigen, die die notwendigen Übersetzungs- sowie Implementierungsleistungen erbringen können (Glänzel und Schmitz 2012).

1.3   Komplexität und Vernetzung

Die voranschreitende Digitalisierung der Arbeitswelt bewirkt, dass die zahlreichen Geschäftsfelder, in denen Unternehmen tätig sind, in ihrem Ausmaß der wechselseitigen Vernetzung deutlich zunehmen. Die Digitalisierung der Arbeitswelt zeigt sich insbesondere daran, dass immer mehr und immer vielfältigere Daten gesammelt und miteinander verknüpft werden, die von Unternehmen entweder eigenständig ausgewertet oder alternativ an Dritte weiterverkauft werden, welche die Daten wiederum im Sinne ihrer Geschäftsinteresse auswerten und einsetzen. Dies geschieht gewiss unter der Berücksichtigung der geltenden Datenschutzverordnungen. Dieser in Bewegung gesetzte und sich intensivierende Prozess des sich verdichtenden Netzwerks von digitalen Verflechtungen einerseits in Kombination mit den globalen Herausforderungen andererseits, welche von der Menschheit gelöst werden müssen, führt dazu, dass die Führungskräfte ihre Unternehmen nicht mehr als isolierte Einheiten betrachten sollten, sondern vielmehr als vernetzte Gebilde. Denn die Vorstellung von einem Unternehmen als einer isolierten Einheit ist in diesem zunehmend digitalisierten Gesellschaftssystem schlicht nicht mehr zeitgemäß. Daher ist es von Notwendigkeit, die gegenwärtig praktizierte Form des Kapitalismus um alternative Formen des Wirtschaftens zu ergänzen, sodass angesichts der Veränderungen der Arbeitswelt unser funktionierendes Sozialsystem auch funktionsfähig für die Zukunft gestaltet werden kann. Daher ist es aktuell von großer Wichtigkeit, die traditionelle Auffassung von Unternehmensführung dahingehend zu überarbeiten, wie es möglich ist, dass eine Balance zwischen verschiedenen gesellschaftlichen Stakeholdern geschaffen werden kann. Der Soziologe Hartmut Rosa spricht in diesem Zusammenhang davon, dass es nun die Aufgabe sei, kollektive Denkmuster auszuprägen, um dadurch das gesellschaftliche Solidaritätsbewusstsein zu stärken, sodass in Erweiterung des bestehenden kapitalistischen Systems zeitgemäßere Formen des Wirtschaftens erfunden werden können, die den Kapitalismus in seiner bestehenden Form ablösen (Rosa 2014, S. 33). Daraus folgt, dass die Unternehmensführungen von Unternehmen zu der Einsicht gelangen müssen, dass sie nur dann in einer nachhaltigen und friedlichen Gesellschaft unternehmerisch tätig sein können, wenn sie die Kooperation mit vielfältigen Stakeholdern suchen und ausbauen. Die Unternehmen müssen dementsprechend bei der Herstellung ihrer Waren und Dienstleistungen der Frage nach dem Allgemeinwohl in ihrer Handlungen Beachtung schenken, um sowohl die Situation der Kunden, des Unternehmens als auch der Gesellschaft zu verbessern.

Diese Arbeit versteht sich als Beitrag zu einer Analyse eben jener soeben skizzierter Herausforderungen der Geschäftswelt und unternimmt den Versuch herauszuarbeiten, welche alternativen und neuen Formen von Leadership, Kultur, Unternehmensführung und Organisationsdesign sich dafür eignen, die gesellschaftliche Wohlfahrt der Zukunft zu vermehren sowie die Herausforderungen der Menschheit effektiv und nachhaltig zu lösen. Maßgeblich geht es hierbei darum, neue Führungskompetenzen zu identifizieren und zu kontextualisieren, die in Unternehmen der Zukunft benötigt werden. Im nächsten Abschnitt werden hierzu in einem ersten Schritt die Grundlagen des Institutionellen Rollenmodells (IRM) beschrieben.

1.4 Systemtheorie

Für ein tieferes Verständnis für die Theorie des Institutionellen Rollenmodells (IRM) ist es notwendig, die Grundlagendisziplinen, die dem Model als Basis dienen, etwas näher auszuführen. Gleichwohl muss auf die unvermeidlichen Limitierungen verwiesen werden, da im Rahmen dieses Beitrags eine ausführliche und vollständige Aufarbeitung der neuen soziologischen Systemtheorie – nach Niklas Luhmann – einerseits den Rahmen sprengen und andererseits dem Begründer nicht gerecht werden würde. Die Differenz von System und Umwelt stellt die Grundlage der neuen soziologischen Systemtheorie dar. Darüber hinaus ist festzuhalten, dass zwischen geschlossenen und offenen Systemen unterschieden wird. Die Divergenz offener und geschlossener Systeme besteht darin, dass die Umwelt des geschlossenen Systems keine Bedeutung besitzt, währenddessen ein offenes System mit seiner Umwelt in Beziehung steht. Hierbei spielt es keine Rolle, wie diese Austauschbeziehungen definiert sind und in welcher Art und Weise und Intensität diese Austauschbeziehungen vollzogen werden (Luhmann 2012, S. 22).

Ein System besteht aus einem oder mehreren Elementen sowie Relationen (Beziehungen), die zwischen diesen Elementen wirken. Als Gesamtsystem wird die Summe aller Elemente und Relationen zueinander bezeichnet. Das Ausmaß der Komplexität eines Gesamtsystems bestimmt sich dadurch, inwieweit es unmöglich ist, jedes Element jederzeit mit jedem anderen Element in Beziehung zu setzen. Aufgrund der Tatsache, dass das System immer weniger komplex als seine Umwelt aufgebaut ist, muss es Selektionsstrategien bei der Auswahl und Verknüpfung von Elementen entwickeln. Denn die Komplexität der Umwelt sowie die Komplexität des Systems selbst führen dazu, dass das System unter Selektionszwang steht, da es aktuell immer nur bestimmte Elemente auswählen und miteinander relationieren kann. Daher wäre es auch immer möglich gewesen, andere Elemente auszuwählen und zu relationieren, weswegen jede Selektionsstrategie eines Systems kontingent, also immer auch anders möglich ist (Luhmann 1984). Aufgrund dieses Zusammenhangs stellt die Unterscheidung zwischen Element und Relation den zweiten wesentlichen Kerngedanken der Systemtheorie dar, da sich aus dieser Unterscheidung die Komplexität eines Systems ableitet.

In Hinblick auf den Kerngedanken der Systemtheorie – folglich der Differenz von System und Umwelt – wird deutlich, dass sich unendlich viele (Teil-)Systeme ausdifferenzieren können. Hierbei ist es völlig unerheblich, ob sich ein neues System aus einem bereits bestehenden Gesamtsystem ausdifferenziert – beispielsweise sei an die Gründung von Tochterunternehmen erinnert – oder sich holotisch neu herausbildet. Im ersten Fall kann davon gesprochen werden, dass das ursprüngliche Gesamtsystem als Umwelt des neu transformierten (Teil-)Systems betrachtet wird und sich dieses neue (Teil-) System von dem Gesamtsystem ausdifferenzierte. Folglich lässt sich konstatieren, dass ein ausdifferenziertes System, aufgrund der hohen Komplexität von System und Umwelt, aus unterschiedlichen System-Umwelt-Differenzen existieret. Aus diesem Grund ist offensichtlich, weshalb mehrere (Teil-)Systeme ein Gesamtsystem und dessen Umwelt rekonstruieren (Luhmann 2012). An dieser Stelle kann beispielsweise an die vielfältigen und unzähligen Holdings, Konglomerate und Kooperationsnetzwerke innerhalb des Wirtschaftssystems erinnert werden.

Im Hinblick auf den zweiten Kerngedanken der Systemtheorie – der Unterscheidung zwischen Element und Relation – ist es entscheidend, dass die dem System gegebenen Elemente ihrerseits in unterschiedlichem Ausmaß komplex sind, um als Einheit für die Systembildung auf höheren Ebenen fungieren zu können (Luhmann 1984). Folglich sind bereits die Elemente eines komplexen Systems in sich komplexer konstituiert als diejenigen eines weniger komplexen Systems. Dies lässt sich an einem geeigneten Beispiel verdeutlichen. Ein börsennotierter Konzern setzt sich oftmals beispielsweise aus zahlreichen Tochterunternehmen zusammen, wohingegen sich ein kleines Unternehmen lediglich aus verschiedenen Abteilungen zusammensetzt. Dementsprechend haben die Elemente auf der höchsten Ebene der Systembildung bei dem börsennotierten Konzern eine größere Binnenkomplexität als die Elemente auf der höchsten Ebene der Systembildung des kleinen Unternehmens, da ein jedes Tochterunternehmen als Subsystem des Gesamtsystems wiederum in zahlreiche Tochterunternehmensabteilungen untergliedert ist.

Überdies hinaus können sich Systeme nicht nur von ihrer Umwelt ausdifferenzieren und sich mithilfe einer „Grenze" zu ihrer Umwelt abgrenzen, sondern sich ebenfalls gleichzeitig adaptiv und strukturell an ihrer Umwelt orientieren. Aufgrund dessen können Systeme ohne Umwelt nicht existieren. Folglich ist die Grenzerhaltung des Systems gegenüber der Umwelt gleichzeitig Teil der Systemerhaltung: Denn ohne Grenze ist weder eine Differenzierung noch eine Reproduktion möglich. Nicht zu vergessen ist hierbei, dass diese Grenzen nicht als feste, undurchlässige „Mauern", sondern vielmehr als Zellmembranen verstanden werden, die semipermeable Eigenschaften aufweisen, so dass trotz Ausdifferenzierung sowohl ein Austausch als auch Zusammenhänge zwischen System und Umwelt zugelassen werden (Luhmann 2012). Zur besseren Veranschaulichung sei beispielhaft an den menschlichen Organismus erinnert. Jede einzelne Körperzelle differenziert sich von der Umwelt (Gesamtsystem) aus und bildet ihr eigenes System, sofern die einzelnen Zellkörper als Elemente definiert werden. Unter den einzelnen Zellkörpern findet ein Austausch von Materialien und Informationen innerhalb der Körperzelle mit Hilfe des endoplasmatischen Retikulums und anderen zellinternen Transport- und Austauschsystemen statt. Zugleich findet ebenfalls ein Informations- und Materialaustausch zwischen den einzelnen Körperzellen untereinander statt. Vergrößert man nun das Objektiv des Mikroskops, fällt auf, dass ein Bündel aus Millionen von Zellen ein Teilsystem des menschlichen Organismus bilden. Jede noch so kleine und unscheinbare Zelle ist Teil des Gesamtsystems, das lediglich nur ein „Teilsystem" des gesamten menschlichen Organismus darstellt. Das Gesamtsystem „Mensch" ist jedoch nur dann lebensfähig, wenn jede einzelne Körperzelle ihre Funktion erfüllt und alle Körperzellen sowie alle organischen Teilsysteme miteinander in Beziehung stehen.

Dieser kurze medizinische Einblick soll lediglich als praktisches Beispiel dienen. In Hinblick auf das Wirtschaftssystem lassen sich ähnliche Parallelen ziehen, wobei hier die Evolution von kleinen und mittelständischen Unternehmen bis hin zu global agierenden Konzernkonglomeraten und ganzen Wirtschaftssystemen zu beobachten ist. Den Mehrwert der Theorie des Institutionellen Rollenmodells sollten die ausgeführten Beispiele in aller Kürze verdeutlichen. Die Vorteile des IRM liegen darin, dass sowohl von der Mikro- bis hin zur Makroebene wirtschaftliche Prozesse analysiert, entwickelt und effizient strukturiert werden können. Mithilfe des IRM können auf der Mikroebene einzelne Geschäftsprozesse analysiert, optimiert sowie entwickelt werden. Auf der Mesoebene können unter anderem weitreichende Unternehmensstrategien entworfen und auf der Makroebene können komplexe Kooperationsmodelle analysiert, optimiert und effizient entwickelt werden.

1.5 Betreibermodelle

Eine wesentliche Grundlage des Institutionellen Rollenmodells stellen die Betreibermodelle dar, die in drei verschiedene Arten untergliedert sind. Daher ist es für die Erreichung eines tiefgreifenden Verständnisses des Institutionellen Rollenmodells wichtig, dass man mit den drei wesentlichen Arten von Betreibermodellen vertraut ist. So ist der Betreiber entweder 1) vollständig im Privatbesitz, oder 2) vollständig im öffentlichen Besitz oder 3) er hat sowohl private als auch öffentliche Beteiligungen.

Zahlreiche Kriterien finden bei der Auswahl des geeigneten Betreibermodells Anwendung, die sowohl qualitative wie auch quantitative Aspekte berücksichtigen, sodass die Auswahl des Betreibermodells auf einer exakten empirischen Grundlage beruht.

Ferner ist es relevant, sofern alternative Betreibermodelle angewendet werden, dass die Verteilung der Rollen die vollständige Lieferkette berücksichtigt. Die Lieferkette setzt sich aus den betrieblichen Funktionen 1) Beschaffung, 2) Produktion und 3) Vertrieb zusammen. Wenn es sich hingegen um ein Dienstleistungsangebot handelt, dann setzt sich die Lieferkette aus den Funktionen 1) Datenerfassung, 2) Datenverarbeitung und 3) Dienstleistungsbereitstellung zusammen. Abb. 1.1 zeigt eine exemplarische Rollenverteilung in alternativen Betreibermodellen.

Damit ein Betreibermodell erkenntnisbringend eingesetzt werden kann, ist es zunächst einmal wichtig, dass man es strukturiert hat. Es ist entscheidend, dass das Betreibermodell in operativer wie auch organisatorischer Hinsicht strukturiert ist. Diese Ebene umfasst zwei Aspekte, welche festgelegt sein müssen. Der erste Aspekt ist die Festlegung auf eine bestimmte Rechtsform des Unternehmens und der zweite Aspekt ist die Festlegung auf eine bestimmte Kapital- und Aktionärsstruktur. Außerdem sollte im Vorhinein feststehen, wie sich das Unternehmen vermarktet und wie es sich durch Investoren finanziert. Diese Entscheidungen müssen zwecks der Strukturierung eines Betreibermodells getroffen werden (Schulz et al. 2019).

1.5.1 Handlungsfelder und Interventionsinstrumente

Wie bereits im Abschnitt zur Systemtheorie beschrieben, basiert diese Systemtheorie auf der System-Umwelt-Differenz. Übertragen auf die Betreibermodelle bedeutet dies, dass Effekte der Umwelt das Fehlschlagen von Betreibermodellen verursachen können. Neben der Möglichkeit eines Versagens eines Betreibermodells aufgrund von

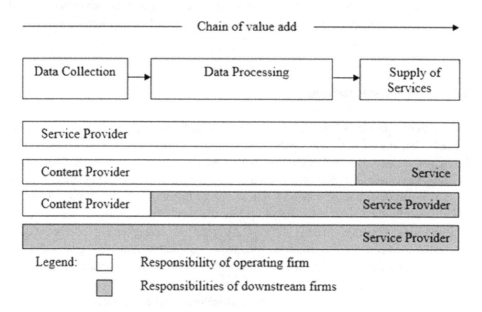

Abb. 1.1 Rollenverteilung in alternativen Betreiberkonzepten

Umwelteffekten besteht ebenso die Gefahr, dass ein Betreibermodell von innen heraus versagt, also systemtheoretisch gesprochen das System selbst versagt, da es an der Bereitschaft mangelt, dass das Betreibermodell auch tatsächlich umgesetzt wird. Wann immer der Markt in der Folge des Versagens von Betreibermodellen selbst versagt, sei es, weil die Modelle nicht angefertigt oder nicht umgesetzt werden können, dann steht der Staat in der Verantwortung, dass die Umsetzung dennoch gelingt. Der Staat hat gegenüber klassischen Unternehmen einen immensen Vorteil, welcher darin besteht, dass er durch einen Rechtsakt seinen Kompetenzbereich erweitern kann, wodurch er neue Funktionen erfüllen kann. Die Aufgaben, die ein Staat in diesem Sinne übernehmen kann, betreffen beispielsweise die Bereiche Ordnungs-, Wettbewerbs-, Forschungs-, Industrie-, Mittelstands- und Umweltpolitik (Schulz et al. 2019).

Das COVID-19-Virus bedroht gegenwärtig die wirtschaftliche Existenz zahlreicher Unternehmen und könnte sich als ursächlich für Marktversagen erweisen. Vor vier Jahrzehnten hat sich in der Wirtschaftspolitik dahingehend ein Wandel ereignet, dass das Transportgewerbe sowie andere Netzindustrien nicht mehr dem Bereich der staatlichen Daseinsvorsorge zugeordnet wurden. In der Folge hat eine Dynamik der Deregulierung und Privatisierung des Transportgewerbes sowie der Netzindustrien eingesetzt. Diese Maßnahmen der Deregulierung und Privatisierung sollten den Wettbewerb fördern, die Markteffizienz verbessern und das Wirtschaftswachstum steigern. Die Finanzkrise 2008/2009 zeigt eindeutig, dass das Finanzsystem nicht als Ausnahmebereich hätte aufgefasst werden sollen. Aktuell ist es die Aufgabe der Haushaltspolitik, dafür Sorge zu tragen, dass das marktwirtschaftliche System in Anbetracht des Schocks durch COVID-19 nicht in sich zusammenbricht. Daher ist es relevant, dass sich die Bevölkerung nicht nur an die Verhaltensregeln hält, sondern das gleichzeitig auch Maßnahmen zwecks der Stützung systemrelevanter Industrien durch den Staat getroffen werden, welche beispielsweise die Senkung von Steuern oder die Gewährleistung von Krediten sein könnten. Die nachhaltige Stützung des Wirtschaftssystems könnte dadurch erreicht werden, dass den Unternehmen die Sozialabgaben erlassen werden, wodurch sich ihre Liquidität verbessern würde. Darüber hinaus gilt es Steuern mit allokativer Wirkung zeitlich zu befristen, wie beispielsweise die Luftverkehrssteuer.

Für das Verständnis des Betreibermodells ist es wichtig, dass dieses anhand eines Beispiels illustriert und diskutiert wird, welches das Cooperative Transport Safety System ist, wie es Schulz, Joisten und Arnegger vorgestellt haben. Zunächst einmal ist es relevant herauszufinden, wodurch mögliche ökonomische Schwierigkeiten in Bezug auf die Entwicklung von kooperativen Verkehrssystemen entstehen könnten, neben dem allgemeinen Risiko des Marktversagens. Diese Faktoren, welche mögliche ökonomische Schwierigkeiten für die kooperativen Verkehrssysteme hervorrufen könnten, sind, wenn man es mit der Systemtheorie analysiert, der Umwelt des Systems angehörig (Schulz et al. 2019).

Zwecks der Ermittlung der Wahrscheinlichkeit des Erfolgsfalls eines Projekts sollte der sogenannte Nutzen-Kosten-Quotient beachtet und analysiert werden. Fällt dieser Quotient nämlich klein aus, dann entstehen Marktumsetzungsbarrieren. Daraus ergibt sich in der Konsequenz, dass es aus ökonomischer Perspektive betrachtet nicht sinn-voll ist, ein Projekt mit einem kleinen Nutzen-Kosten-Quotient umzusetzen. Und daraus ergibt sich wiederum, dass ausschließlich solche Verkehrssicherheitssysteme tatsäch-lich umgesetzt werden, die einen großen Kosten-Nutzen-Quotienten haben. Wenn der Kosten-Nutzen-Quotient ungünstig ausfällt, dann kann selbst bei beispielsweise einem Car-to-Infrastructure-Verkehrssicherheitssystem das Versagen des Staates eintreten. Darüber hinaus gilt es, zwischen sogenannten Mikrobarrieren auf der einen Seite und Makrobarrieren auf der anderen Seite zu unterscheiden.

Im Folgenden werden typische Mikrobarrieren vorgestellt. Eigentumsrechte beein-flussen beispielsweise die Möglichkeiten der Erlangung von Verkehrsdaten, da diese immer zu beachten sind, sodass man nicht gegen geltendes Recht verstößt. Allerdings gibt es auch regulatorische Lücken, die eventuell in den Verkehrsregeln oder hin-sichtlich der Haftung im Fall des Ausfalls von Systemen auftreten können und folg-lich einer regulatorischen Lösung bedürfen. Kooperative Systeme sind jedoch nicht von regulatorischen Regelungslücken betroffen. Denn solange der Fahrer selbst noch regulierend in sein Fahrverhalten eingreift, greift der aktuelle Rechtsrahmen, da diese ersten existierenden Anwendungen lediglich dem Zweck der Information dienen. Geht man jedoch gedanklich einen Schritt weiter, dann treten selbstverständlich im Zuge der voranschreitenden Automatisierung neuartige Fragen der Haftung auf, wann immer ein Schaden nicht entweder durch den Fahrer selbst oder aufgrund eines Fehlverhaltens durch einen Dritten entstanden ist. Die Fahrerhaftung nach deutscher Rechtsprechung beschränkt sich auf die sogenannte verschuldensabhängige Haftung (BASt 2012). Diese vorgestellten Mikrobarrieren gilt es noch weiterführend zu vertiefen, wenn es zu einer tatsächlichen Umsetzung am Markt kommen soll. Die Makrobarrieren beziehen sich demgegenüber auf Mängel in der Bereitstellung von Verkehrsinfrastruktur, wenn bei-spielsweise der Ausbau der Infrastruktur nicht der tatsächlichen Nachfrage entspricht oder aber die Qualität der Infrastruktur nachlässt (Schulz et al. 2019).

Die Markteinführung und Marktumsetzung eines kooperativen Verkehrssicherheits-systems kann auch durch das System selbst durch Automobilhersteller oder OEMs behindert werden. So könnte es sein, dass das Management das finanzielle Risiko fürchtet, welches mit der Einführung und Umsetzung von Verkehrssicherheitssystemen einhergeht. Diese Risiken sind vor allem mögliche auftretende Schadensersatzansprüche. Diese Angst des Managements ist dann ursächlich für Marktversagen, da das Verkehrs-sicherheitssystem nicht zielführend umgesetzt wird. Folglich ist es also immer möglich, dass die Zielsetzung privater Unternehmen von derjenigen der Verkehrspolitik divergiert. Die privaten Unternehmen könnten alternative Wettbewerbsstrategien verfolgen, die ihren wirtschaftlichen Interessen dienlicher sind. Jene Divergenz der Zielsetzungen führt dazu, dass sich der Markt nicht in einem wohlfahrtsmaximierenden Optimum befindet (Schulz und Wieker 2016).

Bekannte Interventionsinstrumente, welche dieser marktlichen Divergenz der Ziel-setzungen entgegenwirken sollen, sind beispielsweise Nudging oder Bestimmungen und Vorschriften. Es ist wichtig, dass sämtliche staatlichen Interventionsinstrumente auf der Basis einer Kosten-Nutzen-Analyse bewertet werden, um die volkswirtschaftliche Gesamtwohlfahrt zu maximieren. Dabei ist es für den Gesetzgeber vor allem relevant, optimale Maßnahmen zwecks der Unterstützung sowie der Durchsetzung zu finden und zu installieren (Schulz et al. 2019).

1.5.2 Betreibermodell versus Rollenmodell

In Bezug auf kooperative Verkehrssysteme weisen die privaten und privat-öffentlichen Betreibermodelle gegenüber den vollständig öffentlichen Betreibermodellen zwei Schwächen auf, welche 1) in der Gefahr der Instabilität aufgrund der Gewinnorientierung und 2) in der mangelnden Innovationsbereitschaft bestehen.

Für private Unternehmen hat die Gewinnorientierung oberste Priorität. Sie achten darauf, dass sie für ihre Kunden ihre angebotenen Produkte und Dienstleistungen weiterentwickeln, um dem gesetzten Ziel der Gewinnoptimierung fortwährend gerecht zu werden. Denn wann immer einem Unternehmen die Weiterentwicklung seiner Produkte und Dienstleistungen für den Markt misslingt, kann es am Wettbewerbsdruck zugrunde gehen. Hinzu kommt noch, dass das Unternehmenswachstum schwieriger zu erreichen ist, da eine Informationsasymmetrie bezüglich des Kundennutzens besteht, da es sich nicht um selbsterklärende Produkte handelt. Daher ist eine gewisse Instabilität vorprogrammiert, welche die Betreiberunternehmen handhaben können müssen. Folgende Problemfolgekette ergibt sich aus dieser Informationsasymmetrie zwischen den Betreibern und den Konsumenten:

1. Die Probleme in Bezug auf das Marktwachstum sowie weitere versteckte Merkmale verursachen eine Verlangsamung des Erreichens des maximal möglichen Verkaufsvolumens.
2. Allerdings können die verborgenen Merkmale durch die Unternehmen für die Kunden sichtbar gemacht werden, was wiederum eine zusätzliche Finanzierungsmaßnahme zur Voraussetzung hat. Die Bereitschaft der Aktionäre zu einer derartigen zusätzlichen Finanzierungsmaßnahme ist in der Regel gering.
3. Die Betreiber haben Druck, ihre Kosten zu verringern, weswegen das Ausbleiben von erwarteten Einnahmen durch das Marktwachstum schmerzhaft ist. Hinzu kommt noch, dass die Aktionäre selbstverständlich ebenfalls Gewinnerwartungen haben.
4. Der unternehmerische Handlungsspielraum für Maßnahmen zur Wiederbelebung des Marktwachstums wird durch die gleichzeitige Bemühung zur Senkung der Kosten eingeschränkt.
5. Das finanzielle Unvermögen zur Überwindung dieser versteckten Merkmale durch die Unternehmen ist ursächlich dafür, dass weitere Nachfrageeffekte verhindert werden.
6. In der Folge steigt der Kostendruck, da die Marktnachfrage einen Rückgang erfährt.
7. Diese Abwärtsspirale beschleunigt sich kontinuierlich von selbst, was schlussendlich dazu führt, dass der Betreiber am Markt versagt.

Dies sind gewisse Nachteile für rein private oder öffentlich-private Betreiber, die den Staat als Financier nicht im Hintergrund haben, um gewisse systemimmanente Schwächen auszugleichen. Betreiber mit Regierungsbeteiligung können diesen Abwärtstrend stoppen. Dies ist jedoch nur insofern möglich, als dass die Regierung bereit ist, die finanziellen Ressourcen zur Verfügung zu stellen, um gewisse Teilbereiche des öffentlichen und/oder teil-öffentlichen Betreibers finanziell zu sichern. Als problematisch erweist sich lediglich die Tatsache, dass mit der zunehmenden Bereitschaft des Staates, finanzielle Lücken zu schließen, die Bereitschaft des Betreibers, sich finanziell an den unternehmerischen Maßnahmen zu beteiligen, abnimmt. Insofern stellt sich die Frage, ob für den Staat ein vollständig öffentlicher Betreiber effizienter ist als ein öffentlich-privater Betreiber (Schulz et al. 2019).

Der oben erwähnte Abwärtstrend unterstreicht, dass ein erhebliches Problem auf das Verhalten der Aktionäre zurückzuführen ist. Da die Aktionäre an individuelle Unternehmensstrategien gebunden sind, die sich bei Aktionären in der Rechtsform einer Aktiengesellschaft mit flexibler Aktionärsstruktur recht schnell ändern können, besteht ein erhebliches Konfliktpotenzial bei der operativen und strategischen Entscheidungsfindung. Dies stellt zudem ein typisches Prinzipal-Agent-Problem dar, aufgrund von divergierenden Interessen zwischen den Kapitalgebern (Prinzipal) und der Unternehmensleitung (Agent). Die Betreiberfirmen sind ständig durch Moral Hazard bedroht. Dies ist insbesondere dann der Fall, wenn die Betreiberfirma einen neuen Dienst in der Organisation einführen möchte. Hier besteht möglicherweise das Problem, dass einige Aktionäre diese Umsetzung untergraben, weil dies ihren eigenen Interessen widerspricht. Letztlich befindet sich die Betreiberfirma in der Rationalitätsfalle: Die Interessen der Betreiberfirma weichen von den Interessen bestimmter Aktionäre ab. Das moralische Risiko und die Rationalitätsfalle der Betreiberfirma sind schließlich auch der Grund für mangelnde Anpassungsfähigkeit an veränderte Marktanforderungen und die geringe Innovationsbereitschaft für neue Produkte oder Dienstleistungen. Darüber hinaus tragen diese divergierenden Interessen zur Instabilität der Betreiberfirma bei. Um diese dilemmatischen Situationen lösen zu können, wurde der Versuch unternommen, eine konzeptionelle Anpassung vorzunehmen, um die Defizite des Betreibermodells zu überwinden. Hierfür wurde das Institutionelle Rollenmodell entwickelt, welches die Einführung von institutionellen Strukturen vorsieht, um geschlossene Eigentümerstrukturen zu ersetzen (Schulz et al. 2019).

Das Institutionelle Rollenmodell dient als ein bestimmtes Regulierungssystem dem Zweck der Reduktion von Einkommensunsicherheit. Während die Aktionärsstruktur von Betreibermodellen auf das Ziel der Gewinnmaximierung ausgerichtet ist, geht es in diesem Modell folglich nicht um Gewinnmaximierung (Schneider 2007). Diese Theorie sieht vor, dass im Modell festgelegte Rollen von unterschiedlichen Akteuren bekleidet werden können. Die Erfüllung der Aufgabe hat Vorrang gegenüber dem Verfolgen eigener Interessen. Institutionelle Rollenmodelle bieten gegenüber Betreibermodellen ein höheres Ausmaß an Flexibilität an, wodurch sich die Anpassungsfähigkeit der Betreiberunternehmen an wechselnde Marktbedingungen steigern lässt. Daher wird das System dazu in die Lage versetzt, sich deutlich besser an eine sich stetig wandelnde

Umwelt anpassen zu können. Es kommt zu einer Anhebung der Resilienz des Systems, was einen wesentlichen Grundstein für die Sicherstellung der Fortexistenz eines sozialen Systems darstellt (Schulz et al. 2019).

1.6   Das Institutionelle Rollenmodell

Der Begriff „Institution" bezeichnet unter anderem Behörden, Firmen, Verbände und Gerichte. In der ökonomischen Theorie wird der Institutionenbegriff jedoch spezifischer gebraucht, da dieser gemäß einer Institution ein soziales Subsystem mit eigenen Entscheidungsrechten sowie auch Entscheidungspflichten ist. Diese Institutionen dienen dem Zweck, die Kommunikation und das Handeln von Individuen zu regulieren.

Die Bildung von Institutionen ermöglicht die Verringerung von Unsicherheit. Denn sie gewährleisten durch die Festlegung bestimmter Regeln, an welche sich die Individuen anzupassen und die sie untereinander zu koordinieren haben, bessere Planungsmöglichkeiten, die die Informationsasymmetrie reduzieren. Die Regeln der Institutionen schränken lediglich den Handlungsrahmen ein, sodass sich die Individuen jederzeit innerhalb dieses gesetzten Rahmens bewegen und orientieren können und deswegen handlungsfähig bleiben (Schneider 2007).

Darüber hinaus können Betreiber auch als Institution angesehen werden. Denn der Institutionenbegriff kann als Oberbegriff verwendet und in verschiedene Ebenen differenziert werden. Das Institutionelle Rollenmodell ist gemeinsam mit anderen institutionellen Varianten (z. B. Staat, Unternehmen, Markt) auf einer unteren semantischen Ebene angeordnet. Zwecks der Vermeidung von Missverständnissen durch die Verwendung der Begriffe Institution, Organisation und Unternehmen wird im Folgenden die Definition von Schneider (1995) verwendet. Dieser Definition nach wird eine Institution als Oberbegriff für einerseits Regelsysteme (Verordnungen) und andererseits Handlungssysteme (Organisationen) festgelegt (Schulz et al. 2019).

Aufgrund der Tatsache, dass der Begriff der Rolle auch in der Psychologie und in der Technik Verwendung findet, ist es hinsichtlich der Vermeidung von Missverständnissen sinnvoll, anstatt des Begriffs „Rollenmodelle" den Begriff „Institutionelle Rollenmodelle" zu gebrauchen (Herb 2013). Das Konzept des Institutionellen Rollenmodells geht über die Betreibermodelle hinaus, da die Betreibermodelle im Gegensatz zum Institutionellen Rollenmodell mit statischen Rollen arbeiten, die dadurch in ihrer Dynamik begrenzt und nicht erweiterbar sind. Daraus resultiert, dass es dem System an der notwendigen Agilität mangelt, derer es bedarf, um Anpassungsleistungen an die sich stetig wandelnden Umweltbedingungen vorzunehmen. Die konkrete Umsetzung von Maßnahmen ist die Aufgabe von Betreiberunternehmen. Das Ziel der Anwendung des institutionellen Rollenmodells besteht in der Erreichung einer rollenbasierten Zusammenarbeit der involvierten Institutionen.

Das auszeichnende Merkmale einer Rolle sind diejenigen Aktionen, die zwecks der Erfüllung der Rolle von dieser ausgeführt werden müssen. Bestimmte Aktionen werden bestimmten Rollen auf der Grundlage des Kriteriums der Konsistenz zugeordnet. Die Zuordnung von Aktionen und Rollen muss strukturiert erfolgen, sodass sichergestellt ist, dass eine Kongruenz von Rollen und Aktionen gegeben ist. Die Wirksamkeit von Aktionen kann gewährleistet werden, indem gewisse Rahmenbedingungen gegeben sind. Das entscheidende Merkmal bei der Festlegung des Definitionsbereichs einer Aktion ist die Beachtung der Prämisse der Komplementarität und/oder Neutralität. Alle Aktionen müssen zu jedem Zeitpunkt in einem Verhältnis, das weder konfliktbehaftet noch widerspruchsvoll ist, zueinanderstehen. Essentiell ist zudem die Messbarkeit der Effektivität von Aktionen, sodass systemische Anpassungsleistungen vorgenommen werden können, die entsprechend den sich stetig wandelnden Rahmenbedingungen kalibriert werden. Schlussendlich ist es auch möglich, Aktionen zusammenzufassen, die dann von Akteuren ausgeführt werden (Schulz et al. 2019).

Die Relevanz einer Rolle bemisst sich nach dem Komplexitätsgrad der Rolle. So kann es vorkommen, dass eine bestimmte Rolle verhältnismäßig deutlich wichtiger als andere Rollen ist, weswegen ein einzelner Akteur in einem solchen Fall mit seinen gegebenen Ressourcen nicht auskommt, um die Rolle in der benötigten Qualität zu erfüllen. Daher gilt es in einem solchen Fall weitere Rollen einzuführen und zu definieren. Unter gewissen Umständen kann es daher sinnvoll sein, die Komplexität der Rollen anzuheben, damit diese in der nötigen Qualität auch tatsächlich ausgeführt werden können. Die Einführung neuer Rollen ermöglicht es, dass diese granularer aufgegliedert und aufgrund dessen zielführender den verschiedenen Akteuren zugeordnet werden können (Schulz et al. 2019).

1.7   Entwicklung eines Rollenmodells: Organisation in einer entropischen Umwelt

Die Entwicklung eines Rollenmodells basiert auf einer schematischen Grundlage, welche der Abb. 1.2 entnommen werden kann. Der Prozess der Entwicklung des Rollenmodells ist immer standardisiert und strukturiert. Essentiell ist zudem die Gegebenheit der Anonymität im Institutionellen Rollenmodell, um dem Prinzip der Objektivität gerecht zu werden.

Die IRM-Matrix beinhaltet zunächst eine operative Dimension mit dem Merkmal der Aktionsintensität, welche in niedrig, mittel und hoch eingestuft werden kann. Neben der operativen Dimension mit dem Merkmal der Aktionsintensität beinhaltet die IRM-Matrix auch eine temporale Dimension, die in die Marktphasen (Entwicklung, Wachstum, Reifungsrückgang, Stagnation und Wiederbelebung) aufgegliedert ist. Allerdings muss die temporale Dimension nicht ausschließlich anhand der Marktphasen aufgeschlüsselt werden, sondern kann auch projektspezifisch bestimmt werden. Es wäre daher falsch, die Marktphasen als statisch aufzufassen, da diese jeweils individuell auf ein projektspezifisches Institutionelles Rollenmodell bezogen und gegebenenfalls abgeändert werden

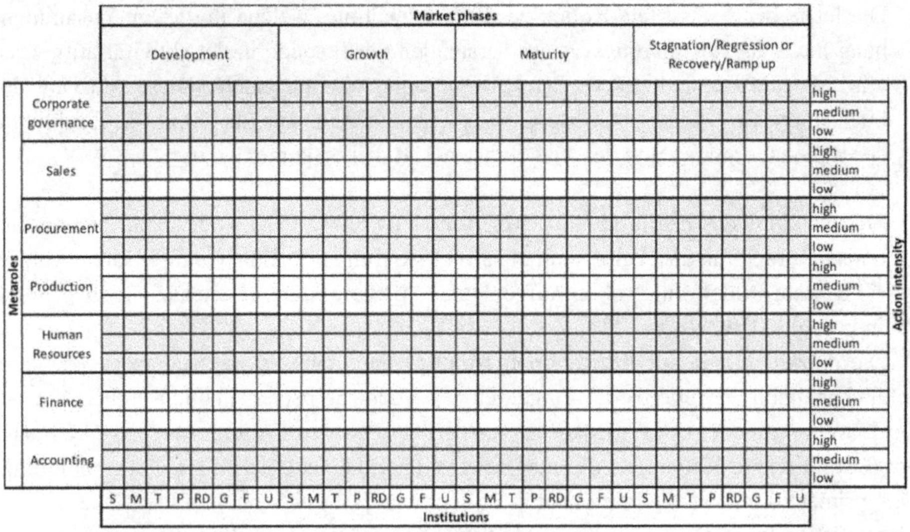

Market phases

	Development	Growth	Maturity	Stagnation/Regression or Recovery/Ramp up	

Metaroles:
- Corporate governance — high / medium / low
- Sales — high / medium / low
- Procurement — high / medium / low
- Production — high / medium / low
- Human Resources — high / medium / low
- Finance — high / medium / low
- Accounting — high / medium / low

Action intensity

Institutions: S M T P RD G F U | S M T P RD G F U | S M T P RD G F U | S M T P RD G F U

Abb. 1.2 Zuordnungsmatrix für Institutionen und Rollen. (Quelle: eigene Darstellung, siehe auch Schulz und Wieker 2016; einschließlich abgekürzter Institutionen: S: Wissenschaft, M: Marketing, T: Technik, P: Produktion, RD: Forschung und Entwicklung, G: Regierung, F: Firma, U: Universität)

müssen. Außerdem kann jede der Marktphasen noch feingliedriger aufgeschlüsselt werden, wodurch die temporale Dimension noch präziser aufgeteilt ist.

Für den nachhaltigen Markterfolg sind zudem noch sechs Meta-Rollen von wesentlicher Bedeutung, die Dieter Schneider definiert hat (Schneider 1997):

- Die Unternehmensführung hat in erster Linie die Aufgabe der Identifikation und Organisation von Geschäftsfunktionen, wodurch sichergestellt wird, dass die Unternehmensziele erreicht werden.
- Die Meta-Rolle der Verteilung entspricht bei kooperativen Fahrassistenzsystemen dem Angebot von Dienstleistungen. Es geht um die Sicherstellung der betriebswirtschaftlichen Funktion der Marktprozesstätigkeit, zu welcher beispielsweise die Themen Verkaufsverhandlungen, Vertragsabschluss durch Austausch von Verfügungsrechten oder auch Wissenssammlung und Wissensverbreitung zählen.
- Eine wesentliche Meta-Rolle stellt zudem die Beschaffung dar, welche sich um die Organisation der benötigten Ressourcen zwecks der Gewährleistung eines funktionierenden Produktionsprozesses kümmert.
- Die Produktion bildet den Zwischenschritt zwischen den Aktivitäten der Beschaffung und des Vertriebs und betrifft die tatsächliche Umsetzung.
- Die Finanzierung beinhaltet die Aktivitäten externe Finanzierung, interne Finanzierung und interne Investitionen.

- Die letzte der sechs Meta-Rollen ist die Buchhaltung, welche in diesem Zusammenhang nicht als Regulierungssystem verstanden wird, sondern als Aktivität aufgefasst wird, die die buchhalterische Erfolgsbewertung möglich macht. Diese Aktivität der buchhalterischen Erfolgsbewertung ist von großer Relevanz, da damit die Effektivität der Rollenzuordnung und der ausgeführten Tätigkeiten gemessen wird.

Die Entwicklung des Institutionellen Rollenmodells setzt zunächst die Identifikation und Organisation der für den Unternehmenszweck wichtigen Rollen voraus. Daher werden gewisse Meta-Rollen auf Rollen aufgegliedert, um die Unternehmensziele zu erfüllen (Schulz et al. 2019).

Die Anzahl möglicher Institutionen ist prinzipiell nicht numerisch begrenzt, kann folglich beliebig erweitert oder eingegrenzt werden. Selbstverständlich sollte man bei der Erweiterung oder der Eingrenzung der berücksichtigten Institutionen bedenken, dass das Institutionelle Rollenmodell entsprechend an Komplexität zunimmt oder abnimmt. Das primäre Ziel des Institutionellen Rollenmodells besteht in der Identifikation der wesentlichen Institutionen, Rollen und Marktphasen. Diese Ermittlung der wesentlichen Dimensionen erfolgt in enger Zusammenarbeit mit den involvierten Akteuren, die sich über einen gewissen Zeitraum erstreckt. Zu diesem Zweck kann von verschiedenen Methoden Gebrauch gemacht werden, wie Umfragen oder Besprechungen im Rahmen eines Workshops. Wichtig bei der Wahl der Methode ist vor allem, dass sie den notwendigen empirischen Bezug hat, um die methodische Genauigkeit sicherzustellen (Schulz et al. 2019) (siehe Abb. 1.2).

Es handelt sich bei der Theorie des Institutionellen Rollenmodells (IRM) um ein dynamisches Modell, da sich zahlreiche verschiedene Inputfaktoren wie beispielsweise die involvierten Akteure oder die Marktphasen anpassen lassen (siehe Abb. 1.3). Ohne die Berücksichtigung der verschiedenen Marktphasen im Institutionellen Rollenmodell könnte die temporale Dimension nicht in das Modell integriert werden. Das Unvermögen der Berücksichtigung der temporalen Dimension stellt eines der wesentlichen Defizite anderer modelltheoretischer Konzeptionen (z. B. die klassischen Betreibermodelle) dar. Vor allem bei der genauen Analyse von Unternehmen ist es essentiell, der temporalen Dimension Beachtung zu schenken, um die Unternehmenskomplexität exakt erfassen zu können. Durch die Verwendung des Institutionellen Rollenmodells soll im Sinne der Zielsetzung erreicht werden, dass für alle involvierten Akteure Unsicherheit reduziert, Vertrauen gebildet, gemeinsame Interessen herausgebildet und die Kooperationsbereitschaft gesteigert werden. Die Theoriegrundlage des IRM sind die Institutionenökonomik, die Systemtheorie nach Niklas Luhmann und die Systemdynamik. Das IRM verbindet dementsprechend ökonomische, gesellschaftliche und mechanische Komponenten, wodurch es ein ganzheitliches Unternehmensverständnis ermöglicht. Aufgrund des interdependenten Verhältnisses der drei Theoriegrundlagen handelt es sich bei dem IRM um eine komplexe Struktur. Es muss sich bei dem IRM um eine komplexe Struktur handeln, da nur auf diese Weise die Komplexität der Realität eingefangen und eine dis-

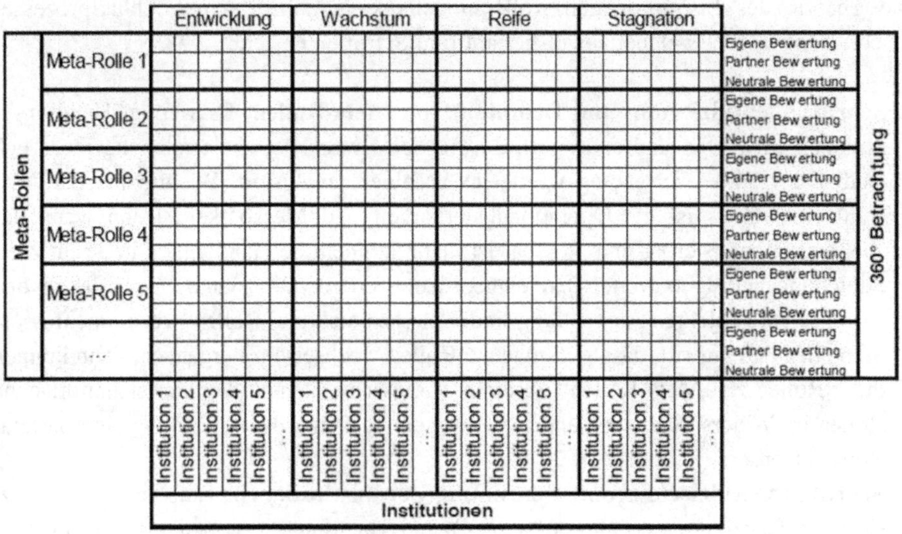

Meta-Rollen	Entwicklung					Wachstum					Reife					Stagnation					360° Betrachtung
Meta-Rolle 1																					Eigene Bewertung / Partner Bewertung / Neutrale Bewertung
Meta-Rolle 2																					Eigene Bewertung / Partner Bewertung / Neutrale Bewertung
Meta-Rolle 3																					Eigene Bewertung / Partner Bewertung / Neutrale Bewertung
Meta-Rolle 4																					Eigene Bewertung / Partner Bewertung / Neutrale Bewertung
Meta-Rolle 5																					Eigene Bewertung / Partner Bewertung / Neutrale Bewertung
…																					Eigene Bewertung / Partner Bewertung / Neutrale Bewertung
	Institution 1	Institution 2	Institution 3	Institution 4	Institution 5 …	Institution 1	Institution 2	Institution 3	Institution 4	Institution 5 …	Institution 1	Institution 2	Institution 3	Institution 4	Institution 5 …	Institution 1	Institution 2	Institution 3	Institution 4	Institution 5 …	

Institutionen

Abb. 1.3 Theoretische Darstellung der IRM-Matrix

kriminierungsfreie Koordination der beteiligten Akteure erreicht werden kann. Denn die Gewährleistung einer diskriminierungsfreien Koordination stellt einen weiteren wesentlichen Bestandteil des IRM dar. Der Anstieg der Gesellschaftskomplexität und der Unternehmenskomplexität korreliert mit einem ebenfalls angestiegenen Kooperationsbedürfnis. Das Kriterium der Diskriminierungsfreiheit muss bei einer Kooperation zwingend erfüllt sein, damit die rechtlichen Rahmenbedingungen eingehalten werden. Diesen rechtlichen Aspekt der Notwendigkeit der Erfüllung der Diskriminierungsfreiheit berücksichtigt das IRM. Das IRM setzt sich aus den drei Kernelementen 1) „Rollen und Funktionen", 2) „Akteure" und 3) „Regeln" zusammen. Auf die genauen Merkmale dieser drei Kernelemente sowie ihr interdependentes Verhältnis wird im Folgenden vertiefend eingegangen (Schulz et al. 2019). Das grundlegende Verständnis der wesentlichen Merkmale des IRM bildet die Grundlage für das Verständnis der weiterführenden Ausführungen.

- Bei der Definition der Aktionen innerhalb einer Rolle muss das Kriterium der Widerspruchsfreiheit erfüllt sein.
- Zudem muss die Option gegeben sein, dass einzelne Rollen mehrfach durch verschiedene Akteure besetzt werden können.
- Die Institutionen befolgen systembedingte Regeln.
- Die Institutionen definieren die Regeln.
- Die Erfüllung der Rolle ist das vorrangige Ziel anstatt des Verfolgens von individuellen Interessen.

Die Theorie des Institutionellen Rollenmodells kann anhand eines Ablaufprozesses beschrieben werden, welcher aus insgesamt fünf Schritten besteht.

1. **Schritt: Identifizierung und Definition von Meta-Rollen.** Es werden Handlungsoptionen entworfen und analysiert, die für den Zweck der Zielerreichung förderlich sind. Die exakte Zielsetzung wurde im Vorhinein analysiert. Wichtig bei der Auswahl eines Ziels ist die Operationalisierbarkeit und Messbarkeit. Denn wenn das Ziel operationalisierbar und messbar ist, dann können die Handlungen in ihrem Zielerreichungsbeitrag bewertet und eingeordnet werden. Die Handlungen, die in den spezifischen Projekten Anwendung finden, lassen sich zu „Rollen" zusammenfassen. Wenn der Fall auftritt, dass sich manche Rollen wechselseitig ergänzen, dann können diese Rollen zu „Meta-Rollen" zusammengefasst werden. Außerdem stehen manche Rollen im Widerspruch zueinander, weswegen sie ebenfalls die Bildung einer „Meta-Rolle" erfordern (Schulz et al. 2019).

2. **Schritt: Identifizierung und Benennung der Institutionen.** Eine Institution setzt sich aus Regelsystemen (Verordnungen) und Handlungssystemen (Organisationen) zusammen und kann daher als eine höhere Instanz aufgefasst werden. Daher beinhaltet der Begriff "Institutionen" verschiedenartige Organisationstypen.

3. **Schritt:** Im dritten Schritt wird die Frage geklärt, welche Institution am geeignetsten ist, um eine bestimmte Rolle zu bekleiden. Das IRM gebraucht eine konkrete Kodierung, die sich dynamisch projektbezogen anpassen lässt und nun vorgestellt wird.

   - 1 = Die Rolle soll nicht übernommen werden.
   - 2 = Die Rolle könnte übernommen werden, bislang liegen jedoch keinerlei Erfahrungen vor in Bezug auf die Wahrnehmung der Rolle.
   - 3 = Die Rolle könnte übernommen werden, bislang liegt jedoch nur ein begrenzter Erfahrungsschatz vor in Bezug auf die Wahrnehmung der Rolle.
   - 4 = Die Rolle sollte seitens der Institution übernommen werden, da bereits Erfahrungen in der Wahrnehmung der Rolle vorliegen.
   - 5 = Die Rolle sollte übernommen werden, bedingt durch ein Alleinstellungsmerkmal der Institution.

   Die Rollen werden sowohl von den beteiligten Institutionen als auch von Experten zugeordnet. Diese Bewertung durch einerseits die beteiligten Institutionen wie auch andererseits durch die Experten lässt sich noch um eine neutrale Perspektive erweitern, indem man ein neutrales Individuum hinzunimmt. Eine Übereinstimmung der Bewertungen der drei involvierten Perspektiven stellt den Optimalfall dar. Die Auswertung wird mittels eines spezifischen Algorithmus vorgenommen, wodurch zahlreiche Indizes wie beispielsweise ein Harmonieindex berechnet werden können.

4. **Schritt:** In abschließenden Verhandlungen wird die definitive Rollenverteilung zwischen den involvierten Institutionen ausgehandelt. Aus der Tatsache, dass einzelne

Rollen von mehreren Akteuren ausgeführt werden können, resultiert das Erfordernis der Koordinierung zwischen den unterschiedlichen Akteuren.

5. **Schritt:** Zum Zweck der Verpflichtung auf Verbindlichkeit ist eine rechtlich abgesicherte Vereinbarung zwischen allen involvierten Institutionen zwingend notwendig (Schulz et al. 2019).

1.8 Kooperationbegriff

Es gibt verschiedene Definitionsansätze des Begriffs der Kooperation. In diesem Kapitel beziehen wir uns auf die Definition von Marion Friese, nach welcher es sich immer dann um eine Kooperation handelt, wenn unabhängige Akteure ihre Unabhängigkeit freiwillig aufgeben, indem sie sich zwecks der Erreichung eines bestimmten Ziels zusammenschließen, da sie dieses Ziel besser gemeinsam als einzeln zu erreichen imstande sind (Friese 1998).

Die Thematik der zwischenbetrieblichen Kooperation ist vor allem im Resource-Based-View-Ansatz von Relevanz. Gegenwärtig lässt sich konstatieren, dass die Merger Deals, wie sie zahlreich in den 1980er und 1990er Jahren stattgefunden haben, heutzutage nicht mehr in derselben Häufigkeit stattfinden. Dies hängt sicherlich auch damit zusammen, dass sich neuartige Möglichkeiten der strategischen Zusammenarbeit von Unternehmen herausgebildet haben, wie strategische Allianzen oder auch regionale Netzwerke. Diese neuartig geschaffenen und praktizierten Kooperationsmöglichkeiten dienen allesamt dem Zweck, den beteiligten Akteuren die verfügbaren Ressourcen zu vermehren, was wiederum dem übergeordneten Zweck dient, sich im Marktumfeld konkurrenzfähiger positionieren zu können. Diese Art von Kooperationen sind als Reaktion auf strukturelle Veränderungen der marktförmigen Wettbewerbsstruktur entstanden, da diese derartige neue Herausforderung für die Unternehmen ergeben haben, welche diese besser als Kooperationspartner als auf sich alleine gestellt bewerkstelligen konnten. Aus diesem Grund haben diese Formen von Kooperation über die vergangenen Jahrzehnte deutlich an Relevanz gewonnen. Zu diesem Wandel der Wettbewerbsstruktur haben maßgeblich drei Faktoren beigetragen, welche 1) neue Kommunikationstechnologien, 2) logistische Optimierungen und 3) das zunehmende Innovationstempo sind. Das sich verdichtende Zusammenspiel dieser drei Faktoren resultierte in einer Komplexitätszunahme, welche die wettbewerblichen Anforderungen an die Unternehmen maßgeblich erhöht hat, was bei einigen Unternehmen zu einer Überforderung mit den neuen Gegebenheiten geführt hat. Vorangetrieben und ausgeweitet wird diese Komplexitätszunahme durch den vermehrten Kundenwunsch nach holistischen Systemlösungen, der aufgrund der allgegenwärtigen Verfügbarkeit des Computer- und Kommunikationsnetzwerks an Unternehmen adressiert wird und die Unternehmen in der Folge unter Anpassungsdruck setzt. Aufgrund dieses durch die Komplexitätszunahme herbeigeführten Anpassungsdrucks sind zahlreiche Unternehmen auf Kooperationen angewiesen, um den anspruchsvollen Kundenwünschen nachkommen zu können (Von der Oelsnitz 2003). Der Vorteil der unternehmerischen Kooperation zeigt sich darin, dass einerseits auf einer dezentralen Ebene Optimierungsentscheidungen getroffen werden können und gleichsam eine Fokussierung auf ein gemeinsames Ziel stattfindet (Von der Oelsnitz 2003).

1.9   Die Theorie der Transaktionskosten nach Coase

Dieser Abschnitt bespricht die Grundzüge der Transaktionskostentheorie des Ökonomen Coase, um im Anschluss auf das Modell der relationalen Führung nach Josef Wieland eingehen zu können, welches maßgeblich auf der Transaktionskostentheorie aufbaut.

Ronald Coase beantwortet die Frage nach dem Grund der Existenz von Unternehmen dahingehend, dass die Verwendung des Preismechanismus mit bestimmten Kosten einhergeht, die innerhalb eines Unternehmens entfallen. So bestehen die Kosten einer Produktion aus der Findung des Marktpreises. Allerdings gibt es in Bezug auf die Diskrepanz zwischen den theoretischen Modellannahmen und der Realität zwei Aspekte zu beachten. So geht das Modell einerseits von vollkommenen Märkten aus, auf welchen vollkommene Markttransparenz herrscht, die nicht eins-zu-eins auf die Realität übertragbar ist, und zweitens gilt es in Bezug auf die Realität zu beachten, dass am Markt keine Homogenität der Güter hinsichtlich der Qualität gegeben ist. Die Unternehmen sind zwar in der Lage ihre Kosten zu reduzieren, sie können diese allerdings niemals gänzlich eliminieren, da es immer externe Experten geben wird, die diese Informationen ihrerseits verkaufen werden, weswegen es für diese immer notwendig bleibt, sich dennoch einige Kooperationspartner zu suchen. Zudem entstehen Kosten bei der Verhandlung und bei dem Abschluss eines separaten Vertrages für jede einzelne Transaktion. Die Marktsituation ohne Unternehmen wäre infolgedessen wie folgt: Sämtliche Leistungen müssten von Verbrauchern einzeln erworben werden, was in der unmittelbaren Konsequenz hohe Transaktionskosten nach sich ziehen würde. Folglich ermöglicht die Gründung eines Unternehmens den Rückgang von Verträgen. Denn wenn ein Unternehmen existiert, dann muss ein Produktionsfaktor nicht mehr und nicht andauernd Verträge mit anderen Produktionsfaktoren (Mitarbeitern) abschließen, da die Vielzahl an Verträgen, die im Fall der Nichtexistenz von Unternehmen entstehen, durch einige wenige Verträge ersetzt wird. Bei einem Vertrag handelt es sich definitionsgemäß um eine wechselseitige Willenserklärung, bei welcher ein Produktionsfaktor (Arbeitnehmer) im Austausch gegen eine bestimmte Bezahlung seine Zustimmung erteilt, den Weisungen seines Arbeitgebers nachzukommen. Gemäß der Transaktionskostentheorie ist es folglich für Unternehmen sinnvoll, möglichst langfristige Verträge abzuschließen, um dadurch die Notwendigkeit des Abschlusses zahlreicher kurzfristiger Verträge zu umgehen, welche mit entsprechend höheren Transaktionskosten verbunden sind. Die oben genannten Punkte zusammenfassend lässt sich also konstatieren, dass einerseits die Preisfindung wie auch die Häufigkeit des Abschlusses von Verträgen ursächlich für die Entstehung von Transaktionskosten sind, welche durch die Gründung eines Unternehmens teilweise eingespart werden können (Coase 1937).

Leadership erscheint im Kontext der transaktionskostentheoretischen Perspektive als eine spezifische personen-, organisations- und transaktionsspezifische Kompetenz und verfolgt drei Ziele. So dient das Leadership einerseits der Sicherstellung der Koordination von Teams zwecks der Erreichung gesetzter Ziele und andererseits ist es die Aufgabe des Leaderships, die Unsicherheit über die Zukunft durch strategische Planung zu reduzieren, also gewissermaßen den Möglichkeitsraum zukünftiger Ereignisse durch eben jene strategische Planung einzuschränken. Schlussendlich trägt das Leadership ebenfalls dafür Sorge, dass in einem Unternehmen eine andauernde kooperative Wertschöpfung stattfinden und ausgebaut werden kann. Die vielfältigen Verflechtungen und wechselseitigen Abhängigkeiten der Akteure in einem Unternehmen erschaffen das Potenzial für Konflikte, die es zwecks der Aufrechterhaltung der kooperativen Wertschöpfung durch gezielte Maßnahmen des Leaderships zu lösen gilt. Dementsprechend ist es die Aufgabe des Leaderships, ordnungsschaffende Governance-Strukturen zu etablieren, welche sich vor allem dazu eignen, die auftretenden Konflikte zwischen den unterschiedlichen Akteuren einer Lösung zuzuführen (Wieland 2017).

1.10 Die Ressourcentheorie nach Penrose

Dieser Abschnitt bespricht die Wachstumstheorie der Ökonomin Edith Penrose, welche auf ihrer Ressourcentheorie basiert, die wiederum von Bedeutung für die Theorie der relationalen Führung nach Josef Wieland ist.

Gemäß der Ressourcentheorie nach Penrose stellt das Unternehmen ein Bündel von Ressourcen dar, die durch ein Management zwecks der Erzeugung von Gütern und Dienstleistungen verwaltet werden, sodass Letztere schlussendlich auf dem Markt veräußert werden können. Von der Art der Koordination der Ressourcen hängt folglich ab, wo die Grenzen des Unternehmens verlaufen. Während die Unternehmen allesamt von einer administrativen Struktur abhängig sind, so ist der Markt im Gegensatz dazu von keiner administrativen Struktur abhängig. Edith Penrose beschreibt weiterführend, dass Unternehmer dadurch ausgezeichnet sind, dass sie stetig auf Profitsuche sind und Überlegungen darüber anstellen, wie sie noch höhere Profite erzielen könnten. Diese Überlegungen der Unternehmer beziehen sich auf den zielgerichteten Einsatz von Ressourcen, da diese die Grundlage dafür bilden, Dienstleistungen als Unternehmer bereitstellen zu können. Effektiv werden die Ressourcen immer dann zur Anwendung gebracht, wenn sie zwecks der Erreichung eines gesetzten Ziels miteinander kombiniert werden. Insbesondere die Ressource menschliche Arbeitskraft ist in Bezug auf die Erweiterung der Geschäftätigkeit eines Unternehmens von entscheidender Bedeutung, da das Gelingen dieser Maßnahme von der zielgerichteten Planung und Lenkung der Mitarbeiter abhängt. Allerdings gibt es immer einen Anteil an der Gesamtmenge an Ressourcen, der nicht optimal genutzt werden kann, was insbesondere nach der gelungenen Expansion eines Unternehmens der Fall ist. Zudem kann eine Abweichung von der optimalen Ressourcennutzung durch neu erworbene Erfahrungen oder auch neues Wissen entstehen. Gleichzeitig geben ungenutzte Ressourcen wiederum mögliche Anreize für Unternehmenswachstum und Innovationen und bestimmen infolgedessen das Unternehmenswachstum in gewissem Maße im Verbund mit anderen Faktoren mit (Penrose 1959).

Die Ökonomin Edith Penrose gibt in ihrem Werk spannende Einsichten hinsichtlich der Wachstumsgeschwindigkeit von Unternehmen, wobei ihre Analysen noch deutlich über eine bloße Theorie des Wachstums von Unternehmen hinausgehen. Denn sie arbeitet zudem heraus, wie sich die Unternehmensressourcen effektiv managen lassen und welche Strategien zur Diversifikation der Ressourcen geeignet sind. So besteht nach Penrose ein Zusammenhang der Kausalität zwischen Ressourcen, Fähigkeiten und Wettbewerbsvorteilen. Ein Unternehmen ist immer dann dazu in der Lage einen ökonomischen Wert zu erschaffen, wenn es über ein innovatives Management von den dem Unternehmen gegebenen Ressourcen verfügt. Von besonderer Relevanz in diesem Zusammenhang ist, dass sie zwischen der produktiven Ressource und der produktiven Fähigkeit unterscheidet. Denn ein Bündel von Ressourcen stellt ein gewisses Potenzial für Fähigkeiten bereit, die jedoch von einem Management wahrgenommen und umgesetzt werden müssen, weswegen es zwischen dem Potenzial für Fähigkeiten und dem tatsächlichen Einsatz von Fähigkeiten zu unterscheiden gilt. Daraus resultiert, dass in Abhängigkeit von dem kreativen Ressourcenumgang Unternehmen innerhalb einer identischen Industrie unterschiedliche Chancen wahrnehmen und finanzielle Ergebnisse erzielen (Kor und Mahoney 2004).

Zwischen dem Ausmaß der Verfügung über Ressourcen und den Chancen auf Unternehmenswachstum und Innovation besteht gemäß Penrose ein kausales Verhältnis. Folglich besteht die Funktion des Managements eines Unternehmens darin, die zur Verfügung stehenden Ressourcen in Fähigkeiten und neue Produktinnovationen umzuwandeln. Die innovative Kombination von Ressourcen steigert maßgeblich die ökonomische Wertschöpfung eines Unternehmens, die im Optimalfall diesem Wettbewerbsvorteile einbringen (Kor und Mahoney 2004).

Durch den Zugang zu Managementtalenten bestimmt sich die Wachstumsrate eines Unternehmens in einer spezifischen Zeiteinheit. Das Unternehmenswachstum wird von zwei Variablen beeinflusst, welche das aktuelle Wissen sowie gleichsam die nicht ausgelasteten Ressourcen sind (Penrose 1959).

Betrachtet man Leadership aus einer ressourcentheoretischen Perspektive, dann erscheint Leadership als eine individuelle und organisationale Ressource, welche die einem öffentlichen oder privaten Unternehmen gegebenen materiellen wie auch immateriellen Ressourcen derart miteinander kombiniert, dass durch diese Tätigkeit die Produktivität aller gegebenen Ressourcen für den langfristigen Unternehmenserfolg gesichert werden kann. Die Ressourcen des Leaderships unterliegen keiner umfassenden

Kontrolle durch Autoritäten, da sie in spezifische Teams eines Unternehmens eingebracht werden (Wieland 2017).

1.11 Relationale Führung

Sowohl das transaktionale als auch das transformationale Führungskonzept hatte im 20. Jahrhundert sowie zu Beginn des 21. Jahrhundert nicht nur seine Berechtigung, sondern hat den sektoral agierenden Organisationen einen hervorragenden Dienst erwiesen. Die stark zunehmende Intersektoralität, welche zu hybriden Organisationen führt, benötigt jedoch andere beziehungsweise weitere Führungskompetenzen als die triviale Transaktionskostenbetrachtung sowie die Herbeiführung von Effizienzgewinnen auf Seiten der Führungskräfte und Geführten mit Blick auf die Prinzipal-Agent-Theorie.

Das transaktionale Führungsmodell beschreibt den Austauschprozess zwischen den Führungskräften und Geführten, während sich der Mitarbeiter an ex ante vertraglich definierte Vereinbarungen und Verhaltensregeln hält. Bei jener Transaktion erhält der Auftragnehmer eine entsprechende Gegenleistung (Zingel 2015). Dieses Führungsmodell geht im Kern auf die Transaktionskostentheorie des britischen Wirtschaftswissenschaftlers Ronald Coase zurück. Die Theorie der Transaktionskosten versucht zu erklären, warum Tauschprozesse von Gütern und Dienstleistungen sowie die Übertragung von Verfügungsrechten stets mit Kosten für die jeweiligen Akteure beziehungsweise Organisationen verbunden sind, weil für jede Art von „Tauschgeschäften" ein Vertrag abgeschlossen werden muss. Hierbei wird zwischen Transaktionskosten, die vor Vertragsabschluss und Transaktionskosten, die nach Vertragsabschluss anfallen, unterschieden (Coase 1937; Ebers und Gotsch 2014). Die Hauptaufgabe der Transaktionskostentheorie besteht darin, das institutionelle Arrangement zur Transaktionsabwicklung zu definieren und im Anschluss daran auszuwählen, bei dem die geringsten Kosten entstehen (Jung 1999).

Bei der transaktionalen Führung handelt es sich um eine auf soziale Interaktion abstellende Prozesstheorie, deren Resultat auf den Austausch von Leistung und Belohnung gründet und somit keine Eigenschaft von Personen, Status oder Machtposition ist. Die von James Burns entwickelte Theorie des „Transformational Leadership" stellt eine Weiterentwicklung der transaktionalen Führung dar, bei dem der Austauschprozess um die Faktoren „Ethik" und „Werte" erweitert wurde. Jene Werte der Gleichheit, Gerechtigkeit, Freiheit und Integrität sollen der Unternehmensführung die Eigenständigkeit sowie moralische Zugehörigkeit stärken. Damit einhergehend soll das Leistungsverhalten der Geführten positiv beeinflusst und ein ethisch-moralischer Ankerpunkt bei Vertrags- und Kooperationsbeziehungen geboten werden (Wieland 2017).

Die Konzepte des transaktionalen und transformationalen Leaderships bleiben im Umfeld des Marktes auf die Beziehung von Manager und Mitarbeiter beschränkt. Schließlich setzen beide eine transaktionskostenoptimale Koordination von

Interessen voraus, die wiederum auf Vertragsbeziehungen beruhen. Mit Blick auf die transformationale Führung basiert der Führungsanspruch zudem auf einer gemeinsamen moralischen Überzeugung über den Sinn und dem Zweck der Organisationsleistung sowie der jeweiligen Interessen (Wieland 2017).

Fügt man nun die Gedanken zur Entwicklung von klassischen Organisationen hin zu hybriden Organisationen hinzu, wird deutlich, dass den relationalen Führungskonzepten eine zunehmende Bedeutung gebühren. Die relationalen Führungskonzepte beziehen sich auf alle existierenden Stakeholder und nicht nur auf bestimmte Mitarbeiter oder sonstige transaktionsbefindliche Akteure einer Organisation. Zudem versteht die relationale Führung es als eine freiwillige Entscheidung der Geführten, Weisungsbefugnisse durch Status oder Position anzuerkennen und diese zu akzeptieren. Die relationale Führung bricht darüber hinaus nicht nur die Differenz zwischen Führer und Anhänger auf, sondern bezeichnet überdies einen interaktiven Prozess aller Teilnehmenden. Dieses Leadership-Konzept verfolgt das Ziel, das Verständnis von relationalen Dynamiken sowohl innerhalb als auch außerhalb der Organisation und damit einhergehend im Spannungs- und Kooperationsfeld mit seiner Umwelt und den dahinter befindlichen sozialen Prozessen zu optimieren. Demnach bezieht sich die relationale Führung gleichwohl auf die zwischenmenschlichen Beziehungen als Resultat von oder als Kontext für relationale Dynamiken, welche die sozialen Interaktionen und Konstruktionen miteinschließen (Uhl-Bien 2006). In Hinblick auf die fortschreitende Globalisierung, die eine rapide Zunahme von gesellschaftlicher Komplexität und daraus folgend Unsicherheit und Risiko im ökonomischen Handeln und Entscheiden mit sich bringt und grundsätzlich zu Konsequenzen auf Seiten der Führung von Organisationen und Menschen führt, ist die Integration der relationalen Führung für jegliche Organisation unabdingbar. Aufgrund dessen wird die Fähigkeit der Unternehmensführung zum absolut entscheidenden Faktor der Wertschöpfung, auf schnell zunehmende intra- und interorganisationale sowie intersektorale Erwartungsunsicherheiten zukunftsfähige und belastbare Response zu finden, um damit einhergehend sozialen und ökonomischen Erfolg sicherstellen zu können(Wieland 2017). Das Konzept der relationalen Führung ermöglicht mithilfe adaptiver Prozesse sowie dem Aufbau beziehungsweise der Integration von formalen und informalen Governancestrukturen Lernprozesse zu kreieren, die allen Relationen (Beziehungen) zwischen den beteiligten Stakeholdern abdecken und folglich die Ressourcenallokation sowie die Ressourcentransaktion zur bestmöglichen Wirkung entfalten. Demzufolge ist Führung ein Resultat eines dynamischen Prozesses der sozialen Architektur von relationalen Kooperationen und Partnerschaften, deren Ziel es ist, wechselseitige Kooperationsrenten (Vorteile) aller Stakeholder zu schaffen (Wieland 2017). Zu konstatieren ist jedoch, dass dies nur dann möglich ist, wenn die fundamentalen Elemente der Kooperation, und infolgedessen auch die Kooperationsbereitschaft, die Kooperationsfähigkeit sowie die Kooperationsrente, gegeben sind. Sehen sich die Organisationen und folglich zuerst die Führungskräfte nicht in der Lage, diese grundlegenden Elemente zu erfüllen, werden sie im immer dichter werdenden Organisations- und Kooperationsnetz regelrecht Schiffbruch erleiden. Die

Ursache hierfür liegt in der bereits erwähnten Intersektoralität, die zur weiterführenden Hybridität von Organisationen führt. Im fortschreitenden 21. Jahrhundert existiert innerhalb der Sektoren keine Markt- oder Positionsmacht, die es ermöglicht, über andere Interessen hinwegzusehen, ohne dass der eigenen Position beziehungsweise Organisation geschadet wird, so wie es aktuell der deutschen Automobilindustrie widerfährt. Dies gilt jedoch nahezu allgemeingültig über alle Sektoren und Organisationen, unabhängig wie groß oder wie hoch ihre Marktkapitalisierung ist. Die Führungskräfte müssen dazu befähigt werden, intersektoral agieren zu können und demnach die Logik der diversen Sektoren und deren Vertreter verstehen und zielführend in ihr Kooperationsnetzwerk einzupflegen. Nur so lassen sich in Zukunft hohe Arbitrage- und Kooperationsrenten gewinnen.

1.12   Künftige Herausforderungen der Mobilitätsbranche

Die deutsche Automobilindustrie ist spätestens seit dem sogenannten „Dieselgate" nicht nur in aller Munde, sondern vor allem von gewaltigen Umbrüchen geprägt. Neben den Umsetzungsdruck, zeitnah nutzerfreundliche elektro- und wasserstoffbetriebene Kraftfahrzeuge auf den Markt zu bringen, um somit die wirtschaftliche Leistungsfähigkeit aufrechterhalten und damit einhergehend einen großen Beitrag für die Gesamtwohlfahrt der Gesellschaft leisten zu können, kommt mit dem Virus SARS-CoV-2 ein weiterer Störfaktor hinzu, der die Mobilität nachhaltig beeinflussen wird.

Die aktuellen Ereignisse rund um SARS-CoV-2 sind nicht nur ein Treiber für die Anpassungen innerhalb der Organisationen in Hinblick auf die Arbeitsteilung, Flexibilisierung der Arbeitszeit und die stärkere Integration von Telearbeit, sondern beschleunigen ebenfalls die Entwicklung des automatisierten Fahrens und zeigen darüber hinaus die Fragilität der aktuellen Mobilitätslösungen auf. Mit Blick auf die Pandemie und ihre unmittelbaren Auswirkungen auf das gesellschaftliche Leben wurde deutlich, dass die aktuellen Mobilitätslösungen fern des privaten Kraftfahrzeuges in pandemischen Gemengelagen weder die Erwartungen noch die Aufrechterhaltung der individuellen wie auch der systemrelevanten Mobilitätsbedürfnisse sicherstellen. COVID-19 wird folglich als Treiber für automatisiertes Fahren sowohl auf privater und individueller als auch auf öffentlicher Ebene dienen. Die Frage ist nicht mehr ein „entweder oder", sondern ein „sowohl als auch". Die Grenzen zwischen den einzelnen Sektoren werden sich zukünftig immer weiter verschieben und auflösen, so dass eine individuelle und nachhaltige inter- und multimodale Mobilität für einen Großteil der Bevölkerung möglich wird. Die Notwendigkeit einer gut funktionierenden multimodalen Mobilität – ergo zwischen privaten und öffentlichen Anbietern – ist so präsent wie niemals zu vor. Die Inklusion individueller Fortbewegungsmittel (beispielsweise Fahrrad, Roller, Pkw etc.) mit den Anbietern des öffentlichen Fern- und Nahverkehrs sowie der privatwirtschaftlichen Anbieter (beispielsweise Car- und Bikesharing etc.) sind unumgänglich, um auf der einen Seite eine flexible, nachhaltige und effiziente Mobilität sicherstellen zu können,

wie auch um auf der anderen Seite Mobilität im Falle einer Krisensituation – beispielsweise einer Pandemie – aufrechterhalten zu können.

Festzuhalten ist, dass weder der öffentliche Personennah- und -fernverkehr noch die
privatwirtschaftlichen Mobilitätsanbieter eigenständig eine flächendeckende Lösung
erarbeiten können. Diese sind aufgrund knapper Ressourcen stets räumlich beschränkt.
Eine Lösung können Mobilitätsdatenplattformen seien, die ein Gros von Angebot und
Nachfrage zusammenbringen können. Aktuell existieren unzählige privatwirtschaft-
liche Betreiberplattformen wie zum Beispiel „cambio", „fleetster", „getaround",
„snappcar" und andere. Hierbei handelt es sich um Dienstleistungsanbieter mit einer
autonomen Plattformarchitektur. Diese schränkt zum einen die Nutzungsfreundlichkeit
auf Seiten der Kunden stark ein und zum anderen besteht kein Datenaustausch mit und
zwischen den einzelnen Betreiberplattformen. Des Weiteren stehen diese Plattformen
in einer natürlichen (Wettbewerbs-)Konkurrenz zueinander und auch in Konkurrenz
zum öffentlichen Personennahverkehr. Der Grund hierfür liegt darin, dass sich die
Betreiberplattformen mit den privaten Fahrzeugen ihrer Nutzer speisen. Selbstverständlich existieren darüber hinaus Anbieter, die selbst eine Fahrzeugflotte unterhalten. Diese
stehe ebenso im Konkurrenzgeflecht, wie alle anderen Mobilitätsanbieter. Für eine
nutzerfreundliche, transparente und effiziente Metaplattform – die sich aus allen verfügbaren Betreiberplattformen speist – wäre es somit unabdingbar, Daten von anderen
Betreiberplattformen zu erhalten, um ein flächendeckendes Daten- sowie Nutzungsnetz
realisieren, anbieten und betreiben zu können. Neben einer gemeinsamen technischen
und ökonomischen Systemarchitektur liegt der Clou vor allem in der Anonymisierung
sowie dem Schutz der Kunden- und Nutzungsdaten gegenüber den anderen Betreiberplattformen. In Zukunft müssen Technologien und Marktmodelle zur Verfügung gestellt
werden, so dass die genannten Hemmschwellen abgebaut werden können. Ein vielver-
sprechender Lösungsansatz könnte hierbei die Anwendung von digitalen Identitäten in
Kombination mit der Distributed Ledger Technology sein. Hiermit könnten sowohl die
Authentifizierungen sowie das Vertrauen als auch die Datenhoheit sichergestellt werden.

Im Personennahverkehr des Landes Nordrhein-Westfalen existieren aktuell
die drei Fahrplanauskunftssysteme „EFA", „ASS" und „HAFAS". Auf diese
Fahrplanauskunftssysteme kann online via Internetseite sowie über eine App zugegriffen
werden. Alle drei sind jedoch durch eine zentrale und autonome Technikarchitektur
gekennzeichnet, so dass eine unmittelbare Verschränkung beziehungsweise schranken-
lose Nutzung sowie Integration nicht möglich ist. Die Carsharing-Plattformen und
Fahrplanauskunftssysteme wie unter anderem „DELFI" oder „MDM" sind sogenannte
„Live-Systeme", welche aktuelle Informationen beziehungsweise Daten liefern. Es
handelt sich hierbei um reine Solitärsysteme, die allein für sich spezifische und aktuelle
Informationen bereitstellen. Für die Entwicklung und Bereitstellung neuer, nachhaltiger
und nutzerfreundlicher multimodaler Mobilitätsdienste wird eine Datenbasis benötigt,
die Live-Daten des Individualverkehrs (beispielsweise MDM, Daten der diversen
städtischen Verkehrszentralen etc.) mit den Live-Daten der Verkehrsverbünde und
gegebenenfalls mit den Live-Daten privater Anbieter zusammenführen. Für eine erfolg-

reiche Initialisierung und Umsetzung ist es unabdingbar, dass die unterschiedlichen Interessensgruppen zusammengeführt werden. Zudem dürfen die unterschiedlichen Hoheitsgebiete sowie Interessensgruppen, die gemeinsam interagieren müssen, nicht vernachlässigt oder gar vergessen werden.

Die mCLOUD – bereitgestellt durch das Bundesministerium für Verkehr und digitale Infrastruktur – besitzt den Vorteil, dass sie über unterschiedliche Verkehrssysteme Live-Daten liefert, da mit unterschiedlichen Behörden kooperiert wird. Darüber hinaus besteht jedoch die Problematik, dass die Systeme unterschiedliche Software- und Entwicklungsstände aufweisen, so dass eine Verarbeitung der bereitgestellten Daten und Informationen auf einer Metaebene sich schwierig gestaltet. Die bereits existierenden Mobility-as-a-Service-Plattformen (MaaS-Plattformen) gewinnen kaum relevante Kundengruppen. Die Grundlage einer funktionierenden und flächendeckenden Mobilitätsdatenplattform stellt ein funktionierendes Kooperationsmodell dar. Aus diesem Grund muss der Mobility-as-a-Service-Integrator die strategischen Risiken aller Kooperationspartner aktiv minimieren und gleichzeitig die Geschäftsmodelle seiner Partner verstehen und direkt einbinden sowie optimieren können.

Nichtsdestotrotz ist zu konstatieren, dass die technologischen Lösungsansätze das Problem allein nicht lösen können. Diese müssen immer mit den ökonomischen Ansprüchen sowie der notwendigen Governance abgestimmt werden. Aus diesem Grund eignet sich die Theorie der Institutionellen Rollenmodelle hervorragend, um die bestehenden Markteintrittsbarrieren zu eliminieren, so dass eine diskriminierungsfreie, barrierefreie sowie wettbewerbskonforme Interaktion zwischen allen beteiligten Stakeholdern ermöglicht werden kann. Eine Mobility-as-a-Service-Plattform lässt sich nur dann trag- und zukunftsfähig realisieren und aufrechterhalten, sofern vertrauenswürdige Kooperationen zwischen den privatwirtschaftlichen und staatlichen Institutionen zustande kommen. Diese erhöhen die Interoperabilität, senken die Transaktionskosten, erschließen Effizienzgewinne und damit einhergehend die Konsumentenwohlfahrt, da eine größere Angebotsvielfalt mit einer höheren Preis- und Qualitätstransparenz über die intermodale Mobilitätsplattform sichergestellt werden kann. Folglich wird nicht nur der interne Nutzen für alle beteiligten Stakeholder der Plattform, sondern gleichzeitig der gesellschaftliche Nutzen erhöht.

Last but not least ist zu erwähnen, dass sich mithilfe der Distributed Ledger Technology in Kombination mit einer technischen und ökonomischen Rollenarchitektur eine Mobilitätssteuerung – sogenanntes Zoning – realisieren ließe. Hiermit könnte der Zugang sowohl für einzelne Straßen bis hin zu ganzen Gebieten geregelt werden. Dies hätte einerseits eine Verkehrslenkungsfunktion, die beispielsweise bei Unfällen oder ähnlichen zum Einsatz kommen könnten, die Staus bereits vor dem Entstehen eliminieren könnten. Gleichzeitig könnte damit die Zufahrt von Bergungs- und Rettungsfahrzeugen erheblich erleichtert werden. Andererseits könnte hiermit im Falle eines Notstandes – beispielsweise hervorgerufen durch eine Pandemie o. ä. – ein zielgerichteter, punktueller Mobilitätslockdown realisiert werden, so dass von großflächigen Mobilitätslockdowns abgesehen werden könnte.

Die neuen technologischen Möglichkeiten bieten in Kombination mit der Theorie der Institutionellen Rollenmodelle, die eine zielführende Abstimmung der technologischen und ökonomischen Rollenarchitektur ermöglicht, viele Antworten auf bisher schwierige Herausforderungen der Mobilitätsbranche, die bisher ungeahnte Kooperationspotenziale und -synergien nicht nur aufdeckt, sondern vor allem ermöglicht.

Literatur

BASt. (2012) Bundesanstalt für Straßenwesen, Rechtsfolgen zunehmender Fahrzeugautomatisierung, BASt-Bericht F 83, Bergisch Gladbach 2012.

Coase, R. H. (1937). The nature of the firm. *Economica, New Series, 4*(16), 386–405).

Coase, R. H. (November 1937). The nature of the firm. *Economica* , (S. 368–405).

Ebers, M., & Gotsch, W. (2014). Institutionenökonomische Theorien der Organisation. In A. Kieser, & M. Ebers (Hrsg.), *Organisationstheorien* (7 Aufl., S. 195–255). Stuttgart: Kohlhammer.

Friese, M. (1998). Kooperation als Wettbewerbsstrategie für Dienstleistungsunternehmen.

Glänzel, G., & Schmitz, B. (2012). Hybride Organisationen – Spezial- oder Regelfall? In H. K. Anheier, A. Schröer, & V. Then (Hrsg.), *Soziale Investitionen* (S. 181–203). Wiesbaden: VS Verlag.

Herb, T. (2013). Organisationsarchitektur Kooperativer Systeme. *Straßenverkehrstechnik, 57*(2).

Jansen, S. A. (2013). Skalierung von sozialer Wirksamkeit Thesen, Tests und Trends zur Organisation und Innovation von Sozialunternehmen und deren Wirksamkeitsskalierung. In S. A. Jansen, R. G. Heinze, & M. Beckmann (Hrsg.), *Sozialunternehmen in Deutschland* (S. 79–99). Wiesbaden: Springer VS.

Jung, S. (1999). *Das Management von Geschäftsbeziehungen*. Wiesbaden: Springer Fachmedien.

Kor, Y., & Mahoney, J. (2004). Edith Penrose's (1959) Contributions to the Resource-based View of Strategic Management. Journal of Management Studies 41:1 January 2004. (S. 183–191)

Kordesch, R. (2017a). Zivilgesellschaft. Zukunft und Auftrag konfessionell geprägter Organisationen im deutschen Sozialsektor. In J. Wieland, G. Wegner, & R. Kordesch (2017). Luther 2017: Protestantische Ressourcen der nächsten Moderne. Velbrück Wissenschaft. Deutschland.

Kordesch, R. M. (2017b). In J. Wieland, G. Wegner, & R. M. Kordesch (Hrsg.), *Luther 2017: Protestantische Ressourcen der nächsten Moderne* (S. 95–107). Weilerswist-Metternich: Velbrück.

Luhmann N. (1984). Soziale Systeme: Grundriss einer allgemeinen Theorie. Suhrkamp Verlag.

Luhmann, N. (2012). *Soziale systeme* (15. Aufl.). Frankfurt a. M.: Suhrkamp Verlag.

Penrose, E. (1959). *The theory of the growth of the firm*. Oxford: Oxford University Press.

Penrose, E. (2013). *The theory of the growth of the firm* (4. Aufl.). Oxford: Oxford Press.

Rosa, H. (2012). *Beschleunigung: Die Veränderung der Zeitstrukturen in der Moderne*. Frankfurt a. M.: Suhrkamp Taschenbuch Wissenschaft.

Rosa, H. (2016). *Resonanz: Eine Soziologie der Weltbeziehung*. Berlin: Suhrkamp Verlag.

Rosa, H., & Lessenich S. (2014). Weil Kapitalismus sich ändern muss: Im Gespräch mit Hartmut Rosa und Stephan Lessenich. In: Weil Kapitalismus sich ändern muss (Hrsg.), Im Gespräch mit Hartmut Rosa, Stephan Lessenich, Margrit Kennedy, Theo Waigel: Mit einem Vorwort von Elmar Altvater. Springer Verlag: Wiesbaden.

Scheuerle, T., Schmitz, B., & Hölz, M. (2013). Governancestrukturen bei Sozialunternehmen in Deutschland in verschiedenen Stadien der Organisationsentwicklung. In S. A. Jansen, R. G. Heinze, & M. Beckmann (Hrsg.), *Sozialunterehmen in Deutschland* (S. 125–152). Wiesbaden: Springer VS.

Schneider, D. (1995) Betriebswirtschaftslehre, Band 1: Grundlagen, München.

Schneider, D. (2007) Betriebswirtschaftslehre, Band 3: Theorie der Unternehmung, München.

Schulz, W. H., & Wieker, H. (2016) Co-operative Intelligent Transport Systems:Neue Marktchancen durch den Systemverbund aus Automobil-und Telekommunikationsindustrie. Future Telco III –Powerplay für Kommunikationsunternehmen (S. 138–150). Köln.

Schulz, W. H., Joisten, N., & Arnegger, B. Development of the institutional role model as a contribution to the implementation of co-operative transport systems (July 16, 2019). Available at SSRN: https://ssrn.com/abstract=3421107 or https://doi.org/10.2139/ssrn.3421107

Simić, Ž, & Predović, F. (2014). Managerialismus und Hybridisierung von NPOs – Veränderungen und Folgen. In A. Zimmer & R. Simsa (Hrsg.), *Forschung zu Zivilgesellschaft, NPOs und Engagement* (S. 357–369). Wiesbaden: Springer VS.

Uhl-Bien, M. (2006). Relational leadership theory: Exploring the social processes of leadership and organizing. *The leadership quarterly, 17,* 654–676.

Von der Oelsnitz, D. (2003). Kooperation: Entwicklung und Verknüpfung von Kernkompetenzen. In J. Zentes, B. Swoboda, & D. Morschett (Hrsg.), *Kooperationen, Allianzen und Netzwerke: Grundlagen – Ansätze – Perspektiven* (1. Aufl.). Springer Fachmedien: Wiesbaden.

Wieland J. (2017a). Protestantische Führungsprinzipien und moderne Organisation: Unsicherheit – Risiko – Charakter S.183–190. In J. Wieland, G. Wegner, & R. Kordesch (Hrsg.), Luther 2017: Protestantische Ressourcen der nächsten Moderne. Velbrück Wissenschaft. Deutschland.

Wieland, J. (2017b). Relationale Führung und intersektorale Governance. In M. Lehmann & M. Tyrell (Hrsg.), *Komplexe Freiheit: Wie ist Demokratie möglich.* Wiesbaden: Springer Verlagsgruppe.

Wieland, J. (2017c). Protestantische Führungsprinzipien und moderne Organisation Unsicherheit – Risiko – Charakter. In J. Wieland, G. Wegner, & R. M. Kordesch (Hrsg.), *Luther 2017: Protestantische Ressourcen der nächsten Moderne* (S. 166–182). Weilerswist-Metternich: Velbrück.

Wieland, J. (2017d). Relationale Führung und intersektorale Governance. In M. Lehmann & M. Tyrell (Hrsg.), *Komplexe Freiheit* (S. 237–257). Wiesbaden: Springer VS.

Zingel, M. (2015). *Transformationale Führung in der multidisziplinären Immobilienwirtschaft.* Wiesbaden: Springer Gabler.

Univ.- Prof. Dr. Wolfgang H. Schulz ist ein international bekannter Ökonom auf dem Gebiet der Mobilitäts- und Verkehrsökonomie. Er ist Inhaber des Lehrstuhls für Mobilität, Handel und Logistik an der Zeppelin Universität in Deutschland. Darüber hinaus ist er im Beirat des Verkehrsministeriums von Nordrhein-Westfalen tätig. Seine Entwicklung der Theorie des Institutionellen Rollenmodells (IRM) wird in einer Vielzahl von Entwicklungsprojekten im gesamten Mobilitätssektor eingesetzt und ermöglicht so eine diskriminierungsfreie Zuordnung von Aufgaben zur idealen Institution. Sein aktueller Forschungsschwerpunkt ist die Bedeutung der künstlichen Intelligenz für die Automobilindustrie.

Oliver Franck ist ein Wirtschaftswissenschaftler mit einem verkehrswissenschaftlichen Schwerpunkt. Nach einem erfolgreichen Bachelor- und Masterabschluss an der Zeppelin Universität mit einem Auslandsaufenthalt in den USA, begann er im September 2019 eine Promotion, im Rahmen derer er sich der Analyse von Marktverhaltensweisen von Mobilitätsindustrien widmet. Diese Analyse erfolgt mittels der Nutzung eines industrieökonomischen Ansatzes, um den Einfluss exogener Faktoren systematisch zu ermitteln.

Stanley Smolka ist interdisziplinärer Querdenker zwischen Markt, Staat und Zivilgesellschaft und hat das Studienprogramm „Sociology, Politics & Economics" an der Zeppelin Universität mit dem Bachelor of Arts erfolgreich absolviert. Überdies sammelte er mehrjährige Berufserfahrung in den Themen der Prozessanalyse, Prozessoptimierung sowie Prozessautomatisierung. Seine Forschungsschwerpunkte liegen im guten und richtigen Management in Bezug auf Komplexität, Innovation und Digitalisierung sowie im relationalen Leadership.

Von Hundert auf Null – Die COVID-19-Pandemie und die Luftfahrt

2

Claus-Dieter Wehr

2.1 Der Luftverkehr als Wachstumsmotor

Der Luftverkehr verbindet Kontinente, Menschen und Kulturen und ist in einer globalisierten Wirtschaft unentbehrlich. Seit der Einführung des Jet-Zeitalters in der zivilen Luftfahrt mit der De Havilland Comet im Jahr 1952 und nachhaltiger mit den ersten Linienflügen ab 1958 mit der Boeing B707 sind die Reisezeiten zwischen den Wirtschaftszentren immer weiter geschrumpft. Technologische Fortschritte, die zur Entwicklung immer größerer Flugzeuge und effizienterer Triebwerke führten, sowie neue Geschäftsmodelle, wie der Aufbau hochproduktiver Low Cost Airlines, führten dazu, dass sich der Luftverkehr vom Reisemittel für Wohlhabende zum Transportmittel für viele gewandelt hat. Das Wachstum des Luftverkehrs lässt sich in normalen Zeiten gut vom Bruttoinlandsprodukt (BIP) ableiten. Das Passagierwachstum und das Bruttoinlandsprodukt je Weltregion entwickeln sich seit den letzten 15 Jahren sehr synchron. Eine Ausnahme bildet die Passagierentwicklung im arabischen Raum, die in den letzten Jahren deutlich überproportional gestiegen ist (Bundesverband der Deutschen Luftverkehrswirtschaft Report 2019).

Die zunehmende Vernetzung der Welt und die Globalisierung der Wirtschaft sind neben den weltumspannenden IT-Netzwerken ohne den Luftverkehr undenkbar. Der Luftverkehr reagiert aufgrund seiner weltweiten Vernetzung sehr sensibel auf äußere Störungen, seien sie politischer oder wirtschaftlicher Natur. Neben den beiden Weltkriegen, während derer kaum ziviler Luftverkehr stattfinden konnte, wirkten sich der

C.-D. Wehr (✉)
Flughafen Friedrichshafen GmbH, Friedrichshafen, Deutschland
E-Mail: C.Wehr@bodensee-airport.eu

© Der/die Autor(en), exklusiv lizenziert durch Springer Fachmedien Wiesbaden GmbH, ein Teil von Springer Nature 2021
W. Schulz et al. (Hrsg.), *Mobilität nach COVID-19*,
https://doi.org/10.1007/978-3-658-33308-9_2

Golfkrieg 1991 und die Anschläge vom 11. September 2001 auf den Luftverkehr aus und ließen ihn weltweit zurückgehen. Störungen im System, wie während des Ausbruchs des Eyjafjallajökull auf Island im Jahr 2010, zeigen die wirtschaftliche Bedeutung der Luftfahrt besonders gut auf. Eine Studie von Oxford Economics untersuchte die Auswirkungen der Luftraumschließungen in Europa zwischen dem 15. und dem 21. April 2010 und kam zu dem Ergebnis, dass durch die Auswirkungen des Ausbruchs des Eyjafjallajökull die weltweite Wirtschaftsleistung um rund fünf Milliarden Dollar gedrückt wurde. Besonders betroffen waren Unternehmen, die auf die reibungslose Versorgung über Luftfrachtverbindungen angewiesen sind. In deutschen BMW-Werken, aber auch in südkoreanischen Werken von Handyproduzenten fehlten zeitweise Bauteile, und auch kenianische Bauern konnten ihre Blumen nicht nach Europa transportieren. Die Auswirkungen hielten sich aufgrund des begrenzten Zeitraumes des Stillstands von einer Woche in Grenzen (Oxford Economics 2010).

Neben diesen politischen oder von der Natur verursachten Störungen der Luftfahrt können auch wirtschaftliche Krisen den Luftverkehr stark belasten. Dies untermauert die Korrelation des Luftverkehrs mit der Entwicklung des Bruttosozialproduktes. Während der Weltwirtschaftskrise im Jahr 2008 und 2009, ausgelöst durch die Finanzkrise in den USA, musste der Luftverkehr einen nie dagewesenen Einbruch verzeichnen. Stark rückläufig war insbesondere die Nachfrage nach Geschäftsreisen (DLR Luftverkehrsbericht 2011). Im Jahr 2002/2003 wurden die weltweite Wirtschaft und der Luftverkehr durch den ersten Ausbruch einer Pandemie im 21. Jahrhundert beeinflusst. Denn im November 2002 traten in Südchina die ersten Fälle des Schweren Akuten Atemwegssyndroms (SARS) auf. Binnen weniger Wochen breitete sich die Krankheit über mehrere Kontinente aus und forderte insgesamt 774 Tote. In Summe gab es in 29 Ländern 8.096 infizierte Personen (WHO 2004). Die Auswirkungen auf den Luftverkehr wurden in Deutschland bereits damals als „schwerste Krise überhaupt" bezeichnet, da sie mit Asien den wichtigsten Wachstumsmarkt der Luftfahrt traf und noch durch den Irak-Krieg überlagert wurde. Bei der Lufthansa kam es zur Stilllegung von Flugzeugen und Arbeitszeitverkürzungen (Manager Magazin 2003). Die langfristigen Entwicklungen im Luftverkehr zeigen, dass sich die Branche nach diesen von außen induzierten Störungen stets erholt hat und relativ rasch nach zwei bis vier Jahren den früheren Wachstumskurs wieder aufgenommen und die Einbrüche mehr als nur wettgemacht hat (ICAO 2013).

Nach der SARS-Pandemie im Jahr 2002/2003 wurde die Welt Ende 2019 mit dem Ausbruch der Atemwegserkrankung COVID-19 (Corona) konfrontiert. Zum Jahreswechsel wurde die WHO über Fälle einer unbekannten Lungenkrankheit in Wuhan, China informiert. Am 7. Januar 2020 wurde ein neuartiges Coronavirus, welches später den Namen COVID-19 erhielt, als Ursache identifiziert. Am 11. März erklärte die WHO den Ausbruch aufgrund der hohen Fallzahlen außerhalb Chinas zu einer Pandemie. Bis zu diesem Zeitpunkt waren mehr als 118.000 Fälle aus 114 Ländern und insgesamt 4291 Todesfälle gemeldet worden (WHO 2020).

2.2   Einbruch des Luftverkehrs aufgrund der Covid-19 Pandemie

Nach dem Ausbruch der Pandemie in Wuhan und ersten nachgewiesenen Viruser-krankungen in Thailand am 13. Januar 2020, in Japan am 15. Januar 2020 und in Süd-korea am 20. Januar 2020 sowie den USA am 21. Januar 2020 stand der internationale Luftverkehr als wesentliche Verbreitungsursache im Fokus. Am 25. Januar 2020 traten die ersten drei Fälle in Frankreich auf, am 28. Januar 2020 erreichte das Virus Deutsch-land. Alle aufgetretenen Fälle konnten mit dem Ausbruch in Wuhan in Verbindung gesetzt werden. Erste Maßnahmen in den jeweils betroffenen Ländern waren verstärkte Kontrollen (z. B. über Temperaturmessungen) an Flughäfen der ankommenden Flug-passagiere aus China auf Krankheitssymptome. Außerdem wurden in vielen Ländern Krisenstäbe etabliert, um die Gesundheitssysteme für den Pandemiefall aufzurüsten. Sehr schnell begannen Fluggesellschaften aus der ganzen Welt ihre Flugverbindungen nach China deutlich zu reduzieren oder ganz zu streichen. Ende Januar gingen die Anzahl der Flüge innerhalb Chinas ins benachbarte Ausland sowie die interkontinentalen Verbindungen massiv zurück (ICAO 2020).

Bei den 15 größten chinesischen Flughäfen ging die Sitzplatzkapazität von einem marginalen Rückgang gegenüber der korrespondierenden Vorjahreswoche von rund $-1\,\%$ in der Woche vom 27. Januar bis 2. Februar 2020 auf $-72\,\%$ in der Woche vom 17. bis 23. Februar 2020 zurück. Die Rückgänge der Kapazitäten waren verbunden mit einer drastischen Reduktion des Sitzladefaktors bei den noch stattfindenden Flügen, der im Februar bei durchschnittlich 50,3 % lag (Januar: 76,7 %). Anfang März erholten sich die Auslastungen der Flüge auf ein Niveau von 58,6 % und einen Rückgang von $-43,9\,\%$ der Kapazitäten. Bis Ende Mai bewegten sich die Kapazitätsrückgänge dann auf einem Niveau von zwischen $-40\,\%$ und $-50\,\%$ (ACI Asia–Pacific 2020).

Ähnliche Entwicklungen ergaben sich für Länder, in denen nicht nur die Flugver-bindungen nach China, sondern auch in andere Regionen, in denen vermehrt COVID-19-Infektionen auftraten, stillgelegt wurden. Dies erfolgte in Europa mit einer zeitlichen Verzögerung, da man zunächst nur die Langstreckenverbindungen nach China reduzierte. In den vier Wochen vom 24. Februar bis zum 22. März 2020 brachen die Passagierzahlen in Europa von $-1\,\%$ auf $-88\,\%$ gegenüber der entsprechenden Periode im Vorjahr ein. In den einzelnen Ländern Europas gab es kaum davon abweichende Entwicklungen. Dies lag daran, dass viele Länder ihre Grenzen schlossen und z. B. Reiserestriktionen der USA für die Schengen-Zone und kurze Zeit später auch für Großbritannien und Irland ausgesprochen wurden. Der 15. März 2020 gilt als der Tag, an dem sich Deutschland in den Lockdown begab. Am 16. März 2020 folgten Reisewarnungen der Europäischen Union für nicht notwendige Reisen innerhalb der Union. Im Laufe des März wurden in Folge die EU-Außengrenzen und alle Grenzen zu Deutschland geschlossen. Für die Luft-verkehrsverbindungen von und nach Deutschland wichtige Länder, wie USA, Kanada,

Brasilien, China, Südafrika, Japan und Thailand, schlossen ihrerseits die Grenzen (BDL 2020). Im besonders betroffenen Italien gingen die Passagierzahlen bis zum 10. März 2020 um rund $-80\,\%$ des Vorjahresniveaus zurück. An diesem Tag schloss Italien die Grenzen zu den Nachbarländern und es erfolgte der landesweite Lockdown, d. h. das Land wurde unter Massenquarantäne gestellt. Die wirtschaftlichen Aktivitäten wurden fast gänzlich eingestellt. In Folge kam der Flugverkehr nahezu vollständig zum Erliegen. Am 22. März 2020 war der Luftverkehr gegenüber dem Vorjahr um $-98\,\%$ eingebrochen.

Etwas schleichender ging die Entwicklung in Deutschland vonstatten. Vom 24. Februar bis zum 8. März 2020 sanken die Passagierzahlen auf ein Niveau, das $-30\,\%$ unter dem Vorjahr lag. Mit dem Eintritt der Reisebeschränkungen der USA am 12. März 2020 musste ein Rückgang um $-45\,\%$ verzeichnet werden. Der Lockdown am 15. März 2020 und die Reisewarnungen der EU am 16. März 2020 steigerten den Rückgang bis zum 22. März 2020 auf $-88\,\%$ gegenüber dem Vorjahr. In den Folgewochen kam auch der Luftverkehr in Deutschland quasi zum Erliegen. Gravierend waren die Auswirkungen der Flugstreichungen auf Urlauber, die in diesen Wochen im Ausland gestrandet waren. Mitte März startete die Bundesregierung eine beispiellose Rückholaktion für Urlauber. Bis Mitte April wurden über 240.000 Urlauber aus dem Ausland zurückgeholt. Dafür investierte die Bundesregierung über 50 Mio. EUR in rund 240 Sonderflüge deutscher Fluggesellschaften (ACI Europe 2020; Erklärung der Bundesregierung 2020). Im gesamten ersten Halbjahr 2020 ging der Passagierverkehr weltweit um $-53\,\%$ zurück, in Deutschland sogar um $-66\,\%$. Die Fluggesellschaften verloren weltweit im ersten Halbjahr 2020 rund 58 % ihrer Nachfrage. In Europa verlief der Rückgang mit $-62\,\%$ noch gravierender und wurde in Deutschland mit $-65\,\%$ sogar noch übertroffen. Bei den Flughäfen gingen die Passagierzahlen weltweit um $-53\,\%$ zurück. Auch hier übertraf Europa diese Entwicklung noch mit $-56\,\%$. In Deutschland gingen die Passagierzahlen im ersten Halbjahr sogar um $-66\,\%$ zurück. Der Rückgang erfolgte über alle Verkehrssegmente. Bei den innerdeutschen Verbindungen lag der Rückgang bei $-66{,}3\,\%$, bei den innereuropäischen Flügen bei $-67{,}5\,\%$ und interkontinental bei $-60{,}4\,\%$.

Die Luftfrachtverkehre waren demgegenüber deutlich weniger stark betroffen. Weltweit wurde um 15 % weniger Fracht befördert als im ersten Halbjahr 2019, in Deutschland ging die Frachtmenge um 10 % zurück. Dies unterstreicht die Bedeutung des Luftverkehrs zur Aufrechterhaltung von Lieferketten. Teilweise hing die rasche Versorgung von Ländern mit medizinischen Gütern, z. B. Schutzmasken und -anzügen oder Beatmungsgeräten, von der Luftfracht ab. Etliche Fluggesellschaftern nutzten Passagierflugzeuge für den Transport entsprechender Güter (z. B. Condor). Relevant für den Frachtverkehr waren auch die nahezu komplett fehlenden Möglichkeiten zur Beiladung von Fracht in den normalerweise stattfindenden Passagierflügen. Für den Luftverkehr erwiesen sich die Reisewarnungen, die Reisebeschränkungen und die Quarantänebestimmungen als schwere Mühlsteine, die eine seit Jahren wachsende Branche zum Stillstand brachten.

2.3   Reaktionen der Luftfahrtbranche

Die dramatischsten Reisebeschränkungen seit dem zweiten Weltkrieg führten dazu, dass weltweit Fluggesellschaften dazu gezwungen wurden, ihre Flotten am Boden zu halten. Bei Flottengrößen von jeweils 300 bis 700 Flugzeugen bei den größeren Fluggesellschaften (Lufthansa Gruppe 763, Easyjet 335, Ryanair über 450) war diese Maßnahme gewiss keine leichte Aufgabe. Zum Abstellen der Flugzeuge wurden weltweit an Flughäfen Rollwege und teilweise Start-/Landebahnen zweckentfremdet und für diesen Zweck genutzt (Flug Revue 2020; Ryanair 2020). Global zeigten sich allerdings auch bei der Stilllegung von Flugzeugflotten größere Unterschiede. Insgesamt standen am 7. April 2020 rund 55 % der Weltflotte am Boden. Davon 74 % in Afrika, 72 % in Europa und 39 % in den USA. Der geringe Anteil der USA wurde auf Verzögerungen bei der Streichung der Flugprogramme der amerikanischen Fluggesellschaften zurückgeführt, die zudem von ihrer Regierung aufgefordert wurden, inneramerikanische Verbindungen weiter sicherzustellen (ch-aviation blog 2020).

Um die mit den Flugstreichungen und Flugzeugstilllegungen einhergehenden personellen Überkapazitäten primär bei den Flugbesatzungen bewältigen zu können, mussten die Fluggesellschaften früh Gegenmaßnahmen einleiten. In Anbetracht einer späteren Erholung wurden zunächst weichere Personalmaßnahmen wie Urlaubs- und Mehrarbeitsstundenabbau oder auch die in Deutschland etablierte Möglichkeit der Kurzarbeit genutzt. Insgesamt waren rund 83.000 Beschäftigte von Fluggesellschaften und Flughäfen in Deutschland in Kurzarbeit. Wirtschaftlich hilfreich für die Fluggesellschaften war darüber hinaus ein Rückgang der Erdölpreise. Noch Anfang März wurde über eine Konsolidierung des Luftverkehrsmarktes bei einer Erholung im Herbst sowie die „Neuverteilung" des touristischen Marktes spekuliert (Neue Zürcher Zeitung 2020; Bundesverband der Deutschen Luftverkehrswirtschaft 2020; Handelsblatt 2020).

Mit zunehmender Dauer der Krise stellten die Fluggesellschaften grundsätzlichere strategische Überlegungen zur Flottenstrategie an und gingen dazu über, Flugzeuge für einen längeren Zeitraum aus dem Betrieb zu nehmen. Dabei fielen primär langfristig unrentable, vierstrahlige Langstreckenflugzeuge den Maßnahmen zum Opfer. Lufthansa überführte in diesem Zusammenhang ihre komplette Langstreckenflotte von 17 Airbus A340-600 auf den spanischen Flughafen Teruel, wo sie eingemottet wurden. Ob sie jemals wieder in den Einsatz kommen, ist unsicher.

Den Airbus A380 scheint ein ähnliches Schicksal zu ereilen. Insgesamt waren vor der COVID-19-Krise 240 Flugzeuge weltweit im Einsatz. Der weltweit größte Nutzer des Flugzeuges, Emirates, wollte sich aufgrund der lang andauernden Krise vorzeitig von 46 Flugzeugen trennen. Bei vielen Fluggesellschaften wird der A380 gar nicht mehr (Air France) oder wenn, dann mit einiger Verzögerung in den Einsatz zurückkommen (aero. de 2020; Spiegel 2020). Weltweit überprüfen die Fluggesellschaften ihre strategischen Flottenentwicklungen und das frühere Ausmustern von Flugzeugmustern, aber auch die spätere Abnahme von bestehenden Bestellungen bei den Flugzeugherstellern.

Für die Fluggesellschaften brachten diese grundsätzlichen, strategischen Überlegungen auch eine nachhaltigere Rationalisierung ihrer personellen Strukturen mit sich. Lufthansa sprach im Juli 2020 offen von einem Überhang von insgesamt 11.000 Stellen im Konzern. Anfang September 2020 ging man bereits davon aus, dass dies nicht genügt und die Flotte noch stärker reduziert und die doppelte Mitarbeiterzahl abgebaut werden muss. In Verhandlungen mit den Gewerkschaften wird versucht, weitreichende Kosteneinsparungen zu erreichen und den notwendigen Personalabbau zu minimieren. Hohe Kosten fallen bei den Fluggesellschaftern dennoch an. Auch bei Außerbetriebnahme von Flugzeugen müssen diese mit einer minimalen Wartung betriebsbereit gehalten werden, es sei denn sie werden langfristig außer Betrieb gesetzt. Ähnlich verhält es sich mit dem Lizenzerhalt von Piloten, die regelmäßigen Simulator-Checks oder sogar Prüfungsflügen unterzogen werden müssen. Trotz dieser Maßnahmen kam es zum Ausscheiden kleinerer Fluggesellschaften aus dem Markt, zu Anträgen, um in entsprechende Schutzschirmverfahren zu gelangen, oder zur aktiven Schließung von Betrieben, wie beispielsweise SunExpress Deutschland oder Germanwings.

Ähnlich herausfordernd war die Situation an den Flughäfen. Durch die sukzessive zurückgehenden Flüge entstand auch bei den Flughäfen rasch ein Personalüberhang und eine geringere Auslastung der vorhandenen Infrastruktur. Als erschwerend erwies sich die Betriebspflicht der Flughäfen, d. h. das Vorhalten von für den Flugbetrieb notwendigen Einrichtungen, wie Feuerwehr, Security oder auch die Flugsicherung, die weitgehend unabhängig von der Anzahl der Flugbewegungen vorgehalten werden mussten. Kleinere Flughäfen reagierten bei den drastischen Rückgängen der Verkehre Ende März 2020 mit Anträgen bei den Genehmigungsbehörden zur Entbindung von dieser Betriebspflicht. An vielen Flughäfen wurden Flüge nur noch in Kernzeiten und gegen vorherige Anmeldung beim Flughafenbetreiber abgefertigt. Dadurch konnten der Einsatz des Personals optimiert und die Möglichkeiten zur Kurzarbeit maximal genutzt werden. Größere Flughäfen konzentrierten den Flugbetrieb auf bestimmte Terminalbereiche und nahmen Teile der Infrastruktur außer Betrieb. Grundsätzlich sind Flughäfen Infrastruktureinrichtungen, weshalb der größte Teil der Kosten bei Flughäfen Fixkosten, insbesondere Kapitalkosten sind, die kurzfristig nicht zu beeinflussen sind. Dadurch sind Anpassungen deutlich schwerer umzusetzen, als bei anderen Unternehmen. Kein Flughafen in Deutschland war während der COVID-19-Pandemie geschlossen. Alle Flughäfen hielten sich betriebsbereit, um Fracht-, Versorgungs- oder medizinische Flüge abwickeln zu können. So wurde für alle Regionen Deutschlands eine Grundversorgung sichergestellt. Die Beibehaltung der Betriebsbereitschaft hatte zur Folge, dass die Flughäfen mit Vorhaltekosten in Millionenhöhe konfrontiert waren. Für alle Flughäfen in Deutschland entstanden dadurch insgesamt monatliche Kosten in Höhe von 170 Mio. EUR, die aufgrund der fehlenden Einnahmen durch den kaum stattfindenden Flugverkehr nicht gedeckt werden konnten. Selbst bei einer kompletten Schließung der Infrastruktur wären bei den Flughäfen weiterhin Kosten für die Flughafensicherheit, vergleichbar mit einem Werksschutz, und für die minimale Aufrechterhaltung der Infrastruktur angefallen.

Problematisch ist auch die Situation der Flugsicherung, die vor der Krise unter Personalengpässen litt, was 2018 zu erheblichen Unregelmäßigkeiten und Verspätungen führte. Mit Ausfall einer Vielzahl von Flügen entstand auch bei der Flugsicherung ein Einnahmenausfall, der mit rund 540 Mio. EUR beziffert wird. Herausfordernd war außerdem die große Spezialisierung der Lotsen auf bestimmte Luftraum-Sektoren und die der Techniker auf bestimmte Systeme, die einen flexibleren Personaleinsatz limitierten. Kontrollsysteme und eine sichere Luftraumkontrolle waren selbst im Minimalbetrieb weiterzuführen. Dadurch waren trotz geringer Verkehre 60–70 % der Mitarbeiterinnen und Mitarbeiter im Einsatz (Aero.de 2020; Airliners.de 2020).

Die von Fluggesellschaften und Flughäfen, aber auch von Reiseveranstaltern eingeleiteten Maßnahmen sind nicht ausreichend, um den Bestand der Unternehmen in dieser außerordentlichen Krisensituation zu gewährleisten. Sechs Monate nach dem historischen Einschnitt in die Verkehrsentwicklungen ist die Branche von einer Erholung noch weit entfernt. Ohne staatliche Maßnahmen ist ein Erhalt von branchenrelevanten Unternehmen kaum möglich. So erhielt Lufthansa, neben anderen Fluggesellschaften in der ganzen Welt, nach langem politischem Ringen ein Hilfspaket der Bundesrepublik Deutschland über 9 Mrd. EUR. Auch der größte Reiseveranstalter Deutschlands, TUI, wurde mit einem Hilfspaket vor einer Insolvenz bewahrt. Die Hilfen bestehen häufig aus Krediten, aber auch aus Beteiligungen, die mit Zinserträgen und Dividenden für die geldgebenden Staaten verbunden sind (Tagesschau.de 2020; Bundesverband der Deutschen Luftverkehrswirtschaft 2020). Trotz der angespannten wirtschaftlichen Situation der Flughäfen in Deutschland bestand für diese über einen langen Zeitraum keine Möglichkeit, staatliche Unterstützung zu erhalten. Zwar fand es die Bundesregierung erforderlich, dass die Flughäfen stets betriebsbereit waren, in Bezug auf die Bereitstellung einer finanziellen Unterstützung wurde allerdings stets auf das föderale System des Luftverkehrs in Deutschland und somit auf die Länder bzw. Gesellschafter der Flughäfen verwiesen. Erst seit dem 11. August 2020 gibt es eine Möglichkeit für Flughäfen, neben den bestehenden europäischen Beihilferichtlinien für den Flugverkehr, wenigstens den entstandenen wirtschaftlichen Schaden aufgrund der Corona-Krise mit öffentlichen Geldern über eine Bundesrahmenregelung auszugleichen.

2.4   Der Re-Start der Branche

Nach nahezu 10 Wochen Stillstand des Luftverkehrs wurden in Europa und in Deutschland im Juni langsam wieder Flugverbindungen aufgenommen. Grund war eine Verbesserung der epidemiologischen Lage in Europa. Die europäische Kommission hat sich daher am 11. Juni 2020 für koordinierte Maßnahmen der Mitgliedstaaten zur schrittweisen Aufhebung von Reisebeschränkungen ausgesprochen. Nachdem auch der Rat der europäischen Union am 30. Juni 2020 diesen Empfehlungen zustimmte, wurde in Deutschland diese Empfehlung am 2. Juli 2020 umgesetzt und Einreisen aus Drittstaaten mit geringem Infektionsgeschehen ohne Einschränkungen wurden wieder ermöglicht

(BMI 2020). Aus diesem Grund erfolgte auch eine Erholung zunächst auf den innerdeutschen und europäischen Verbindungen. Der innerdeutsche Verkehr lag im Juli 2020 dennoch immer noch rund −80 % hinter dem Juli 2019 zurück, der Europa-Verkehr von deutschen Flughäfen −77 % während die Übersee-Verbindungen mit −94 % weiterhin kaum stattfanden.

Bereits Ende März 2020, d. h. kurz nach dem Eintritt in die Krise, hat sich die Luftverkehrsbranche mit der Wiederaufnahme des Verkehrs beschäftigt. Geklärt werden musste die Frage, wie im Luftverkehr die notwendigen Gesundheits- und Hygienemaßnahmen umgesetzt werden können, die von Bundesgesundheitsministerium, Gesundheitsämtern, Epidemiologen und Virologen entwickelt wurden. Hierzu erfolgte durch die Luftverkehrsverbände ein intensiver und regelmäßiger Austausch mit den wichtigsten Bundesbehörden. Weltweit erfolgte die Koordination der notwendigen Maßnahmen auf Ebene der ICAO (International Civil Aviation Organization) über die sogenannte Council Aviation Recovery Task Force (CART) und auf europäischer Ebene durch die European Aviation Safety Agency (EASA) und das European Center for Disease Control and Prevention (ECDC). Eine Harmonisierung der Maßnahmen für die weltweit agierende Luftverkehrsbranche war das Ziel. Kernelemente sind Abstandsregelungen, die Verpflichtung zum Tragen von Schutzmasken und Hygienemaßnahmen (Desinfektionen etc.).

Auf der Basis der in den verschiedenen internationalen und nationalen Arbeitsgruppen entstandenen Handlungsempfehlungen wurden für Fluggesellschaften und Flughäfen Maßnahmenpakete definiert. Diese hatten vor allem zum Ziel, den Reisenden eine sichere Beförderung zu garantieren und auch das eigene Personal zu schützen. Bei den meisten Fluggesellschaften gilt seit der Wiederaufnahme des Verkehrs eine Maskenpflicht vom Einsteigen bis zum Aussteigen aus dem Flugzeug. Alternativ diskutiert wurde auch das Freihalten des Mittelsitzes, was in den meisten Fällen aufgrund der wirtschaftlichen Auswirkungen auf die Fluggesellschaften verworfen wurde. Die Fluggesellschaften rufen ihre Kunden dazu auf, wo immer möglich den Check-In für den Flug per Internet vorzunehmen. Dies verringert die notwendigen Kontakte vor der Reise. Einen Mund-Nasenschutz oder ein Schild tragen auch die Flugbegleiter und Flugbegleiterinnen auf den Flügen zum Schutz der Passagiere. Viele Gesellschaften versorgen ihre Passagiere mit Desinfektionsmitteln. Höhere Anforderungen werden an das Catering und die Reinigung der Flugzeuge gestellt. Medial diskutiert wurden der Luftaustausch in Flugzeugen und die mögliche Ansteckungsgefahr bei einer Reise. Die Luft in der Kabine wird durch entsprechende Systeme abgesaugt, mit Außenluft von den Triebwerken vermischt und durch HEPA-Filter wieder der Flugzeugkabine zugeführt. HEPA-Filter (High Efficiency Particulate Air) scheiden Teilchen einer Größe zwischen 0,001 und 100 μmn ab. Staub, Bakterien, Pilze und Viren können so mit einer Wahrscheinlichkeit von 99,98 % aus der Kabinenluft entfernt werden. Durch diese Technologie und die Maßnahmen der Fluggesellschaften dürfte die Ansteckungsgefahr bei einer Flugreise gering sein.

An den Flughäfen besteht mit Betreten des Terminalgebäudes die Pflicht, eine Maske zu tragen. Wo immer möglich ist ein Mindestabstand von 1,5 m einzuhalten. Darauf werden Personen, die die Flughafengebäude betreten, mit Hinweisschildern an den Eingängen aufmerksam gemacht. Bodenmarkierungen an neuralgischen Punkten im Terminal wie dem Check-In, der Sicherheitskontrolle und den Gates helfen den Passagieren, die vorgeschriebenen Distanzen zu wahren. Check-In-Schalter und Gates wurden aufgrund der unvermeidbaren Nähe zwischen Passagier und Mitarbeiter mit Plexiglasscheiben als Spuckschutz ausgestattet. Unterstützt werden die Maßnahmen durch regelmäßige Durchsagen mit Hinweisen auf die einzuhaltenden Regelungen und mit Desinfektionsspendern an verschiedenen Stellen im Flughafen. Flugzeuge sollten an Fingerpositionen oder so terminalnah abgefertigt werden, dass kein Bustransport erforderlich ist. Sofern dennoch Busse eingesetzt werden, dürfen diese zu maximal 50 % der Kapazität besetzt werden. Auch dem Schutz der Belegschaft müssen die Firmen Rechnung tragen. Dies reicht vom Tragen einer Maske bis hin zur regelmäßigen Desinfektion von Arbeitsflächen, insbesondere beim Schichtwechsel, und von Kontaktflächen (z. B. Handlauf an Fluggasttreppen). Ankommende Passagiere und Crews werden über die bestehende Anordnungslage vor Ort über Aushänge und Flyer informiert.

Von hoher Bedeutung für die Kapazitäten des Luftverkehrssystems sind Einschränkungen, die durch die eingeleiteten Maßnahmen entstehen. So reduziert die Abstandsregelung in den Flughäfen die Kapazitäten der Terminals, da für das Anstehen deutlich größere Flächen erforderlich werden. Dies vor dem Check-In, an der Sicherheitskontrolle aber verschiedentlich auch an den Gates. Längere Prozesszeiten, z. B. durch eine Veränderung des Durchsatzes bei den Sicherheitskontrollen wegen größerer Abstände und sequentieller Abarbeitung, sind ebenfalls zu berücksichtigen. Das sequenzielle Aussteigen aus oder Einsteigen in die Flugzeuge, um Menschenansammlungen möglichst zu verhindern, kann einen wesentlichen Einfluss auf die Bodenzeiten der Flugzeuge und damit auf die Umläufe und die Flugpläne haben. Im Hinblick auf einen möglichen Anstieg der Passagierzahlen sind die Flughäfen und Prozesspartner (z. B. Sicherheitsfirmen, Handling-Agenten) gefragt, Optimierungen anzustoßen, um die Auswirkungen in Grenzen zu halten (ARC 2020).

Für die Luftverkehrsbranche schwierig sind uneinheitliche Regelungen, die nach wie vor, trotz aller Harmonisierungsbemühungen der Behörden, zwischen unterschiedlichen Ländern bestehen. In Deutschland sind Reiserückkehrer aus dem Ausland, die sich innerhalb der letzten vierzehn Tage vor der Einreise in einem Risikogebiet aufgehalten haben, verpflichtet, sich nach der Einreise auf direktem Weg in ihre eigene Häuslichkeit oder eine andere geeignete Unterkunft zu begeben sowie sich für einen Zeitraum von 14 Tagen nach ihrer Einreise ständig dort aufzuhalten. Die Risikogebiete werden vom Robert-Koch-Institut veröffentlicht. Die betroffenen Reiserückkehrer sind außerdem verpflichtet, die für ihren Wohnsitz/Aufenthaltsort in Deutschland zuständige Behörde (in der Regel das lokale Gesundheitsamt) zu kontaktieren und auf ihre Einreise hinzuweisen. Die zuständige Gesundheitsbehörde überwacht die Einhaltung dieser

Absonderung. Ausnahmen können erreicht werden, indem man durch ein ärztliches Zeugnis belegen kann, dass man innerhalb von 48 h vor der Einreise negativ auf das Vorliegen einer Infektion mit dem Coronavirus getestet worden ist, bzw. wenn man ein aktuelles negatives Testergebnis vorlegen kann (BMG 2020). Die Maßnahmen werden permanent überprüft und Anpassungen, wo sinnvoll, vorgenommen. Dies erfordert für alle Beteiligten eine permanente Verfolgung der Veränderungen und, wo erforderlich, eine Anpassung der eigenen Prozesse.

Ende Juli 2020 kamen vermehrt Diskussionen zur Durchführung von Corona-Tests für Reiserückkehrer auf, da bei den zuständigen Behörden die Erkenntnis zunahm, dass Reisende aus Drittstaaten, die aus Risikogebieten nach Deutschland einreisen, die Quarantäneregeln nicht immer einhalten. Zunächst wurde eine Verbesserung der Qualität personenbezogener Daten der Einreisenden diskutiert, die den Behörden eine bessere Nachverfolgung ermöglichen sollte. Dies wurde um die mögliche Einrichtung von Testzentren erweitert, mit dem Gedanken, Reisende aus Drittstaaten-Risikogebieten sogar verpflichtend auf COVID-19 zu testen. In der Woche vom 27. Juli 2020 wurden nach den entsprechenden politischen Beschlüssen an den meisten deutschen Verkehrsflughäfen Corona-Testzentren eingerichtet, in denen sich Einreisende aus Risikogebieten freiwillig einem Corona-Test unterziehen konnten. Bis zum Vorliegen der Testergebnisse, nach in der Regel zwei Tagen, hatten sich auch diese Reisenden in Quarantäne zu begeben. Bei negativem Testergebnis konnte somit die notwendige Quarantänezeit deutlich verkürzt werden.

Im Laufe des August 2020 wurden aufgrund zunehmender Corona-Fallzahlen in verschiedenen europäischen Regionen durch das Robert-Koch-Institut wieder vermehrt Risikogebiete ausgewiesen. Nachdem auf dem spanischen Festland die Regionen Katalonien, das Baskenland und Madrid zum Risikogebiet erklärt wurden, folgte am 14. August 2020 eine entsprechende Einstufung für die Balearen. Seit dem 2. September 2020 ist mit einer Ausweitung auf die kanarischen Inseln das gesamte Land zum Risikogebiet geworden. Die Situation bleibt weiterhin hochdynamisch, wie das jüngste Beispiel Kroatien zeigt. Dadurch werden Reisen in diese Regionen weiter erschwert und mit entsprechenden Reisewarnungen auch die kostenfreie Stornierung von gebuchten Reisen ermöglicht (Robert-Koch Institut 2020). Durch die Reisewarnungen des Auswärtigen Amtes für viele Länder außerhalb des EWR und inzwischen vermehrt auch wieder für einzelne Regionen innerhalb der europäischen Union, entspricht der Verkehr mit Ländern, die mit Stand Mitte August 2020 keinen Reisebeschränkungen unterlagen, nur 31 % der gesamten Nachfrage von 2019. Dies bedeutet, dass 69 % der Nachfrage weiterhin unter restriktive Beschränkungen fallen[1].

Wegen der wieder zunehmenden Anzahl an Risikogebieten bzw. -regionen hat sich die Erholung des Luftverkehrs in Europa und in Deutschland wieder abgeflacht, bzw. sind erneute Rückgänge bei den Passagierzahlen zu verzeichnen. Der europäische Flughafenverband ACI zeigt in seiner Statistik der Passagierzahlen auf, dass noch in der Woche vom 5. Juli 2020 die Anzahl der Passagiere um − 81 % unter der analogen Vorjahreswoche lag. Diese erholte sich bis zur Woche vom 16. August 2020 auf einen

Wert von $-65\,\%$. In den beiden Folgewochen sank die Zahl dann wiederum bis Ende August 2020 auf einen Wert von $-67\,\%$. Für Deutschland zeigt sich eine ähnliche Entwicklung. In der Woche vom 5. Juli 2020 lagen hier die Passagierzahlen um $-82\,\%$ unter Vorjahr, in der Woche vom 16. August 2020 bei $-73\,\%$ um in den Folgewochen wieder auf $-75\,\%$ zu sinken[11]. Die Luftverkehrsbranche ist somit weit entfernt von einer Erholung geschweige denn einer Normalisierung der Verkehre. Die Corona-Krise hat den Luftverkehr folglich Anfang September 2020 noch voll im Griff.

2.5   Herausforderungen für Fluggesellschaften, Flughäfen und Reiseveranstalter

Die größten Herausforderungen für alle Beteiligten der Luftverkehrsbranche sind, neben den akuten Finanzierungsthemen, die derzeit nahezu unmöglichen Prognosen hinsichtlich Nachfrage und den damit zusammenhängenden möglichen Verkehrsentwicklungen. Die Branche ist nach wie vor extrem vom Krisenmodus geprägt und agiert mit der größtmöglichen Flexibilität auf die Unsicherheiten des Marktes. Insbesondere für Fluggesellschaften stellte sich die Frage, welche Flugverbindungen überhaupt auf eine einigermaßen verlässliche Nachfrage treffen und somit wirtschaftlich betrieben werden können. Die Nachfrage des Marktes andererseits erwartete nach der Einstellung nahezu sämtlicher Flugverbindungen zur Zeit des Lockdowns ein verlässliches Angebot. Die wiederholte Aufnahme und dann, aufgrund zu niedriger Auslastung, erneute Streichung der Flüge ist schädlich für den nötigen Vertrauensaufbau im Markt.

Dem ungebremsten Aufbau von Flugverbindungen stehen andererseits erhebliche wirtschaftliche Herausforderungen bei den Fluggesellschaften entgegen. Mit der nahezu kompletten Streichung der Flugverbindungen aufgrund der Grenzschließungen während der Lockdown-Phase der Corona-Krise entstanden für die Kunden Rückerstattungsansprüche den Fluggesellschaften gegenüber. Grundlage hierfür ist die europäische Fluggastrechte-Verordnung. Demnach ist eine Fluggesellschaft bei einem, wegen der Corona-Krise gestrichenen Flug verpflichtet, dem Kunden den Ticketpreis zu erstatten, eine Ersatzbeförderung oder eine Umbuchung auf einen späteren Zeitpunkt anzubieten. Aus Liquiditätsgründen boten daraufhin viele Fluggesellschaften den Kunden alternativ auch Gutscheine zur Kompensation an. Bei einer Ablehnung besteht aber weiterhin der Anspruch auf Erstattung des Ticketpreises (Flightright 2020). Seit dem Beginn der Krise im März 2020 sah sich Lufthansa mit insgesamt 4,48 Mio. Ansprüchen für Rückerstattungen des Ticketpreises konfrontiert, wovon 1,24 Mio. Anfang August noch nicht bearbeitet waren. Das Rückerstattungsvolumen wurde mit rund 3,3 Mrd. EUR beziffert (Deutsche Welle 2020). Bei anderen Fluggesellschaften innerhalb der EU werden, abhängig von der Unternehmensgröße und damit dem Angebotsvolumen, ähnliche Beträge anhängig sein. Die Gesellschaften sind folglich nicht nur mit einem immensen Aufwand an administrativer Arbeit, sondern vor allem einer erheblichen Belastung der Liquidität konfrontiert.

Ähnlich anspruchsvoll zeigt sich die Situation bei den Reiseveranstaltern. Bei Reisewarnungen, die das Auswärtige Amt am 17. März 2020 ohne Ausnahme weltweit
aussprach und zwischenzeitlich in weiten Bereichen der EU gelockert hatte, sind Ver-
anstalter verpflichtet, ihren Kunden bei der Buchung von Pauschalreisen den Reisepreis
zu erstatten. Ähnlich wie bei den Fluggesellschaften waren die Reiseveranstalter mit
hohen Rückerstattungsvolumen konfrontiert. Um Reiseveranstalter vor einer Insolvenz
zu schützen, wurde seitens der Bundesregierung im April eine Gutscheinlösung als Ent-
schädigung für gebuchte Reisen vorgeschlagen, die eine verpflichtende Abnahme zur
Folge haben sollte. Eine verpflichtende Gutscheinlösung als Erstattung für ausgefallene
Pauschalreisen widerspricht allerdings europäischem Recht. Politische Diskussionen
über mehrere Wochen waren das Resultat. Die Forderungen wurden vom Deutschen
Reiseverband unterstützt, der eine bundeseigene Regelung forderte, analog anderen
Ländern, nachdem die ablehnende Haltung der Kommission bekannt wurde. Am 31.
Juli 2020 trat schließlich ein Gesetz der Bundesregierung in Kraft, welches es Reiseve-
ranstaltern ermöglicht, Kunden auf freiwilliger Basis Gutscheine anstelle der sofortigen
Rückzahlung des Reisepreises anzubieten. Das Gesetz umfasst Reisen, die vor dem
8. März 2020 gebucht wurden und aufgrund der Corona-Pandemie abgesagt wurden
(Airliners.de 2020; Finanznachrichten.de 2020; Legal Tribune Online 2020; Bundes-
regierung 2020).

Flughäfen sind glücklicherweise nicht mit Rückzahlungsansprüchen konfrontiert aber
dennoch wie Fluggesellschaften und Reiseveranstalter in einer schwierigen finanziellen
Lage. Das noch bestehende Flugvolumen deckt in keiner Weise die dafür notwendigen
Vorhaltekosten. Wie in Abschn. 2.3 beschrieben, haben Flughäfen als Infrastrukturdienst-
leister hohe Fixkosten, die kurzfristig nicht zu reduzieren sind. Vor allem bei Regionalflughäfen besteht eine extrem angespannte finanzielle Situation, da diese bereits vor der
Corona-Pandemie zwar häufig die operativen Kosten decken konnten, aber selten die
hohen Abschreibungen und die anstehenden Investitionen. Regionalflughäfen sind aber
wichtige Verkehrsinfrastrukturen für viele wirtschaftsstarke Regionen, wie beispielsweise im Falle des Flughafens Friedrichshafen für die Vierländerregion am Bodensee,
die über andere Verkehrsmittel nur schlecht angebunden sind. Nach Auffassung der
Bundesregierung ist die Schaffung gleichwertiger Lebensverhältnisse prioritäre Aufgabe
der Politik. Deutschland soll dadurch zukunftsfest gemacht und ländliche wie städtische
Regionen sollen nachhaltig attraktiv, wirtschaftlich vital und lebenswert gestaltet
werden. Regionalflughäfen sind Garant für die Etablierung dieser gleichwertigen
Lebensverhältnisse.

Der Erhalt dieser Infrastrukturen ist bundesweit aufgrund der Corona-Krise eine
extrem herausfordernde Aufgabe, da den zumeist in öffentlicher Hand befindlichen Flughäfen der Zugang zu staatlichen Unterstützungsmaßnahmen bisher nicht möglich war.
Die Bundesregierung hat sich zu Anfragen des Flughafenverbandes klar positioniert
und zur Verantwortung für die finanzielle Sicherung der Flughäfen auf die Länder und
Gesellschafter verwiesen.

Gerade bei den Regionalflughäfen ist es fraglich, wann mit einer nachhaltigen Erholung der Verkehre gerechnet werden kann. Die Vergangenheit hat gezeigt, dass viele Fluggesellschaften sich im Markt auf große Nachfrageschwerpunkte konzentrieren und erst in nachgelagerten Schritten die Nachfrage in der Fläche bedienen. Analysen zur Rückkehr des Luftverkehrs gehen davon aus, dass sich zunächst inländische und europäische Verbindungen erholen und erst nachgelagert die Flugverbindungen nach Übersee (IATA 2020).

Das bedeutet wiederum, dass Regionalflughäfen eher von einer Erholung profitieren könnten, da sie naturgemäß keine Langstreckenverbindungen sicherstellen. Andererseits sind sie aber auch abhängig von Anbindungen an die Drehkreuze, die nur nachhaltig bedient werden können, wenn entsprechende Umsteigeverbindungen in einer attraktiven Häufigkeit gewährleistet sind. Die Schwierigkeiten dabei zeigt ein Beispiel am Flughafen Friedrichshafen. Vor der Corona-Pandemie wurden mit einem Schwerpunkt für Geschäftsreisende der Region seitens Lufthansa vier tägliche Flüge in das Drehkreuz Frankfurt durchgeführt. Dadurch waren weltweit über 500 Destinationen mit einmal Umsteigen erreichbar. Mit Wiederanlaufen des Luftverkehrs führte Lufthansa Anfang Juli 2020 wieder einen täglichen Flug ein. Nach knapp zwei Wochen wurde die Verbindung wieder ausgesetzt, da die Auslastung der Flüge die operativen Kosten nicht deckte. Die Gründe sind vielschichtig. Zum einen gab es Anfang Juli noch keine ausreichenden Anschlussflüge innerdeutsch, in Europa und vor allem nach Übersee, primär USA. Zum anderen waren mit einem täglichen Flug außerdem Geschäftsreisenden Tagesreisen versagt. Hinzu kamen restriktive Reiserichtlinien der Unternehmen der Region, einerseits aufgrund des wirtschaftlichen Drucks in diesen Unternehmen, d. h. aus Spargründen, und andererseits um das Ansteckungsrisiko bei Geschäftsreisen zu minimieren.

So wie die Wiederaufnahme von Verkehren je nach Streckenlänge unterschiedlich verlaufen dürfte, ist auch ein Unterschied bei den Verkehrssegmenten absehbar. Allgemein wird erwartet, dass Privatreisende mit dem Fokus auf dem Besuch von Verwandten und Bekannten (Visiting Friends and Relatives – VFR) eher früh wieder Flugangebote nutzen werden. Je länger die Restriktionen anhalten, umso schneller dürfte bei einem Wegfall dieser die touristische Nachfrage wieder an Fahrt aufnehmen. Möglich ist hier ein dämpfender Effekt aufgrund der Klimadiskussionen und einer eventuell wieder aufkommenden Flugscham. Schwer einzuschätzen ist die für Fluggesellschaften wichtige und hochrentable Geschäftsreisenachfrage. Während der Corona-Krise haben viele Unternehmen Kommunikationsmöglichkeiten genutzt, die bisher weniger im Vordergrund standen. Durch vermehrte Video- und Telefonkonferenzen muss erwartet werden, dass sich die Nachfrage von Geschäftsreisenden zögerlicher entwickeln wird und auch mittelfristig nicht das frühere Niveau erreichen dürfte.

Die vielen Entwicklungsszenarien machen es allen Beteiligten der Luftverkehrsbranche extrem schwer, valide Aussagen zur Nachfrage und den zukünftigen Verkehren und dem daraus resultierenden Finanzbedarf zu machen. Finanzierungskonzepte müssen folglich zwangsläufig eine Flexibilität beinhalten, um auf die dann tatsächliche Entwicklung reagieren zu können. Derzeit ist völlig offen, wann die bisher normalen Prozesse wie Nachfrageanalyse, Flugplanung, Streckenanalyse, Angebotsplanung, etc. wieder Gültigkeit erlangen.

2.6   Die Corona-Krise als Chance

Der Weg aus der Corona-Krise wird für alle Fluggesellschaften durch einen harten Konkurrenzkampf geprägt sein, da diese allesamt vor der Herausforderung stehen, ihre Flugzeuge wieder mit Passagieren zu füllen. Die Corona-Krise hat die Luftfahrtbranche dahin gehend verändert, dass zukünftig zur Relevanz der Gewährleistung von Sicherheit noch die Relevanz der Gewährleistung von Gesundheit hinzugekommen ist. In dieser Hinsicht werden solche Fluggesellschaften einen Wettbewerbsvorteil haben, welche die politischen Richtlinien sowie weiterführende eigene Maßnahmen zum Gesundheitsschutz der Passagiere zielgerichtet und pflichtbewusst umsetzen. Schließlich können sie hierdurch vermeiden, dass sie möglicherweise einen Imageschaden erleiden, wenn es in einem oder in mehreren ihrer Flugzeuge nachweislich zu zahlreichen Übertragungsfällen des COVID-19-Erregers kommt. Die für diese Thematik sensibilisierten Medien werden einen solchen Vorfall sofort aufgreifen und die Fluggesellschaft wird infolge der negativen Berichterstattung potenzielle Kunden verlieren.

Außerdem ist davon auszugehen, dass die Menschen ihre Reiseentscheidungen ohnehin bewusster als zuvor treffen werden, da sie dem Kriterium des Gesundheitsschutzes mehr Beachtung schenken werden. Insbesondere ältere Menschen könnten aufgrund des erhöhten gesundheitlichen Risikos von längeren Flugreisen absehen und ihren Urlaub an einem anderen Ort in der Heimat verbringen oder an Orten, die auch gut mit dem eigenen Auto erreichbar sind. Zudem bleibt das Thema des Umweltschutzes trotz des COVID-19-Virus relevant, da die Staatshilfen für den Luftverkehr laut dem Bundesumweltministerium den drei Zielen der Jobsicherung, der Innovation sowie dem Klimaschutz dienen sollen. Die Bereitstellung der finanziellen Mittel zielt folglich nicht nur darauf ab, dass kurzfristig Fluggesellschaften vor der drohenden Insolvenz gerettet werden, sondern dass sich diese zur Implementierung einer ökologisch-nachhaltigen Unternehmensstrategie mit entsprechenden Maßnahmen verpflichten, um den Zielen des Klimaschutzes gerecht zu werden. Eine naheliegende Bedingung für die Bereitstellung von weiterführenden finanziellen Mitteln für Fluggesellschaften aufseiten der Politik könnte die Verpflichtung auf die Abnahme von synthetisch erzeugtem Kerosin sein, welches um ein vielfaches klimaschonender als konventionelles Kerosin ist. Die Förderung von synthetisch erzeugtem Kerosin würde gleich zwei der drei Ziele des Bundesumweltministeriums voranbringen, und zwar die Innovation sowie den Klimaschutz. Daher ist vorauszusehen, dass zukünftig Fluggesellschaften verstärkt finanziell davon profitieren werden, dass sie bereits gegenwärtig die Weichen für eine ökologisch-nachhaltige Unternehmensstrategie stellen.

Es ist davon auszugehen, dass sich die Kreuzfahrtbranche auf längere Sicht nicht von dem Imageverlust erholen wird, da Kreuzfahrtschiffe in gewisser Hinsicht zu schwimmenden Gefängnissen geworden sind. Dies ist sicherlich zum Vorteil für die Luftfahrtbranche, da sich die Nachfrage nach Kreuzfahrten hin zu einer zunehmend verstärkten Nachfrage nach Flügen verschieben wird, da letztere mit geringeren Gesundheitsgefahren verbunden sind. Für Reisende sind aber auch die Maßnahmen an Flughäfen für den Gesundheitsschutz relevant. Es nützt nichts, wenn Fluggesellschaften einen optimalen Gesundheitsschutz bieten, dieser aber an den Abflug- und Ankunftsorten nicht sichergestellt ist. Die strikte Umsetzung der Maßnahmen in der gesamten Reise-kette ist daher wichtig. Bei Pauschalreisen reicht dies sogar über den Transfer bis zum Hotel.

Kritisch hinterfragt werden darf, wie gut Regierungen und Organisationen auf diese Pandemie vorbereitet waren. Im April 1999 veröffentlichte die Weltgesundheits-organisation einen „Influenza Pandemic Plan", der 2005 überarbeitet wurde. Dieses Dokument war für viele Länder die Grundlage, um nationale Pandemiepläne zu ent-wickeln. Die Bundesregierung veröffentlichte erstmals im Jahr 2005 einen Nationalen Pandemieplan (NPP), der Handlungsanweisungen für eine Pandemie in Deutschland ent-hält. Auslöser war die SARS-Pandemie im Jahr 2002/2003. Der Plan wurde 2017 über-arbeitet (Robert-Koch Institut 2020).

Die COVID-19-Pandemie hat Lücken in den Pandemieplanungen auf der ganzen Welt offengelegt. So waren in den kritischen Monaten März und April vor allem für Kranken-häuser zu wenig Schutzanzüge, klinische Masken oder auch Beatmungsgeräte verfüg-bar. Die Gesundheitssysteme kamen in vielen Ländern an ihre Grenzen. In Deutschland zeigten sich Schwächen des föderalen Systems mit schwierigen Abstimmungen zwischen den verschiedenen Bundesländern. Ähnliches offenbarte sich allerdings auch in der Europäischen Union, in der Länder völlig individuell und unabgestimmt Reise-beschränkungen festlegen oder aufheben. Auch sehr unterschiedliche Testregimes zum Nachweis von Ansteckungsrisiken führten zu teilweise schwer nachvollzieh-baren Maßnahmen. Dies ist kein Appell zur „Gleichmacherei". Aber abgestimmte, differenzierte Regelungen sind notwendig. Ansteckungsrisiken sind nicht in allen Regionen eines Landes gleich. Es muss ein Weg gefunden werden, wie das Risiko eines Einschleppens einer Pandemie verringert werden kann. Dazu ist eine kluge und abgestimmte Teststrategie unabdingbar. Pauschale Quarantänebestimmungen für ganze Länder sind unverhältnismäßig und übertrieben. Ein Blick in die USA zeigt, dass in einigen Bundesstaaten die Anzahl der Neuinfektionen pro 100.000 Einwohner innerhalb von 7 Tagen niedriger ist als in manchem Landkreis in Deutschland. Trotzdem weist das RKI Drittstaaten meistens komplett als Risikogebiet aus, wie auch die USA. Für Europa hat beim RKI inzwischen eine differenziertere Betrachtung Einzug gehalten (Centers for Disease Control and Prevention 2020).

Regierungen und Unternehmen werden aus den vergangenen Monaten lernen und es ist zu hoffen, dass zukünftige Herausforderungen besser bewältigt werden können. Eine „Normalisierung", die allerdings viele Veränderungen in der Lebenshaltung mit sich bringen wird und auf die sich die Luftverkehrsbranche einstellen muss, wird vermutlich erst mit der Verfügbarkeit eines wirksamen Impfstoffes Einzug halten, der auch gegen Mutationen des Virus schützt. Der Luftverkehr wird für eine schnelle Verteilung des Impfstoffes auf der ganzen Welt dann wiederum eine entscheidende Rolle spielen.

Literatur

ACI Asia-Pacific. TOP 15 Airport Seat Capacity (COVID-19), China (Member data), 26. Juni 2020

ACI Europe. (2020). Impact of COVID-19 on European airport passenger traffic, www.aci-europe. org/airport-traffic-covid-19.

Aero.de. (2020a). Lufthansa: 16 von 17 A340–600 stehen jetzt in Teruel, www.aero.de/news-35580/Lufthansa-16-von-17-A340-600-stehen-jetzt-in-Teruel.html,   Erscheinungsdatum: 31.05.2020, Zugegriffen: 22. Aug. 2020.

Aero.de. (2020b). Flugsicherung sieht kaum Spielraum bei Gebühren, www.aero.de/news-36205/ Die-Flugsicherung-kann-Airlines-nur-mit-Unterstuetzung-helfen.html,   Erscheinungsdatum: 11.07.2020, Zugegriffen: 24. Aug. 2020.

Airliners.de. DFS rechnet mit langfristig geringerem Lotsenbedarf durch Corona-Krise, www. airliners.de/dfs-lotsenbedarf-corona-krise/54813, Erscheinungsdatum: 14.04.2020, Zugegriffen: 26. Aug. 2020.

Airliner.de. (2020a). DRV fordert Regierung auf, nationale Gutscheinlösung ohne EU „umgehend umzusetzen", www.airliners.de/drv-regierung-gutscheinloesung-eu/55028, Erscheinungsdatum: 24.04.2020, Zugegriffen: 10. Sept. 2020.

Airliners,de. (2020b). Easyjet-Gründer will Flotte um ein Viertel schrumpfen, www.airliners.de/ easyjet-gruender-flotte-viertel/54457, Erscheinungsdatum: 25.03.2020, Zugegriffen: 17. Aug. 2020.

Airliners.de. (2020c). So reagieren die Flughäfen auf den Corona-Stillstand, www.airliners.de/ so-flughaefen-corona-stillstand/54548, Erscheinungsdatum: 28.03.2020, Zugegriffen: 10. Aug. 2020.

Airports Council International ACI Europe. (2020). European Airports´ Passenger Traffic – 1 March – 30 August 2020, www.aci-europe.org/european-airports-passenger-traffic-1-march-30-august-2020.

ARC und Euroconrol Webinar.: Impact Assessment of COVID-10 Measures on Airport Operations & Capacity, Erscheinungsdatum: 06.08.2020, Zugegriffen: 2. Sept. 2020.

BMI. (2020). Schrittweise Aufhebung der Einreisebeschränkung für Drittstaaten, www.bmi. bund.de/SharedDocs/pressemitteilungen/DE/2020/07/aufhebung-einreisebeschraenkung.html, Erscheinungsdatum 01.07.2020, Zugegriffen: 2. Sept. 2020

Bundesgesundheitsministerium. (2020). Regelungen für nach Deutschland Einreisende im Zusammenhang mit Corona-Virus SARS-CoV-2 / COVID-19, www.bundesgesundheits-ministerium.de/fileadmin/Dateien/3_Downloads/C/Coronavirus/BMG_Infoblatt_fuer_Ein-reisende_060820.pdf, Erscheinungsdatum 15.09.2020, Zugegriffen: 3. Sept. 2020.

Bundesregierung. (2020). Freiwillige Gutscheinlösung bei abgesagten Pauschalreisen, www. bundesregierung.de/breg-de/aktuelles/reisebranche-gutscheinloesung-1755506, Erscheinungs-datum: 18.08.2020, Zugegriffen: 11. Sept. 2020.

Bundesverband der Deutschen Luftverkehrswirtschaft. (2020a). Halbjahresbilanz 2020, www. bdl.aero/de/publikation/bericht-zur-lage-der-branche/,   Erscheinungsdatum: 19.08.2020. Zugegriffen: 21. Aug. 2020.

Bundesverband der Deutschen Luftverkehrswirtschaft. (2020b). Report Luftfahrt und Wirtschaft. 2019, Umweltbundesamt 109/2018 Szenario Luftverkehr Deutschland unter Einbezug von Umweltaspekten

Centers for Disease Control and Prevention. (2020). (CDC COVID Data Tracker), Berechnungen BDL, Erscheinungsdatum: 01.09.2020, Zugegriffen: 15. Sept. 2020.

ch-aviation blog. (2020). 55% of the world´s airline fleets are grounded, blog.ch-aviation. com/2020/04/07/55-worlds-airline-fleets-are-grounded/, Erscheinungsdatum: 07.04.2020, Zugegriffen: 20. Aug. 2020.

DLR Luftverkehrsbericht. (2011). Sonderbeitrag, Die Auswirkungen der jüngsten Weltwirtschafts-krise 2008/09 auf europäische Fluggesellschaften – ein geschäftsmodell-orientierter Ansatz, Erscheinungsdatum: 15.09.2011, Abrufdatum: 08.08.2020.

Deutsche Welle (DW). (2020). Coronavirus Crisis: Airlines make it difficult to get refunds for canceled flights, www.dw.com/en/coronavirus-how-to-get-a-refund-for-a-canceled-european-flight/a-54528044, Erscheinungsdatum: 12.08.2020, Zugegriffen: 8. Sept. 2020.

Erklärung der Bundesregierung. (2020) Über 240 000 Deutsche zurück in der Heimat, www.bundesregierung.de/breg-de/themen/coronavirus/rueckholaktion-bilanz-1744874, Erscheinungsdatum: 17.04.2020, Zugegriffen: 12. Aug. 2020.

Finanznachrichten.de. (2020). EU-Staaten fordern Gutscheine für Pauschalreisen – Streit mit Kommission, www.finanznachrichten.de/nachrichten-2020-04/49487601-eu-staaten-fordern-gutscheine-fuer-pauschalreisen-streit-mit-kommission-015.htm, Erscheinungsdatum: 27.04.2020, Zugegriffen: 10. Sept. 2020.

Flightright. (2020). Flugausfall wegen Coronavirus, www.flightright.de/flugausfall-wegen-corona-virus, Erscheinungsdatum: 20.08.2020, Zugegriffen: 8. Sept. 2020.

Flug Revue. (2020). Lufthansa Group legt 700 Flugzeuge still, www.flugrevue.de/zivil/corona-notflugplan-lufthansa-group-legt-700-flugzeuge-still/, Erscheinungsdatum: 19.03.2020, Zugegriffen: 14. Aug. 2020.

Handelsblatt. (2020). Fluggesellschaften stecken im Corona-Dilemma, (www.handelsblatt. com/unternehmen/handel-konsumgueter/luftfahrt-fluggesellschaften-stecken-im-corona-dilemma/25600106.html), Erscheinungsdatum: 02.03.2020, Zugegriffen: 20. Aug. 2020

ICAO. (2020). Effects of Novel Coronavirus (COVID-19) on Civil Aviation, https://www.icao. int/sustainability/Documents/COVID-19/ICAO%20Coronavirus%202020%2004%2008%20 Econ%20Impact.pdf, Erscheinungsdatum: 10.04.2020. Zugegriffen: 14. Aug. 2020.

ICAO. Economic Development, Facts and Figures, World Aviation and World Economy, www. icao.int/sustainability/Pages/Facts-Figures_WorldEconomyData.aspx.

IATA. (2020). Recovery delayed as International Travel remains locked down, www.iata.org/en/ pressroom/pr/2020-07-28-02/, Erscheinungsdatum: 28.07.2020, Zugegriffen: 15. Sept. 2020.

Legal Tribune Online. (2020). Brüssel sieht Gutschein-Lösung der Bundesregierung kritisch, www.lto.de/recht/nachrichten/n/gutscheine-reise-pauschalreise-ausfall-erstattung-corona-streit-bundesregierung-eu-kommission-tourismusbranche-krise/, Erscheinungsdatum: 27.04.2020, Zugegriffen: 11. Sept. 2020.

Manager Magazin. (2003). „Schwerste Krise überhaupt", www.manager-magazin.de/unternehmen/ artikel/a-246741.html, Erscheinungsdatum: 29.04.2003, Zugegriffen: 11. Aug. 2020.

Neue Zürcher Zeitung. (2020). Lufthansa und andere Fluggesellschaften müssen wegen Coronavirus-Krise mit massiven Gewinneinbussen rechnen, www.nzz.ch/wirtschaft/ lufthansa-und-andere-fluggesellschaften-muessen-durch-coronavirus-krise-massive-gewinneinbussen-hinnehmen-ld.1545588, Erscheinungsdatum: 10.03.2020, Zugegriffen: 21. Aug. 2020.

Oxford Economics. (2010). The economic impacts of air travel restrictions due to volcanic ash, Erscheinungsdatum: 01.05.2010, Abrufdatum: 08.08.2020.

Robert-Koch-Institut. (2020a). Influenza-Pandemieplanung, www.rki.de/DE/Content/InfAZ/I/ Influenza/Pandemieplanung/Pandemieplanung_Node.html, Erscheinungsdatum 09.09.2020, Zugegriffen: 3. Sept. 2020.

Robert-Koch-Institut. (2020b). Information zur Ausweisung internationaler Risikogebiete durch das Auswärtige Amt, BMG und BMI, Stand, www.rki.de/DE/Content/InfAZ/N/Neuartiges_ Coronavirus/Risikogebiete_neu.html, Erscheinungsdatum 02.09.2020, Zugegriffen: 15. Sept. 2020.

Ryanair. (2020). (corporate.ryanair.com/ryanair-fleet/), Zugegriffen: 18. Aug. 2020.

Spiegel. (2020). Europas kranker Supervogel, www.spiegel.de/wissenschaft/technik/airbus-a380-und-corona-europas-kranker-supervogel-a-bae24a57-33ac-4f19-898d-c6b4d329526a, Erscheinungsdatum: 21.05.2020, Zugegriffen: 22. Aug. 2020.

Tagesschau.de, Lufthansa bekommt Milliardenhilfen (2020). www.tagesschau.de/wirtschaft/luft-hansa-rettungspaket-regierung-101.html, Erscheinungsdatum: 25.05.2020, Zugegriffen: 26. Aug. 2020.

WHO Europa. Pandemie der Coronavirus-Krankheit (COVID-19), (www.euro.who.int/de/health-topics/health-emergencies/coronavirus-covid-19/novel-coronavirus-2019-ncov)

WHO Situation Reports (www.who.int/emergencies/diseases/novel-coronavirus-2019/situation-reports)

WHO, Summary of probable SARS cases with onset of illness from 1 November 2002 to 31 July 2003 (www.who.int/csr/sars/country/table2004_04_21/en/). Zugegriffen: 9. Aug. 2020.

Claus-Dieter Wehr, geboren am 7.5.1961, ist seit Juni 2015 Geschäftsführer der Flughafen Friedrichshafen GmbH. Er absolvierte ein Maschinenbaustudium an der RWTH Aachen und einen Executive MBA an der Hochschule St. Gallen. Nach dem Studium in Aachen war Herr Wehr 12 Jahre bei Swissair in Zürich und leitete dort als Geschäftsleitungsmitglied den Bereich Flugzeugwartung und -überholung. Er wechselte dann für drei Jahre als Geschäftsführer zur Condor Flugdienst GmbH. Von 2005 bis 2015 war Herr Wehr Geschäftsführer der Flughafen Hamburg GmbH, bevor er in seine jetzige Position an den Bodensee wechselte.

COVID-19 und die Auswirkungen auf die Mobilität – Eine Analyse mit Echtzeitdaten

3

Roman Suthold und Matthias Krusche

3.1 Ausgangslage

Die letzten Jahrzehnte waren geprägt von zahlreichen Versuchen der Politik, das individuelle Mobilitätsverhalten der Menschen weg vom Pkw hin zu umweltfreundlichen Verkehrsträgern zu bewegen. Jeder Prozentpunkt, der dem Pkw im Modal Split[1] abgetrotzt werden konnte, wurde als Erfolg verbucht. Insgesamt war man auf einem guten Weg. Die Anteile von ÖPNV und Radverkehr stiegen insbesondere in den Ballungsräumen kontinuierlich an (Suthold 2020a).

Die plötzlich aufgetretene COVID-19-Pandemie führte zu einem extrem gesunkenen Mobilitätsverhalten. Beim Pkw-Verkehr gab es in den ersten Wochen Einbrüche wie es sie in der Geschichte der Bundesrepublik höchstens während der Ölkrise Anfang der 1970er Jahre gab. Grenzschließungen, Kontaktsperren, Home Office, Home-Learning und ein eingeschränkter Freizeitverkehr sorgten für einen faktischen Stillstand im Personenverkehr. Durch COVID-19 wird die Notwendigkeit jedes einzelnen Weges hinterfragt (Suthold 2020b).

Dabei waren die letzten beiden Dekaden vor der Pandemie geprägt von Verkehrszunahmen (13,1 % Personenverkehr; 36,8 % Güterverkehr). Selbst die Finanzkrise 2008/09 hatte keine starken Auswirkungen auf den Verkehrsbereich. Nur im

[1]Unter dem Modal Split wird die Verteilung der Verkehrsmittel am Wegeaufkommen verstanden.

R. Suthold · M. Krusche (✉)
ADAC Nordrhein e. V., Köln, Deutschland
E-Mail: matthias.krusche@nrh.adac.de

R. Suthold
E-Mail: roman.suthold@nrh.adac.de

W. Schulz et al. (Hrsg.), *Mobilität nach COVID-19*,
https://doi.org/10.1007/978-3-658-33308-9_3

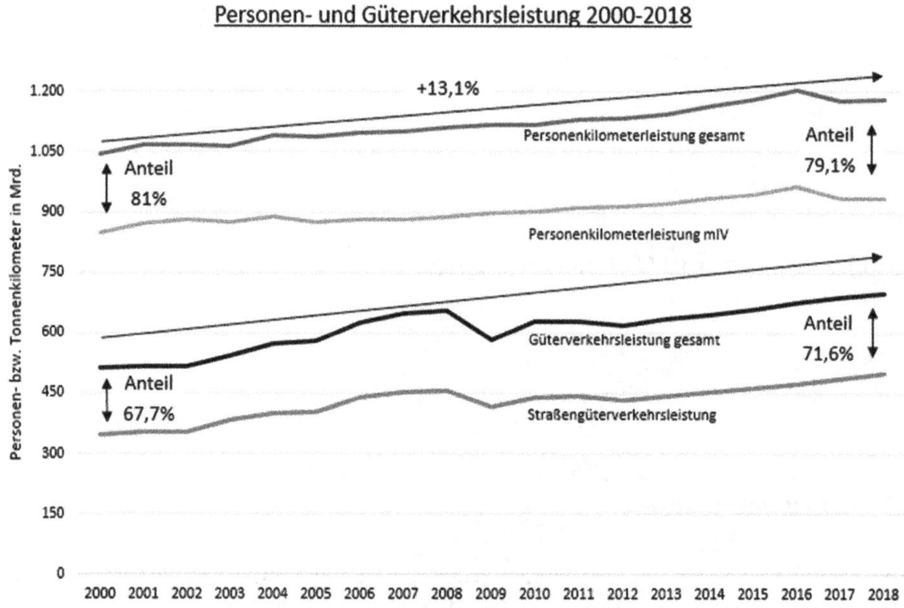

Personen- und Güterverkehrsleistung 2000-2018

Abb. 3.1 Verkehrszunahme. (Quelle: Kraftfahrt-Bundesamt (2019), eigene Darstellung)

Güterverkehr kam es zu einem kurzfristigen Rückgang der Verkehrsleistungen. Zumindest in Deutschland war die schnelle Erholung der Wirtschaft nach der Finanzkrise in den Verkehrsmengen erkennbar (siehe Abb. 3.1).

Die verkehrlichen Effekte der COVID-19-Krise werden jedoch tief greifendere Folgen haben. Zum einen gab es einen Angebotsschock, der durch gestörte Lieferketten induziert wurde. Besonders betroffen hiervon ist die Automobilindustrie, deren Transportbedarf sich je nach Verkehrsträger um bis zu 90 % reduziert hat. Zum anderen gab es einen Schock auf der Nachfrageseite. Zahlreiche Menschen waren beim Höhepunkt der Krise in Kurzarbeit oder im Home Office, die Schulen waren wie viele Geschäfte und Freizeiteinrichtungen geschlossen. Zeitweise ähnelte die Situation auf den Verkehrswegen einem Winterschlaf (Goecke 2020).

Die verkehrlichen Effekte der COVID-19-Pandemie lassen sich heutzutage anhand von Echtzeitdaten – ohne große zeitliche Verzögerung – gut darstellen. Nachfolgend werden vorhandene Daten ausgewertet und Schlussfolgerungen für den Mobilitätsbereich aus den Erfahrungen der Krisenphase gezogen.

3.2   Auswirkungen auf das Mobilitätsverhalten

Mit Einsetzen der COVID-19-Krise im März wurde ein Sonderfahrplan im Schienennahverkehr in NRW eingeführt, der die Leistungen in etwa halbierte (VRS 2020). Durch diese Angebotsreduktion und dem im Vergleich zu anderen Verkehrsmitteln höheren

Infektionsrisiko im ÖPNV kam die Frage auf, ob es zu einer Renaissance des eigenen Pkw kommen würde. Eine Befragung des Deutschen Zentrum für Luft- und Raumfahrt (DLR) von April 2020 kam hier zu einer eindeutigen Aussage: Ein Drittel der Haushalte ohne Pkw vermissen momentan zwar den eigenen Pkw, aber nur 6 % planen eine Anschaffung (DLR 2020).

Das privat genutzte Auto besitzt in Zeiten von sich verbreitenden Pandemien sicher eine gewisse Attraktivität. So werden Veranstaltungen und Events gerne in Auto-Kinos abgehalten. Auch Menschen unter 35 Jahren sind wieder verstärkt am eigenen Pkw interessiert, aber mit dem Fokus auf flexiblen Nutzungsmodellen. Viele Menschen werden wegen der wirtschaftlichen Unsicherheiten den Kauf eines eigenen Autos nicht in Erwägung ziehen. Stattdessen liegt der Fokus auf flexiblen Finanzierungs- und Nutzungsmodellen (Handelsblatt 2020).

Eine aktuelle Auto-Abo-Analyse von Oliver Wyman bestätigt den Trend, dass die Deutschen zunehmend offen für die Nutzung von Auto-Abonnements sind. Bereits mehr als jeder Dritte zeigt sich interessiert, 15 % haben diesen Dienst bereits genutzt. Im Jahr 2019 war das Interesse noch deutlich geringer. Die COVID-19-Krise könnte dem Abo-Modell 2020 weiteren Rückenwind geben (Deinlein 202).

Die DLR-Befragung zeigt einen klaren Trend zur Monomodalität. Insgesamt kauften 60 % der Befragten seltener ein. Die Einkäufe wurden während der Krise verstärkt mit dem Pkw oder Fahrrad erledigt. Multimodale Wegeketten wurden insgesamt weniger genutzt.

Auch eine Umfrage des ADAC zum Nutzerverhalten von April 2020 zeigt ein geändertes Nutzerverhalten. Großer Verlierer war demnach der ÖPNV. Sein Anteil im Modal Split ist demnach in Spitzenzeiten von 19 % auf 7 % gesunken. Insgesamt 26 % der Befragten nutzen den ÖPNV zum Befragungszeitpunkt gar nicht mehr. Der Fußverkehr hat deutlich zugenommen (+25 %). Aber es wurden auch mehr Wege mit dem Auto (+15 %) und dem Fahrrad (+8 %) zurückgelegt. Insgesamt ist eine stärkere Nutzung des Individualverkehrs zu erkennen (ADAC 2020b).

Kritisch anzumerken bleibt, dass Befragungen wie die vom DLR oder dem ADAC immer nur eine Momentaufnahme darstellen und in Befragungen geäußerte Vermeidungsstrategien nicht unbedingt in wirklichem Verhalten erkennbar werden. Zahlen, die lediglich geplantes Verhalten abbilden, sollten deshalb mit einer gewissen Vorsicht betrachtet werden (Mobility 2020).

Mit den erzwungenen Einschränkungen der persönlichen Bewegungsfreiheit besteht jedoch auch die historische Chance, die Mobilitätsroutinen der vergangenen Jahre zu überdenken. Die steile Lernkurve bei den Themen mobiles Arbeiten und Home Office zeigt es. Aber kann die Krise somit als globales Realexperiment zur Transformation der Mobilität hin zu mehr Nachhaltigkeit interpretiert werden? Werden Kreuzfahrten und Fernreisen in Zukunft nicht mehr attraktiv sein? Erleben wir eine Renaissance der Nahmobilität? Ob langfristig Pendler- und Freizeitverkehre wirklich abgesenkt werden können, bleibt abzuwarten (Suthold 2020a).

Aus der Soziologie der Gewohnheit lässt sich ableiten: Eine Routine muss für 28 Tage verändert werden, damit sich ein nachhaltiger Umgewöhnungseffekt einstellen kann. Die

Krise ist somit lang und tief greifend genug angelegt. Doch diese Antwort allein greift zu kurz. Fest steht, dass die aktuelle Situation die Gesellschaft als Ganzes zwingt, sich zu verändern. Aufrufe zu mehr Abstand verlangen von uns weniger soziale Interaktion und weniger Interdependenzen von unseren Mitmenschen. Als unumstößlich soziales Wesen wird der Mensch jedoch auch jetzt einen Weg finden, seine Sozialität auszudrücken. Der beste Beweis dafür ist die steigende Nachfrage nach digitalen Tools. Diese erleichtern uns aktuell nicht nur die Kontaktpflege im Privaten. Mit dem Umzug ganzer Unternehmen ins Home Office gewinnt die digitale Kommunikation massiv an Bedeutung. Viele Wege, die zuvor als Dienstreisen oder Arbeitswege zurückgelegt wurden, sind nicht mehr unbedingt notwendig. Die digitale Transformation stellt uns hinreichende Alternativen zur Verfügung (Rammler 2020).

3.3   Datenanalyse der geänderten Verkehrssituation

Die beschriebenen verkehrlichen Auswirkungen von COVID-19 lassen sich nicht nur subjektiv erfahren, sondern sind auch objektiv messbar. Zur Messung stehen dafür verschiedene Methoden zur Auswahl, die spezifische Vor- und Nachteile haben. In Abb. 3.2 sind die zur Verkehrserfassung gängigen Methoden kurz mit ihren Vor- und Nachteilen zusammengefasst. Generell und insbesondere während der Zeit der Pandemieverordnungen gilt, dass die höchste Datengenauigkeit durch die Kombination der Methoden erreicht wird. Neben den drei hier vorgestellten Verfahren sind Haushaltsbefragungen, wie z. B. das Panel „Mobilität in Deutschland" (MiD) eine wertvolle Ergänzung.

Die drei vorgestellten Methoden können sowohl auf innerstädtischen als auch auf außerörtlichen Straßen Anwendung finden. In der Analyse wird im Kern auf das Bundesland Nordrhein-Westfalen eingegangen. Die Bundesanstalt für Straßenwesen (BASt) und der Landesbetrieb Straßenbau NRW nutzen die in ihrer Zuständigkeit liegenden Induktionsschleifen in den Bundesfernstraßen, um Verkehrswarnmeldungen zu erzeugen.

Stationäre Detektoren	Floating Car Data (FCD)	Floating Phone Data (FPD)
+ Robuste und kontinuierliche Datenerfassung + Bestimmte Systeme können die Fahrzeugart und Geschwindigkeit ermitteln	+ Große Datenbasis + Quell-Ziel Beziehungen nachvollziehbar über GPS + Geschwindigkeit über Positionsdaten ermittelbar + Verwendung im Lkw-Routing	+ Große Datenbasis + Quell-Ziel Beziehung nachvollziehbar über Funkzellen + günstige Datenerfassung
– Einfache Datenerfassung – Messungen nur da, wo Detektoren vorhanden sind – Quell-Ziel Beziehungen nicht abbildbar	– Datenübertragung hängt teilweise davon ab, ob das Navigationsgerät benutzt wird (bei älteren Fahrzeugen)	– Genauigkeit hängt von der Dichte der Funkmasten und der Anzahl der Smartphone Nutzenden ab

Abb. 3.2 Datenerfassungsmethoden. (Quelle: Randelhoff (2016), eigene Darstellung)

Vom ADAC werden hierfür Floating Car Data (FCD) genutzt. Neben 300.000 Lkw sammeln über 4,5 Mio. App-Nutzer freiwillig Daten, die zur Auswertung herangezogen werden (ADAC 2020a). Das Nebenprodukt der Verkehrswarnmeldungen sind die Kfz-Belastungen der Autobahnen in NRW. Als Bilanz veröffentlicht die BASt unter anderem im Fünfjahresrhythmus die Verkehrsstärkenkarte bzw. der ADAC seine alljährliche Staubilanz. Der Landesbetrieb Straßenbau NRW bietet Daten in Form von Jahres- und Monatsberichten an (Landesbetrieb 2020a) Parallel werden die Echtzeitdaten der Dauer-zählstellen auf dem Mobilitätsdaten Marktplatz (MDM) der BASt veröffentlicht.

Mit der Analyse von (Echtzeit-)Daten beschäftigen sich verschiedene Dienstleister. Im Verkehrssektor gehört INRIX zu den bekannteren Akteuren. Bei INRIX werden Messwerte aus Fahrzeugen und Induktionsschleifen miteinander verschnitten, um ein genaueres Gesamtbild zu erzeugen (INRIX 2020). Auch mit Floating Phone Data können Aussagen über das Mobilitätsverhalten abgebildet werden. Ähnlich wie bei INRIX wird z. B. bei umlaut mit verschiedenen Datenquellen gearbeitet, die in einer Cloud zusammengeführt und bedarfsgerecht ausgewertet werden (umlaut 2020). Auch das Statistische Bundesamt strebt in Kooperation mit einem Dienstleister auf Basis von Mobilfunkdaten die zeitnahe Analyse des Mobilitätsverhaltens an. Neben einem bundes-weiten Rückgang der Mobilität im März von ca. 40 % gegenüber dem Vorjahr lassen sich Aussagen bis auf die Kreisebene bestimmen (DESTATIS 2020).

Werden die Verkehrsverhältnisse der letzten Wochen vor Einführung der Ein-schränkungen durch COVID-19 mit denen während des Kontaktverbots bzw. mit der Zeit der ersten Lockerungen verglichen, ergibt sich nach Methodik und Staudefinition des ADAC für NRW Abb. 3.3.

Das bundesweite Kontaktverbot wurde zu Beginn der 13. Kalenderwoche eingeführt. Bereits in der Vorwoche gab es erste Auswirkungen durch COVID-19 in NRW (z. B. Schulschließungen). Wird die Anzahl der Staus vor Kalenderwoche 11 mit der Anzahl zwischen den Wochen 12 bis 16 verglichen, so ist ein Rückgang von ca. 70- 90 %

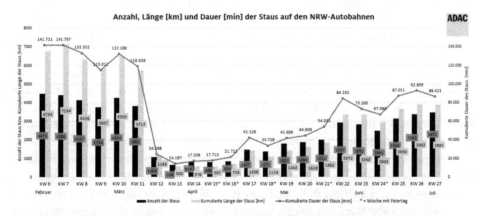

Abb. 3.3 Staukennzahlen (Quelle: ADAC (2020c), eigene Darstellung)

festzustellen. Werden die kumulierten Staulängen der Kalenderwochen 7 und 15 verglichen, ist sogar ein Rückgang von ca. 92 % erreicht worden. Ein ähnlich großer Rückgang lässt sich bei den kumulierten Staudauern ermitteln.

Auch nach einigen Lockerungen der COVID-19-Bestimmungen liegen die Kenngrößen Staulänge und -dauer nicht auf Vorkrisenniveau. Einzig die Anzahl der Staus ist in den letzten Wochen im Juni wieder annähernd auf Niveau der Kalenderwoche 11 gestiegen. Anders formuliert bedeutet dies, dass die Menschen zwar wieder ähnlich oft in einem Stau stehen wie vor der Krise, diese Staus aber weniger Zeit kosten und deutlich kürzer sind. Die sinkenden Stauzahlen sind Folge des geringen Verkehrsaufkommens. Verschiedene Untersuchungen der letzten 15 Jahre haben ein zu hohes Verkehrsaufkommen in 40 – 60 % der Fälle als Stauursache benannt. Weitere Ursachen sind Baustellen und Unfälle. In einer Studie der Ruhr Universität Bochum wurde für die Autobahnen in NRW das Verhältnis dieser drei Ursachen untersucht. Geschätzt wird, dass Baustellen zu 48 %, Unfälle zu 12 % und ein zu hohes Verkehrsaufkommen für 40 % der Staus in NRW ursächlich sind (Geistefeldt 2011).

Die Zählstellen des Landesbetriebs Straßen NRW zeigen ähnliche Trends wie die in Abb. 3.3 dargestellten Messungen. In einer Veröffentlichung des Landesbetriebs wird der Verkehrsrückgang und die sich daraus ergebende Kurve als „Wäscheleine" bezeichnet. Nach einem starken Rückgang der Verkehrsmengen um bis zu 45 % in Kalenderwoche 12 lagen sie sechs Wochen später auf den ausgewählten Autobahnabschnitten nur noch etwa 28 % unter Vorjahresniveau (Landesbetrieb Straßenbau 2020b). Das Institut der deutschen Wirtschaft hat hierzu eine Datenabfrage über den MDM durchgeführt und diese in einem Kurzbericht veröffentlicht. Der Lkw-Verkehr hat im Mittelwert um 26,4 %, der Pkw-Verkehr um 55,4 % zwischen den Kalenderwochen 13 und 19 im Vergleich 2018 und 2020 abgenommen (Goecke 2020). Der Datensatz wurde aktualisiert und bis zur Kalenderwoche 29 erweitert. Ab Kalenderwoche 20 liegt trotz Ferienbeginn in NRW in Kalenderwoche 27 der Pkw-Verkehr im Mittelwert um ca. 34 % unter dem Niveau von 2018, beim Lkw-Verkehr sind es knapp 20 %. Anzumerken ist, dass in der dritten Ferienwoche 2020 im Vergleich deutlich weniger Fahrzeuge gezählt wurden. Beim Pkw-Verkehr waren es 47,6 % und beim Lkw-Verkehr 27,2 % weniger als 2018, obwohl in 2018 diese Woche die erste Ferienwoche war (Institut der deutschen Wirtschaft 2020).

Zu berücksichtigen ist, dass nur ein bedingter Vergleich zwischen diesen Messergebnissen und den Ergebnissen aus Abb. 3.3 vorgenommen werden kann. Neben den unterschiedlichen Erfassungsmethoden und Definitionen liegt auch ein anderer Messansatz zugrunde. Vom ADAC werden die Überlastungen (Staus) gemessen, die Dauerzählstellen des Landesbetriebs messen die (Dauer-)Belastung (Verkehrsstärke).

Wird jedoch der methodisch unsaubere Vergleich der Staukennzahlen des ADAC und der Ergebnisse der Dauerzählstellen des Landesbetriebs für die 19. Kalenderwoche unternommen, zeigt sich ein differenziertes Bild. Während die Belastungswerte bei ca. 28 % unter dem Vorjahreswert liegen, sind die Staukennzahlen in Kalenderwoche 19 im Vergleich zum Durchschnitt der Kalenderwochen 6 bis 11 jeweils über 50 % niedriger.

Dies lässt die Vermutung zu, dass insbesondere die Staudauer und -länge besonders stark von der gesunkenen Verkehrsbelastung profitieren. Dieser Vergleich zeigt eine Tendenz auf, ist aber aufgrund der verschieden Datengrundlage nicht belastbar.

Die vermeintliche Diskrepanz zwischen den Werten aus der ADAC-Staubilanz und den Belastungsdaten des Landesbetriebs Straßen NRW können teilweise durch das System Verkehr erklärt werden. Während die Belastungsdaten sich relativ zügig wieder an das Vorkrisenniveau annähern, bleiben die Staudaten deutlich dahinter zurück. Dies kann auf den Auslastungsgrad der Autobahnen zurückgeführt werden, der im Handbuch für die Bemessung von Straßenverkehrsanlagen (HBS) ausschlaggebend für die Qualitätsstufen im Verkehrsablauf (QSV) ist. Demnach ist die Qualitätsstufe D ausreichend, um einen noch stabilen Verkehrsfluss zu ermöglichen. Gleichwohl kommt es zu ständigen Interaktionen zwischen den Verkehrsteilnehmern. Entscheidend ist, dass für diese Qualitätsstufe der Auslastungsgrad (Verkehrsstärke [Fz/h] / Kapazität [Fz/h]) des Autobahnabschnitts nicht über 90 % liegen darf (FGSV 2015). Im Umkehrschluss bedeutet dies, dass mit einer erheblichen Zunahme der Staus erst dann zu rechnen ist, wenn die Verkehrsstärken wieder sehr nah am Vorkrisenniveau sind. Es sei angemerkt, dass ein Streckenabschnitt, der einen hohen, aber dennoch stabilen Verkehrsfluss aufweist, einer effizienten Dimensionierung des Straßenraums entspricht. Es werden so viele Ressourcen (Asphalt, Fläche, etc.) wie nötig verbraucht, um den Verkehrsfluss aufrecht zu erhalten.

Zu einem ähnlichen Schluss kommt auch eine Untersuchung der Hochschule RheinMain. An zehn zufällig ausgewählten Knotenpunkten in Darmstadt wurden die Verkehrsstärken in den Knotenpunktzufahrten verglichen. Ergebnis ist, dass in Kalenderwoche 13 die Verkehrsstärken um ca. 30–40 % geringer waren als zwei Wochen zuvor (Blees 2020). Zu einem ähnlichen Ergebnis kommt auch eine ältere Veröffentlichung der BASt (Topp 1997). Als weiterer Beleg für diese Aussage können die Echtzeitdaten von TomTom herangezogen werden. Im konkreten Beispiel soll die Stadt Köln betrachtet werden. Während den Kalenderwochen 12 bis 17 lag das wöchentliche Stauniveau etwa 60 % unter dem Vorjahresniveau. Ab Kalenderwoche 18 ist ein „positiver" Trend zum Vorjahresniveau zu erkennen, der in Kalenderwoche 25 seinen vorläufigen Höhepunkt mit 23 % niedrigerem wöchentlichen Stauniveau gegenüber 2019 erreicht hat (TomTom 2020).

Neben dem privaten Verkehr sind auch einige Veränderungen im öffentlichen Verkehr sicht- und messbar geworden. Neben den Umfragen von ADAC und DLR wurden in einer Studie die Passantenfrequenz am Flughafen München, Hamburg Hauptbahnhof und Berlin Sonnenallee (S-Bahn) mittels Google-Auslastungsdaten untersucht.(civity 2020). Die Messdaten der Kalenderwoche 14 wurden zum Vergleich zum Vorkrisenniveau herangezogen. Das Ergebnis ist, dass die Rückgänge bei der S-Bahn-Station mit 50 % am geringsten sind. Der Hauptbahnhof wies einen Rückgang von ca. 66 % auf, während sich am Flughafen 80 % weniger Passanten aufhielten. Damit ist laut Studie die These belegt, dass der ÖPNV insbesondere im Nahverkehr auch in Krisenzeiten weiterhin das Rückgrat der Mobilität bildet.

Weiterhin werden drei Szenarien vorgestellt, die von einem Nachfragerückgang in den nächsten zwei bis fünf Jahren im ÖPNV ausgehen. Wichtig ist, dass Stammkunden mit Jahres- oder Monatstickets nicht als Finanzierungsgrundlage verloren gehen. Hierfür schlägt die Studie einerseits Hygiene- und Raumkonzepte in den Fahrzeugen vor und andererseits einen finanziellen Ausgleich bzw. Anrechnung auf Folgemonate. In der Praxis haben z. B. die vier Tarifverbünde in NRW inklusive NRW-Tarif eine Erweiterung der Gültigkeit des jeweiligen Abo-Tickets auf ganz NRW an Wochenenden in den Sommerferien eingeführt.

Google veröffentlicht Daten zum Mobilitätsverhalten von Nutzenden, die den Standortverlauf aktiviert haben. Mehrere Datenabrufe über den Zeitraum von Ende März bis Mitte Juli 2020 zeichnen eindeutige Trends für das Bundesland NRW. Die Rubriken „Bahnhöfe und Haltestellen" sowie „Arbeitsstätten" haben sich nach einem Tiefpunkt im März bei ca. $-30\,\%$ im Vergleich zum Jahresbeginn eingependelt. „Einzelhandel und Freizeit" bewegen sich nach dem Kontaktverbot im März ab Mitte Mai bei etwa -16 %. „Parks" werden immer noch deutlich häufiger besucht und sind Ausdruck eines gestiegenen Freizeitverkehrs (Google 2020).

In einer nicht repräsentativen Studie von infas dient eine App als Datengrundlage. Sie führt „Tagebuch" über das tägliche Mobilitätsverhalten der Nutzenden. Die so ermittelten Daten werden mit einer an die MiD angelehnten Befragung verschnitten und sollen ein präziseres Bild abgeben. Eine Aussage dieser Untersuchung ist, dass die Mobilität nach den Lockerungen im Mai zügig auf das Vorkrisenniveau strebt. Sowohl die unterwegs verbrachte Zeit als auch die zurückgelegten Strecken befinden sich bei 70–80 % des Vorkrisenniveaus (infas 2020).

Ähnlich zu den Mobilitätsdaten von Google zeigt sich auch in dieser Studie ein erhöhter Anteil des Freizeitverkehrsaufkommens, insbesondere da Fahrten zur Arbeit durch Home Office substituiert wurden. Dadurch ergibt sich eine Verschiebung der Tagesganglinie hin zur nachmittäglichen Spitzenstunde. Ein ähnliches Phänomen lässt sich auch in den TomTom-Echtzeitdaten seit Mitte März ablesen. Im Gegensatz zur „normalen" Tagesganglinie mit zwei deutlichen Spitzen am Morgen und am Nachmittag hat sich ein Verlauf mit nur einer Nachmittagsspitze werktags etabliert.

In der Infas Studie werden auch die Modal Splits untersucht. Die Ergebnisse stimmen auch hier in der Tendenz mit den Umfragewerten des ADAC und einer Umfrage von McKinsey (2020) überein: der Individualverkehr gewinnt Anteile, während öffentlicher und geteilter Verkehr (z. B. Ride-Sharing) weniger genutzt werden.

Wir haben während des Kontaktverbots eine deutlich reduzierte Verkehrsmenge im Reallabor erleben können:

- Der ÖPNV ist aufgrund des Infektionsrisikos der große Verlierer. Die Fahrgastzahlen gingen um 50–80 % zurück,
- die Kfz- Belastung in Ballungsräumen sank um bis zu 40 %,
- auf den Autobahnen wurden 70–90 % weniger Staus erfasst.

Dieses „Erlebnis" lässt die Vermutung zu, dass geringe Rückgänge des Kfz-Verkehrs bereits spürbare Verbesserungen auf dem Weg zur viel geforderten „autoarmen" Stadt bzw. stauärmeren Autobahnen erreichen können. Durch Daten, die zeitnah zur Verfügung stehen, können Beobachtungen auf Zahlen gestützt werden. Neben diesem Vorteil kann ein weiterer Mehrwert durch datenbasierte Prognosen erschlossen werden. Im Falle einer zweiten Infektionswelle kann z. B. aus dem Verschnitt von Mobilitätsdaten und Fallzahlen abgeleitet werden, welche Maßnahmen die Mobilität und damit die Infektionsgefahr am effektivsten beeinflusst hat.

3.4   Mehr Home Office, weniger Berufsverkehr

Deutschland hat sich vor der COVID-19-Pandemie mit der Digitalisierung der Arbeitsprozesse sehr schwergetan. Es gab zahlreiche Vorbehalte wegen des Datenschutzes, der nötigen IT-Infrastruktur beim Arbeitnehmer und angeblich mangelnder Arbeitnehmerkontrolle.

Eine nicht repräsentative Studie von infas geht davon aus, dass in der Vorkrisenzeit etwa 10 % der Beschäftigten im Home Office gearbeitet haben. Im April 2020 – der Hochphase der Pandemie – waren es etwa 35 % der Beschäftigten (Heise 2018).

Große Konzerne, wie z. B. Deutsche Post, Siemens und Telekom, konnten sich auf die neue Situation gut einstellen. Siemens wird gut ein Drittel der Konzernmitarbeiter auch über die Pandemie hinaus dauerhaft im Home Office arbeiten lassen. Mobiles Arbeiten soll als Kernelement der neuen Normalität etabliert werden (Handelsblatt 2020). Zahlreiche kleine Unternehmen und Teile der öffentlichen Verwaltung bekamen für ihre Zurückhaltung beim flexiblen Arbeiten jedoch die Quittung. Ganze Teams mussten ad hoc ins Home Office, Arbeitsprozesse mussten abrupt digitalisiert werden, Mitarbeiter mussten sich von heute auf morgen an die digitalen Tools gewöhnen. Unternehmen, die ihre Prozesse schon vor der Pandemie digitalisiert haben, hatten einen klaren Vorteil.

Schon vor der COVID-19-Krise wurde im Rahmen von Diskussionen zur Stauproblematik auf die Potenziale von mobilem Arbeiten und von Home Office hingewiesen. Theoretisch könnte der Pendlerverkehr um 20 % gesenkt werden, wenn jeder Arbeitnehmer einen Tag pro Woche zu Hause arbeitet. Natürlich kann nicht jeder flexibel arbeiten oder Home Office machen.(ADAC 2020a) Es zeigte sich gerade in der COVID-19-Krise, wie systemrelevant beispielsweise Lkw-Fahrer, Lehrer und Pflegekräfte sind. Bei der Entscheidung über Home Office für den einzelnen Mitarbeiter müssen selbstverständlich die betrieblichen Belange, Kundenwünsche und persönlichen Umstände der Mitarbeiter immer berücksichtigt werden.

Home Office statt Büro hat deutliche Spuren hinterlassen, nicht nur im Straßenverkehr, auch im Datenvolumen. Videokonferenzen anstelle von Präsenzmeetings und andere Online-Angebote ließen ab Mitte März den Datendurchsatz des Frankfurter Internetknotens DE-CIX sprunghaft ansteigen (Lange 2020a).

	Heute	Plus 1 Homeoffice-Tag/Woche	Plus 2 Homeoffice-Tage/Woche	Plus 3 Homeoffice-Tage/Woche
Arbeitstage im Jahr	250	250	250	250
Tage "Nicht im Büro"	60	60	60	60
reguläre Arbeitstage	190	190	190	190
Homeoffice-Tage		38	76	114
Teilzeit-Anteil	30%	30%	30%	30%
Teilzeit-Reduktion	50%	50%	50%	50%
Teilzeit-Effekt Büro in Tagen	28,5	22,8	17,1	11,4
Durchschittliche Büroauslastung durch Anwesenheit im Büro	64,6%	51,7%	38,8%	25,8%

Abb. 3.4 Büroentlastung. (Quelle: Lange 2020b)

Inzwischen haben viele Unternehmen auch die Einsparpotenziale von flexiblen Arbeitsformen entdeckt. Schon vor der COVID-19-Krise standen im Jahresdurchschnitt leicht ein Drittel der Büroflächen leer, etwa durch Urlaub, Krankheit oder Dienstreisen. Durch regelmäßige Home-Office-Tage würde die Auslastung der Büroflächen noch spürbar auf bis zu 25 % bei drei Home-Office-Tagen sinken, sodass erhebliche Einsparungen bei der Büromiete und Pkw-Stellplätzen möglich sind. Das gilt aber nur, wenn die feste Zuordnung der Arbeits- und Parkplätze aufgelöst und Desksharing eingeführt wird (siehe Abb. 3.4) (Lange 2020b).

Eine Studie der Stanford Universität zum Home Office aus dem Jahr 2015 belegt zudem, dass Krankenstände und Fehlzeiten zurückgehen, wenn Beschäftigte von zu Hause arbeiten können. Die Produktivität der Beschäftigten im Home Office nahm zu und es war eine deutliche Senkung der Krankheitstage zu beobachten. So gaben 13 % der Teilnehmer in der Studie an, dass sie auch motiviert waren zu arbeiten, wenn sie sich nicht gesund genug für den Weg ins Büro gefühlt hätten. Die Ergebnisse der Studie sind allerdings mit einiger Vorsicht zu genießen, da sich z. B. die MitarbeiterInnen freiwillig gemeldet hatten, um an dem Experiment teilzunehmen. Die Befragung hatte aber nicht nur positive Aspekte aufgedeckt. MitarbeiterInnen, die ausschließlich im Home Office tätig sind, werden z. B. bei Beförderungen und Gehaltserhöhungen oft übergangen, so ein Ergebnis. Zusammenfassend empfehlen die Autoren der Studie, Home Office für ein bis zwei Arbeitstage in der Woche anzubieten. Auch, um Beschäftigte zu belohnen, da viele Menschen die Arbeit vom heimischen Schreibtisch aus als weniger stressig empfinden und durch den fehlenden Arbeitsweg auch über mehr Freizeit verfügen (Stanford 2015).

3.5 Schlussfolgerungen

Zusammenfassend lassen sich – neben den extrem negativen wirtschaftlichen, sozialen und emotionalen Folgen – verschiedene positive Effekte aus der COVID-19-Pandemie ableiten. Insbesondere der durch die Kontaktsperre ausgelöste Digitalisierungsschub in allen gesellschaftlichen Bereichen muss hier genannt werden. Die Krise sollte daher aus verschiedenen Gründen auch als Chance gesehen werden. Einige positive Aspekte sollen im Folgenden kurz dargestellt werden.

3.5.1   Nutzeneffekte durch flexibles Arbeiten

Die aktuelle Krise zeigt, wie groß das Potenzial für eine Reduzierung des Pendler-verkehrs und damit von Staus ist, wenn Arbeitgeber – wo es möglich ist – stärker auf flexiblere Arbeitszeiten, mobiles Arbeiten und Home Office setzen. Mit Zunahme des flexiblen Arbeitens entspannte sich die Verkehrslage auf den staugeplagten Verkehrs-adern. Mit dem Ende der Ausgangssperre und der allmählichen Rückkehr in Büros und Geschäfte hat der Straßenverkehr wieder zugenommen, liegt aber noch sicht-bar unter dem Vorkrisenniveau. Außerdem zeigen die Staudaten des ADAC, dass eine Flexibilisierung der Arbeitszeiten und Arbeitsorte zu einer Abflachung der Auslastungs-spitzen führt. Zu berücksichtigen ist, dass nicht das flexible Arbeiten allein für diese Effekte verantwortlich ist, sondern auch die wirtschaftliche Entwicklung maßgeblich einwirkt. In den Monaten April bis Juni 2020 sind im Vergleich zum Vorjahr durch-schnittlich 24 % mehr arbeitslose Personen pro Monat gezählt worden (Institut der deutschen Wirtschaft 2020).

Das Verkehrssystem ist bei einer Kapazitätsauslastung von 80 bis 85 % hoch effizient. Daher würde es schon helfen, wenn nur ein Teil der Arbeitnehmer flexibel Präsenz-zeiten und Home Office nutzen könnte. Sie sorgen für eine Entzerrung der Pendler-ströme zu den Hauptverkehrszeiten in Ballungsräumen und somit für eine Verringerung der Auslastungsspitzen. Nebeneffekt: Die Stickstoffdioxidwerte sind in den Wochen der Kontaktsperre z. B. in Berlin, Hamburg, Hessen und Bayern um jeweils ca. 25 % oder mehr gesunken. Das Beispiel Stuttgart zeigt, dass die Messergebnisse neben dem Ver-kehr auch stark von der Meteorologie beeinflusst werden. Trotz ca. 40 % weniger Ver-kehr im März gegenüber den Vormonaten wurde mehr Stickstoffdioxid gemessen. Begründet wird dies durch Wind und Regen im Frühjahr, die für Frischluft sorgten. Im März hingegen war es windstill, wodurch eine Anreicherung der Luftschadstoffe in der Tallage Stuttgarts begünstigt wurde (Humbs 2020)

Neben den positiven verkehrlichen Effekten sind die Einsparpotenziale bei den Büro-flächen bzw. Büromieten und die Produktivitätssteigerungen bei den Beschäftigten in den Nutzenbewertungen zu berücksichtigen.

3.5.2   Neue Geschäftsmodelle und Services nutzen

Die Studie der BASt zum Thema „Notwendiger Autoverkehr" zeigt, dass neben flexiblen Arbeitszeiten und Home Office insbesondere Lieferservices zu einer Absenkung der Straßenverkehrsleistungen führen können. Diese Potenziale wurden auch während der COVID-19-Krise genutzt. Entweder durch regionale Einzelhändler, welche aus der Not geborene lokale Serviceleistungen angeboten haben, oder eine verstärkte Nachfrage bei etablierten Onlinehändlern. Auch die Kombination verschiedener Dienste wurde genutzt. Der Fahrdienst Uber hat z. B. in der Not einen Essenslieferservice in seine App integriert.

In Zukunft sagt uns vielleicht eine App unter Berücksichtigung eines Algorithmus und unseres Terminkalenders in Kombination mit Echtzeit-Stauprognosen, wann wir staufrei ins Büro fahren sollten. Aufgrund der Verkehrsprognose sollen wir dann beispielsweise morgens zuerst unsere E-Mails checken und dann erst um 11 Uhr zu einem Termin ins Büro fahren. So stehen wir selbst nicht im Stau und helfen, Stau zu vermeiden. Es gab einen Modellversuch in Peking mit Taxis, die über eine App zwischen Flughafen und Zentrum gelenkt wurden und die Staus auf der Strecke reduziert haben (Heise 2018).

3.5.3 Krise als Innovationstreiber

Historische Brüche oder Krisen sorgen für eine kritische Überprüfung von Regeln, Prozessen und Verhaltensweisen. Auch durch COVID-19 und die damit verbundene Kontaktsperre wurden neue Verhaltensweisen und innovative Technologien befeuert. Die Nutzung von Meeting- und Konferenz-Apps ist seitdem sprunghaft angestiegen und ersetzt Geschäftsreisen. Bargeldlose Zahlmethoden wurden zum neuen Standard, der innovative Autobauer Tesla hat seine Prozesse auf kontaktlose Übergabe der Neuwagen an die Kunden erweitert.

Die Beispiele zeigen: Krisen haben auch Chancen. Nutzen wir sie!

Literatur

ADAC. (Hrsg.) (Februar 2020a). ADAC Staubilanz 2019: Autofahrer steckten in NRW länger im Stau! Von https://presse.adac.de/regionalclubs/nordrhein-westfalen/adac-staubilanz-nrw-2019.html abgerufen. Zugegriffen: 2. Juli 2020.

ADAC. (Hrsg.) (April 2020b). Corona und Mobilität: Mehr Homeoffice, weniger Berufsverkehr. Von https://www.adac.de/verkehr/standpunkte-studien/mobilitaets-trends/corona-mobilitaet/ abgerufen. Zugegriffen: 2. Juli 2020.

ADAC. (Hrsg.) (Juli 2020c). Interne Datenabfrage zur Verkehrsentwicklung.

Blees, V. (2020). Corona, der Straßenverkehr und die Verkehrswende. Von https://www.hs-rm.de/de/hochschule/aktuelles/details/artikel/weniger-verkehr-durch-corona abgerufen. Hochschule RheinMain (Hrsg.), Zugegriffen: 6. Juli 2020.

civity. (2020). Verkehrswende: aufgehoben oder aufgeschoben? — Corona-Szenarien für den ÖPNV. civity Management Consultants (Hrsg.), Hamburg. Zugegriffen: 6. Juli 2020.

Deinlein, J. (2020). Auto-Abos nehmen Fahrt auf. Von: https://www.oliverwyman.de/media-center/2020/juni/auto-abos-nehmen-fahrt-auf.html abgerufen. Zugegriffen: 7. Juli 2020.

DESTATIS. (2020). Mobilitätsindikatoren auf Basis von Mobilfunkdaten. Von https://www.destatis.de/DE/Service/EXDAT/Datensaetze/mobilitaetsindikatoren-mobilfunkdaten.html abgerufen. Statistisches Bundesamt, Wiesbaden. Zugegriffen: 20. Juli 2020.

Deutsches Zentrum für Luft- und Raumfahrt [DLR]. (Hrsg.) (2020). DLR-Befragung: Wie verändert Corona unsere Mobilität? Köln. Von https://verkehrsforschung.dlr.de/de/news/dlr-befragung-wie-veraendert-corona-unsere-mobilitaet abgerufen. Zugegriffen: 2. Juli 2020.

FGSV. (2015). Handbuch für die Bemessung von Straßenverkehrsanlagen. Forschungsgesell-schaft für Straßen- und Verkehrswesen, „Kommission Bemessung für Straßenverkehrsanlagen" (Hrsg.), FGSV-Nr.: FGSV 299, Köln.

Geistefeldt, J., & Lohoff, J. (2011). Stausituationen auf den Autobahnen in Nordrhein-Westfalen. Von https://www.vm.nrw.de/presse/_container_presse/StausituationNRW_Schlussbericht_End-fassung-Presse.pdf abgerufen. Ruhr Universität Bochum (Hrsg.). Zugegriffen: 10. Juli 2020.

Goecke, H., Puls, T., & Wendt, J. (2020). Vollbremsung: Die Folgen von Corona für den Straßenverkehr. Von https://www.iwkoeln.de/fileadmin/user_upload/Studien/Kurzberichte/PDF/2020/IW-Kurzbericht_2020_Corona_Stra%C3%9Fenverkehr.pdf abgerufen. Zugegriffen: 8. Juli 2020.

Google. (2020). Google Mobilitätsberichte zur Coronakrise. Von https://www.google.com/covid19/mobility/?hl=de abgerufen mit Suchabfrage Nordrhein-Westfalen. Zugegriffen: 22. Juli 2020.

Handelsblatt. (Mai 2020). Zurück zum Individualverkehr: In der Krise wächst die Lust am eigenen Auto. Von https://www.handelsblatt.com/unternehmen/industrie/mobilitaet-zurueck-zum-individualverkehr-in-der-krise-waechst-die-lust-am-eigenen-auto/25799626.html?ticket=ST-2489687-jVXEHCZEpbu9J9QutWgE-ap6 abgerufen. Zugegriffen: 16. Juli 2020.

Handelsblatt. (Juli 2020). Siemens macht Homeoffice für 140.000 Mitarbeiter möglich. Von https://www.handelsblatt.com/unternehmen/industrie/industrie-siemens-macht-homeoffice-fuer-140-000-mitarbeiter-moeglich/26009230.html?ticket=ST-6322194-PBYE4sqDhWc6ysZNmye1-ap6 abgerufen. Zugegriffen: 14. Juli 2020.

Heise. (Februar 2018). Weniger Stau dank Quantencomputer. Von https://www.heise.de/ix/meldung/Weniger-Stau-dank-Quantencomputer-3965741.html abgerufen. Zugegriffen: 10. Juli 2020.

Humbs, C., & Pohl, M. (2020). ARD (Hrsg.). Wegen Corona-Maßnahmen Stickoxidbelastung deutlich gesunken. Von https://www.tagesschau.de/investigativ/kontraste/stickoxid-corona-103.html abgerufen. Zugegriffen: 14. Juli 2020.

infas, MOTIONTAG, WZB. (2020). Mobilitätsreport 01, Bonn, Berlin, mit Förderung des BMBF. Von https://www.infas.de/fileadmin/user_upload/infas_Mobilit%C3%A4tsreport_20200610.pdf abgerufen. Zugegriffen: 9. Juli 2020.

INRIX Inc. (2020). Von https://inrix.com/about/ abgerufen. Zugegriffen: 15. Juli 2020.

Institut der deutschen Wirtschaft. (2020). #Covid-19 Economic Dashboard. Von https://www.iwkoeln.de/themen-schwerpunkt/covid-19-economic-dashboard.html abgerufen. Zugegriffen: 15. Juli 2020.

Kraftfahrt-Bundesamt. (2019), Verkehr in Zahlen 2019/2020 48. Jahrgang, Bundesministerium für Verkehr und digitale Infrastruktur, (Hrsg.), Berlin.

Landesbetrieb Straßenbau NRW. (Hrsg.) (2020a), Kontinuierliche Verkehrszählungen (Dauer-zählungen). Von https://www.strassen.nrw.de/de/wir-bauen-fuer-sie/verkehr/verkehrsbelastung/dauerzaehlstellen.html abgerufen. Gelsenkirchen. Zugegriffen: 13. Juli 2020.

Landesbetrieb Straßenbau NRW. (Hrsg.) (2020b), Wie eine Wäscheleine: Verkehrsaufkommen auf Autobahnen steigt wieder an. Von https://www.strassen.nrw.de/de/presse/meldungen/meldung/wie-eine-waescheleine-verkehrsaufkommen-auf-den-autobahnen-steigt-wieder-an.html abgerufen. Gelsenkirchen. Zugegriffen: 13. Juli 2020.

Lange, T. (2020a). Immobilienmärkte – Krempelt Homeoffice den Büromarkt um? Eine Research-Publikation der DZ BANK AG (Hrsg.). Frankfurt a. M.

Lange, T. (2020b). Auslastung pro Arbeitsplatz. Von https://www.daserste.de/information/wirtschaft-boerse/plusminus/sendung/hr/200708_bueroflaechen-100.html abgerufen. DZ Bank (Hrsg.), Frankfurt a. M. Zugegriffen: 20. Juli 2020.

McKinsey. (Mai 2020). Wegen Corona: Verbraucher wollen ihr Verhalten im Alltag ändern. Von https://www.mckinsey.de/news/presse/2020-05-07-corona-consumer-sentiment-survey-wave-5 abgerufen. McKinsey & Company Inc. (Hrsg.), Düsseldorf. Zugegriffen: 10. Juli 2020.

Mobility Institute Berlin [mib]. (Hrsg.) (2020). Die SARS-CoV-2 Pandemie und Strategien für den ÖPNV – Ein Handlungsleitfaden. Von https://mobilityinstitute.com/wp-content/uploads/2020/05/Die-SARS-CoV-2-Pandemie-und-Strategien-f%C3%BCr-den-%C3%96PNV_mib_V1.02.pdf abgerufen. Zugegriffen: 30. Juni 2020.

Rammler, S. (2020). NACHGEFRAGT bei Professor Stephan Rammler. Von https://ioki.com/nachgefragt-bei-professor-stephan-rammler/ abgerufen. ioki (Hrsg.), Frankfurt a. M.. Zugegriffen: 8. Juli 2020.

Randelhoff, M. (März 2016). Datenbasierte Verkehrsplanung: Von Papier-Erhebungsbogen zu Big Data. Von https://www.zukunft-mobilitaet.net/103615/analyse/datenbasierte-verkehrsplanung-big-data-mobilfunkdaten-optimierung-trajektorien/ abgerufen. Zugegriffen: 30. Juni 2020.

Stanford University. (Hrsg.) (2015). DOES WORKING FROM HOME WORK? EVIDENCE FROM A CHINESE EXPERIMENT. Von https://nbloom.people.stanford.edu/sites/g/files/sbiybj4746/f/wfh.pdf abgerufen. Zugegriffen: 14. Juli 2020.

Suthold, R. (2020a). Corona-Effekt: Die Krise als Chance sehen! Von https://www.adac.de/der-adac/regionalclubs/nrw/kolumne-coronakrise-chance/ abgerufen. ADAC (Hrsg.), Köln. Zugegriffen: 30. Juni 2020.

Suthold, R. (2020b). Corona-Krise sorgt für massiven Stau-Rückgang in NRW. Von https://presse.adac.de/regionalclubs/nordrhein-westfalen/adac-nordrhein-corona-krise-sorgt-fuer-massiven-stau-rueckgang-in-nrw.html abgerufen. ADAC (Hrsg.), Köln. Zugegriffen: 30. juni 2020.

TomTom. (2020). TomTom Traffic Index. Von https://www.tomtom.com/en_gb/traffic-index/cologne-traffic/ abgerufen. TomTom International BV (Hrsg.). Zugegriffen: 8. Juli 2020.

Topp, H., & Haag, M. (1997). Notwendiger Autoverkehr. Berichte der Bundesanstalt für Straßenwesen (Hrsg.), Verkehrstechnik, Heft V 43, Bergisch Gladbach.

umlaut AG. (2020). Data Analytics. Von https://www.umlaut.com/de/capabilities/data-analytics abgerufen. umlaut AG, Aachen. Zugegriffen: 7. Juli 2020.

Verkehrsministerium NRW. (2020). Sonderfahrplan für den NRW-Schienenverkehr. Von https://www.vm.nrw.de/ministerium/Corona-Virus-in-NRW/Corona-Virus-Massnahmen-im-Bereich-OePNV_Nahverkehr/index.php abgerufen. Ministerium für Verkehr des Landes Nordrhein-Westfalen, Düsseldorf. Zugegriffen: 2. Juli 2020.

VRS. (2020). In den Sommerferien NRW-weit mobil. Von https://www.mobil.nrw/service/abo-aktion-sommerferien.html abgerufen. Verkehrsverbund Rhein-Sieg GmbH (Hrsg.), Köln. Zugegriffen: 7. Juli 2020.

Prof. Dr. Roman Suthold ist seit 2006 Leiter des Fachbereichs „Verkehr und Umwelt" beim ADAC Nordrhein. Der gebürtige Kölner lehrt zudem als Honorarprofessor an der Hochschule Fresenius (Köln), Lehrbeauftragter an der Hochschule Bochum und Gastwissenschaftler an der Zeppelin Universität Friedrichshafen. Seine Spezialgebiete sind Mobilität in Ballungsräumen, kommunale Verkehrsplanung und Digitalisierung im Mobilitätsbereich. Suthold hat an der Universität zu Köln Volkswirtschaftslehre mit dem Schwerpunkt Verkehrswissenschaften studiert und an der Bergischen Universität Wuppertal am Fachzentrum Verkehr promoviert. Nach dem Studium arbeitete er am Institut für Verkehrswissenschaft an der Universität zu Köln und bei einer verkehrsspezifischen Unternehmensberatung des DB Konzerns in Frankfurt am Main. Seit 2004 ist er in verschiedenen Positionen beim ADAC tätig.

Matthias Krusche ist seit 2019 beim Fachbereich Verkehr und Umwelt des ADAC Nordrhein tätig. An der Bergischen Universität Wuppertal hat er Verkehrswirtschaftsingenieurwesen studiert und in seiner Abschlussarbeit den Güterverkehr im Kontext des Regionalplans im Regierungsbezirk Köln analysiert.

Staus auflösen, realistisch bleiben – Städtische Mobilität für morgen

4

Alexander Möller

Bis in die 1990er Jahre definierte Politik Verkehrspolitik für die großen Städte über die Bewältigung des Pkw-Verkehrs, insbesondere die Stausituationen in Hot Spots und den fehlenden Parkraum in der City zum Leidwesen des dortigen Einzelhandels. Öffentlicher Personenverkehr war Aufgabe des kommunalen Verkehrsunternehmens vor Ort, das jährlich Gelder der ergebnisstarken Stadtwerke in der Querfinanzierung brauchte. Fahrräder und Fußgänger waren nur dann im Fokus, wenn es Verkehrsunfälle gab. Der Modal Split – also die Verteilung der Mobilität der Gesellschaft nach den verschiedenen Verkehrsmöglichkeiten – schien einzementiert. Das Auto dominierte hier. So lag 1998 der Anteil des Autos auf Basis der Wege der Nutzer bei fast 60 %, auf Basis der Personenkilometer sogar bei 75 %.

Seitdem hat sich im Diskurs über die städtische Mobilität einiges verändert. Staus soll nicht mehr durch mehr und bessere Straßen begegnet werden, sondern Stauvermeidung durch ein neues Mobilitätsverhalten erreicht werden. Damit sollen vor allem die erheblichen Nachteile der vorherrschenden Mobilität wie Belastung des städtischen Klimas, Lärm oder fehlender Lebensraum vermieden werden. Dabei gibt es Konsens, dass dies nur durch echte Alternativen wie einen ausgebauten und qualitativ verbesserten öffentlichen Personennahverkehr (ÖPNV) und sichereren Fahrrad- und Fußgängerverkehr gelingen kann. Schon die Rolle der neuen Mobilität wie On-Demand-Angebote, Leihfahrräder und eRoller ist bei der angestrebten „Verkehrswende" zumindest umstritten. Das gilt auch für die Schnittstelle der Digitalisierung. Worin liegt tatsächlich ihr Mehrwert? Denn das iPhone erleichtert zwar an vielen Stellen den Alltag, Personen befördert es jedoch nicht. Auch deshalb gab es im Jahr 2019 in Deutschland

A. Möller (✉)
Roland Berger GmbH, Berlin, Deutschland
E-Mail: alexander.moeller@rolandberger.com

© Der/die Autor(en), exklusiv lizenziert durch Springer Fachmedien Wiesbaden GmbH, ein Teil von Springer Nature 2021
W. Schulz et al. (Hrsg.), *Mobilität nach COVID-19*,
https://doi.org/10.1007/978-3-658-33308-9_4

56,88 Mio. Führerscheine, 2016 waren es noch 55,02 Mio. Die Bürger*innen machen ihren Führerschein später als in den Jahrzehnten zuvor, aber sie wollen eine Fahrerlaubnis. Spätestens mit der Familiengründung können viele auf einen Pkw – auch in der Stadt – offensichtlich nicht verzichten. Bahn und Bus reichen für die Erfüllung der Mobilitäts- und vor allem Logistikbedürfnisse mit ihren heutigen Kapazitäten und Angeboten nicht mehr aus.

Dieser Beitrag bemüht sich um eine Bestandsaufnahme der Diskussion um eine nachhaltige Verkehrspolitik für die Städte und versucht, Lösungswege aufzuzeigen.

4.1   Mobilitäts-, Verkehrs- oder Antriebswende

„Seit 1990 hat sich der Verkehr in Deutschland verdoppelt." Dieser Satz wird oft ins Feld geführt, wenn festgestellt wird, dass es seit 1990 dem Verkehrssektor nicht gelungen ist, seinen CO_2-Ausstoß zu reduzieren. Deshalb wird insbesondere mit dem Verkehrssektor argumentiert, wenn die Klimaziele von Paris für Deutschland als nicht erreichbar bewertet werden. Dabei reicht eine allein auf die Absenkung dieses Ausstoßes setzende Politik nicht aus. Denn anderen Herausforderungen, die durch den Individualverkehr in den Städten entstanden sind, muss genauso begegnet werden: Der Luftverschmutzung wie den volkswirtschaftlichen Kosten von Staus, Verkehrsunfällen und Flächenverbrauch. Wegen der dadurch entstandenen Komplexität der Veränderung wurde die Forderung nach einer „Verkehrswende" laut. Damit verbunden wird die Klimaneutralität des Verkehrssektors bis 2050. Die dafür notwendigen Schritte bei allen Verkehrsmitteln verstärkte jedoch die beschriebene Komplexität. Insbesondere die Treiber Digitalisierung und Automatisierung sowie dadurch entstehende Geschäftsmodelle neuer nationaler und internationaler Anbieter führten dazu, die Mobilität gesamthaft in den Blick zu nehmen. Zumal Diskutanten wie der Zukunftsforscher Matthias Horx die Debatte um den Aspekt der Beschränkung bestehender Mobilitätsmengen als Ausdruck einer neuen Lebensqualität und Selbstbestimmtheit und damit einer Work-Life-Integration erweiterten. Spätestens mit den Folgen der COVID-19-Pandemie für die Mobilität der Gesellschaften und des Einzelnen wurde dieser Aspekt zentral.

Und die Politik? Bis in die 2000er Jahre war die Verkehrspolitik etwas für Experten. Das war nur bei den großen Veränderungen wie der Bahnreform vor 1994 oder bei den Teilprivatisierungen der Lufthansa bis zu deren vollständiger Privatisierung 1997 anders. Auch vor Bundestagswahlen spielte Verkehrspolitik selten eine Rolle. Das war erst 2017 wirklich anders. „Dieselgate" und die damit verbundenen Fragen von Musterfeststellungsklagen als Teil eines neuen Verbraucherschutzes bis zur Zukunft des Verbrennungsmotors spielten plötzlich eine Rolle. Während die einen eine Verkehrswende forderten, versuchten andere mit dem Begriff der „Antriebswende" den Veränderungsgrad gering zu halten.

Anders als im Bund oder den Bundesländern spielt Verkehrspolitik auf kommunaler Ebene eine besondere Rolle. Keine Partei kann es sich in den Städten und Gemeinden leisten, sich nicht zu ihren Vorstellungen einer Verkehrspolitik vor Ort zu äußern. Welche Verbesserungen des ÖPNV muss es geben? Gibt es kostenloses Parken jedenfalls für die ersten 20 min („Brötchentaste")? Gibt es eine Parkraumbewirtschaftung, die den Flächenverbrauch berücksichtig? Wird es mehr Radwege und Radschnellwege geben? Wo schafft eine Kommune neue Bewegungsmöglichkeiten für Fußgänger*innen? Schafft es das kommunale Verkehrsunternehmen vor Ort mehr Menschen durch digitale Leistungen zu mehr Nutzung ihrer Angebote zu bringen?

Mit diesen und anderen Fragen berührt städtische Verkehrspolitik die Lebenswirklichkeit ihrer Bürger*innen, als Arbeitnehmer, Unternehmer, in ihrer Freizeit, Junge und Alte. Und als Teil der Daseinsvorsorge geht es dabei immer auch um die ordnungspolitischen Rahmen, in denen sich die Parteien im Wettstreit der Ideen befinden.

4.2 „Der Kunde steht im Mittelpunkt"

Zulange war der Nutzer öffentlicher Verkehrsangebote derjenige, der zu wenig zahlte oder sogar „schwarz" fuhr, sich beschwerte, sich zu wenig informiert fühlte und den Bus oder die Tram mit Döner oder Bier verdreckte. Der erfahrende Kunde kaufte keinen Einzelfahrschein, sondern ein Jahresabo für den ÖPNV in seiner Stadt. Fortschrittliche Arbeitgeber boten Jobtickets an. Fahrpläne hingen zunächst an den Haltestellen aus, zunehmend gab es Informationen im Internet, auf der Website des Verkehrsverbundes und des Verkehrsunternehmens. Inzwischen treten diverse Anbieter im Kampf um Nutzerdaten in Wettbewerb zueinander. Das sind nicht immer die Verkehrsunternehmen oder Verbünde vor Ort. Immer häufiger geht der erste Blick des Nutzers zu seiner vertrauten Suchmaschine. Um hier nicht den Anschluss zu verlieren, hat es in den letzten Jahren immer wieder Versuche gegeben, den Kunden eine Plattform über Stadtgrenzen hinaus anzubieten. Diese Versuche sind aktuell gescheitert. Bestehende Lösungen wie der DB Navigator der Deutschen Bahn bündeln aber inzwischen neben den Fernverkehrs- und Regionalverkehrsangeboten der DB bereits 32 Angebote deutscher Verkehrsverbünde. Private Angebote wie von SIXT oder moovel schaffen zusätzliche Optionen und verknüpfen weitere Verkehre. Eine Konsolidierung oder zumindest einfache Schnittstellen könnten hier den Kundennutzen deutlich stärken. Die Schaffung einer App für alle Angebote der Mobilität wird absehbar nicht gelingen. Dazu ist insbesondere das Einnahmeaufteilungssystem im öffentlichen Verkehr zwischen den Anbietern zu komplex. Auch wird befürchtet, dass es bei einer nationalen Lösung – wenn es kein Gemeinschaftsunternehmen aller Anbieter wäre – eine zu starke vertriebliche Abhängigkeit gäbe. Deshalb könnte die Idee sein: Maximal eine App für den lokalen Verkehr, zum Beispiel über den regionalen Verkehrsverbund, sowie eine nationale App als Schnittstelle aller regionalen und darüber hinausgehenden Verkehre.

Eine solche Lösung hat auch den Vorteil, die vielen neuen Angebote integrieren zu können, die in den letzten Jahren auf den Markt gekommen sind. National greift der Kunde dann auf die Angebote zurück, die es in mehreren Städten gibt, zum Beispiel auf

Dienstreisen oder in der Freizeit. Vor Ort nutzt der Kunde das Carsharing-Angebot oder Mietfahrrad seines kommunalen Anbieters.

4.3   Mikromobilität, Sharing, On-Demand – Hype oder Heilsbringer?

Das Anrufsammeltaxi ersetzt seit den 1970er Jahren den Linienverkehr auf dem Land. Diese AST-Verkehre sollen die Mobilität der Einwohner ohne eigenen Pkw ermöglichen, besonders Einkäufe und Arztbesuche. Immer häufiger wurde diese Lösung mit Bürgerbussen verknüpft. Die Linienkonzession hält in der Regel zwar das örtliche – nicht selten dennoch bundeseigene – Busunternehmen, das Fahrzeug aber finanziert sich aus Spenden, der Fahrer ist ein Busfahrer in Rente und wird vom Trägerverein finanziert.

In den Städten ist diese traditionelle Mobilitätsform inzwischen kommerzialisiert. On-Demand-Angebote ergänzen oder ersetzen ebenso klassischen Linienverkehr des ÖPNV. Sie schaffen neue Angebote mit kleineren Fahrzeugen und alternativem Antrieb oder ersetzen, zumeist in Tagesrandlagen, teureren Linienverkehr. Inzwischen ist die Idee des Geschäftsmodells in Konkurrenz zum ÖPNV-Unternehmen vor Ort zu treten einem kooperativen Ansatz gewichen. Die On-Demand-Anbieter setzen auf Partnerschaft mit dem Aufgabenträger und – meistens – kommunalen Verkehrsunternehmen. Das gilt auch für Ride-Pooling-Anbieter. Immerhin 3,6 Mio. Nutzer haben sich 2017 auf Ride-Pooling-Plattformen registrieren lassen. Dennoch sind die wirtschaftlichen Ergebnisse überschaubar. Das wird erst mit der Einführung automatisiert fahrender Fahrzeuge profitabel und damit zu einer tragfähigen Lösung in Städten. Zwischen klassischem ÖPNV und klassischem Taxi scheint es noch nur ein begrenztes Interesse potenzieller Nutzer für diese neue Form des teil-öffentlichen Verkehrs zu geben.

Das Interesse an der jüngsten Innovation in der städtischen Mobilität war jedoch groß. Zumindest bei Politik und Medien. Die Zulassung von eScootern, mit Elektroantrieb ausgerüsteten Tretrollern, wurde vom Gesetzgeber schnell vorangetrieben. Dies mag neben dem Wunsch, schnell neue Formen der Mobilität zulassen zu wollen, um die Menschen für mehr als das Auto zu begeistern, vor allem damit zu tun haben, dass gerade Deutschland in diesem Markt Treiber ist. Die einzelnen Strecken dieser eScooter sind nach ersten Erhebungen der Hamburger Verkehrsberatung Civity aus 2019 zwischen 1,8 und 2,8 km lang. Der eScooter ist also Wettbewerber gegen das Fahrrad und das Zu-Fuß-Gehen. Hier liegen die Wege bei 3,4 bzw. 0,9 km im Durchschnitt. Mikromobilität kann also neben dem Fahrrad und dem Zu-Fuß-Gehen eine weitere Chance sein, kurze Strecken zurückzulegen. Damit ist sie ein weiterer Baustein für die Strecken zwischen langen Wegen, zum Beispiel mit dem ÖPNV, und kann mindestens eine Teillösung für die „erste und letzte Meile" sein. Da eScooter wettermäßig und hinsichtlich der Mitnahme von Dingen – von der Laptoptasche bis zum Einkauf – limitiert sind, sind sie jedoch noch stark auf touristische und „Fun-"Verkehre oder für die kurze Strecke zwischen zwei Geschäftsterminen beschränkt. Auch ihre Energiebilanz wird insbesondere wegen der Kurzlebigkeit des Fahrzeugs – und hier insbesondere des Akkus – kritisch hinterfragt. Anbieter wie TIER arbeiten an der Langlebigkeit ihrer Fahrzeuge und gehen schon heute von einer Leistungsfähigkeit von etwas mehr als einem Jahr aus. Hinzu kommen aber notwendige Verkehre für die Wartung und Pflege der Fahrzeuge sowie – wie bei allen Elektromotoren – die Herkunft des Stroms als kritische Aspekte der neuesten Form der Mobilität. Entsprechend hat auch die Begeisterung der Medien nachgelassen. Insbesondere wurde jeder Unfall mit eScootern medial aufmerksam verfolgt. Das neue Gefährt führte jedoch auch zu einem verschärften Kampf um Platz auf den Geh- und Fahrradwegen der Städte. Die Folge: In einer repräsentativen Befragung des Meinungsforschungsinstituts Civey aus dem Mai 2020 sprachen sich 47 % der Befragten dafür aus, dass den eScootern die Straßenverkehrszulassung entzogen werden sollte. Die Kooperationsbereitschaft der eScooter-Anbieter in den Städten und die Entwicklung an nachhaltigeren Rollern können hier Veränderungen in der Wahrnehmung der Menschen zur Folge haben. In den nächsten Monaten wird sich zeigen, ob es dennoch eine Marktkonsolidierung geben wird. Bisherige Innovationen in der Mobilität wie beim Fernbus haben gezeigt, dass diese wahrscheinlich ist.

4.4   Smart Cities – Digitale Beton-Infrastruktur und mehr

- Neue Mobilitätsangebote werden häufig als ein Aspekt bei der Bewertung von Städten betrachtet, wenn es darum geht, wie „smart" sie sind. Damit sind vor allem digitale Handlungsfelder von Städten gemeint. Umfassender betrachtet man den nachhaltigen Umgang der einzelnen Stadt mit allen Zukunftsthemen. Digitale Technologien sollen dabei helfen, die wirtschaftlichen, sozialen und politischen Herausforderungen aktueller und künftiger Generationen zu meistern, etwa in den Bereichen Umwelt und Ressourcenverbrauch, Bevölkerungswachstum und demografischer Wandel.
- Technologien spielen dabei eine wichtige Rolle. Den Ausgangspunkt einer Smart City aber bildet die richtige Strategie. Zentrale Koordination, Einbindung der relevanten Stakeholder sowie Partnerschaften zählen zu den weiteren Erfolgsfaktoren. Vielen Metropolen und Kommunen fehlen noch Know-how und Fähigkeiten, um ihre Strategien erfolgreich umzusetzen. Es fehlt ihnen zu oft auch eine zukunftsfähige Infrastruktur. Dabei geht es genauso um 5G wie die Frage, ob die Nutzer im U-Bahn-Tunnel ihr Smartphone nutzen können oder nicht.

Für die Mobilität in der Stadt heißt „leistungsfähig" allerdings vor allem ein belastbares Netz Schiene, je nach städtischer Struktur inklusive der Tunnelinfrastruktur, Busspuren und belastbare Straßen – die immer auch Garanten für öffentliche Verkehrsinfrastruktur und nicht nur für den Pkw da sind. Dazu gehören Haltestellen, Stationen, (Bus-)Bahnhöfe und Parkhäuser. In vielen Städten, bei vielen kommunalen Verkehrsunternehmen bestehen hier große Investitionsbedarfe. Der Verband Deutscher Verkehrsunternehmen bilanziert hier etwa fünf Milliarden Euro an notwendigen Investitionsmitteln. Um eine reale Sicht auf ihre Lage zu bekommen, bedarf es besonders in den großen Städten einer kritischen Analyse ihres *Industrial Asset Managements,* um zu wissen, welche Aufgaben für die Infrastruktur anstehen.

Besonders Parkhäuser sind hinsichtlich Intermodalität und Information neu zu definieren und digital zu vernetzen. Wann kommt welcher Bus? Wann ist welcher Parkplatz frei? In einer Mobilität der Zukunft soll es weniger Pkw in den Innenstädten geben und gleichzeitig die Mobilität aller erhalten bleiben. Hier könnten Parkhäuser Mobilitätshubs sein, die den privaten Individualverkehr mit öffentlicher Mobilität vom ÖPNV bis zum eScooter verbinden und so Intermodalität an einem Ort bündeln und dem Nutzer zur Verfügung stellen. Etwas Ähnliches brauchen Städte auch in der Logistik. Die Zeit, in der am Tag nacheinander oder gleichzeitig fünf Sprinter der großen Logistiker im Auftrag des Online-Handels vor den Türen der Konsumenten stehen, müssen vorbei sein, wenn es Entscheidern ernst ist mit Verkehrsvermeidung.

4.5   Megatrend Automatisierung

Städte brauchen die richtige smarte und heavy Infrastruktur, damit künftig der Personen- und Güterverkehr jedenfalls teilweise automatisiert funktionieren kann. Die Automatisierung ist *die* Veränderung der Mobilität. Das gilt für den öffentlichen und den individuellen Verkehr.

Ein Beispiel: Der Verkehrsbetrieb ersetzt seine Busse zum Teil durch autonom fahrende Fahrzeuge. Im ersten Schritt werden damit Stadtteile neu angebunden, deren Anbindung politisch gewollt, betriebswirtschaftlich bisher aber nicht sinnvoll gewesen ist. Im finalen Zustand fungieren diese Fahrzeuge dann insbesondere als „Feeder" für hochfrequente Strecken, die weiterhin von UBahnen befahren werden. Darüber hinaus können auch Straßenbahnen durch autonom fahrende Modelle ersetzt werden; UBahnen selbst werden bereits heute ohne Fahrer betrieben. Um Berührungsängste beim Kunden abzubauen, könnten anfangs Begleitpersonen in den autonom verkehrenden Fahrzeugen mitfahren. Ebenso kann perspektivisch auch darüber nachgedacht werden, die Fahrzeuggröße den jeweiligen Streckenbedarfen anzupassen.

Durch Automatisierung können Verkehrsbetriebe Betriebsabläufe effizienter und damit preisgünstiger steuern, beispielsweise das Betanken und Waschen der Fahrzeuge. Zudem verursachen autonome Fahrzeuge weniger Unfälle und verbrauchen durch eine optimal ausgesteuerte Fahrweise weniger Energie. Die Auswirkungen dieses Ansatzes werden – ebenso wie die beiden anderen Ansätze im Bereich „Fahrzeugbeschaffung" – vor allem im Betrieb sichtbar; die grundsätzliche Entscheidung und die höchsten Investitionen fallen jedoch in die Phase der Beschaffung. Selbstverständlich gilt hier, dass sich die vollständige Wirkung des Ansatzes erst mittelfristig materialisiert – allerdings auch nur, wenn schon heute konzeptionelle Grundlagen dafür geschaffen werden.

Deutschland hat mit seiner aktuellen Gesetzgebung zum automatisierten Fahren einen Vorsprung gegenüber anderen Staaten geschaffen. Die Technologie scheint dahinter zurückzustehen. Das hat mit den notwendigen Investitionsmitteln genauso wie mit den tatsächlich technologischen Herausforderungen zu tun. Deshalb sind Prognosen, wann im Straßenverkehr automatisiert gefahren wird, schwierig. Alle bisher genannten Jahreszahlen stehen wegen der genannten Herausforderungen zur Disposition. Das hat sich durch die Folgen der COVID-19-Pandemie noch verstärkt und die Folgen sind für die beabsichtigten Forschungen und Entwicklungen nicht absehbar. Zumal den OEM und der Zuliefererindustrie ein Dreisprung gelingen muss: Pkw-Betriebssysteme, automatisiertes Fahren und Elektroantrieb.

4.6   Elektrifizierung der Mobilität und die Energiewende

Der elektrische Antriebsstrang kommt. Während er im klassischen ÖPNV auf der Schiene schon lange da ist, kommt er jetzt im Pkw-Bereich oder bei Nutzfahrzeugen wie Bussen oder Transportern. Was auf den ersten Blick für manche übertrieben erscheinen mag, ist die eindeutige Konsequenz aus immer strengeren Flotten-Emissionszielen, denen die Automobilhersteller unterworfen sind. Die Politik macht es durch Strafzahlungen für die Hersteller sehr teuer, Autos mit Verbrennungsmotor zu verkaufen. Fallende Batteriekosten, Verkaufsförderungen und ein steigendes Interesse der Verbraucher an Elektroautos beschleunigen diesen Wandel. Trotz aller Herausforderungen und kritischen Punkten wie der notwendigen Rohstoffgewinnung, deutscher Abhängigkeit von der internationalen Batteriezellproduktion oder den (noch) sehr hohen Anschaffungs- und Instandhaltungskosten bei den Fahrzeugen, zum Beispiel bei eBussen, wird die Elektrifizierung helfen, städtische Probleme in Punkto Mobilität zu reduzieren. Insbesondere das Thema Lärm gehört dazu. Dennoch wird es – Beispiel Wasserstoff, Beispiel synthetische Kraftstoffe – absehbar einen Antriebsmix geben. Auch weil, etwa im privaten Pkw-Sektor, der Verbrennungsmotor erst langsam von der Straße kommen wird.

4.7   Digitalisierung ohne Selbstzweck – Neues möglich machen

- Die Integration digitaler Technologien in unser Leben ist wahrscheinlich die bahnbrechendste Entwicklung der letzten Jahre. Intelligente Maschinen, digitale Dienstleistungen, vernetzte Geräte, Werkzeuge und Infrastruktur sowie riesige Datenmengen und immer bessere Mensch-Maschine-Schnittstellen haben Auswirkungen auf alle Teile einer Stadt. Sie betrifft Bürger*innen und jede Form aller Wirtschaft, Dienstleistungen und viele Freizeitbereiche.

- Jeder Teil der Wertschöpfungskette der Mobilität wird früher oder später von der Digitalisierung betroffen sein. Die meisten sind es schon jetzt. Dadurch entstehen neue Geschäftsmodelle. Traditionelle Geschäftsmodelle werden entweder in die digitale Welt transformiert oder verschwinden ganz. Vorteil der Betreiber von Mobilität: Sie befördern Menschen von A nach B. Eine Dienstleistung, die auch in Zukunft gefragt sein wird.
- Mit Blick auf die gesamte Wertschöpfungskette ist die Digitalisierung Ermöglicher einer Mobilitätswende. Eine intermodale Mobilitätsplanung verbindet Verkehre jeder Art mit der Raumsituation vor Ort. Aus Parkleitsystemen können auch dadurch Mobilitätsleitsysteme werden, die die Auswahl des bestmöglichen Verkehrsmittels erleichtern. Statt Fahrverboten für einzelne Straßen oder Stadtteile lenkt der städtische Algorithmus den Verkehr. Die bisherige Hemmschwelle potenzieller Kunden des ÖPNV wegen intransparenter, unklarer und gefühlt überhöhter Ticketpreise verschwindet hinter einem einfachen Tarif. Digital ist das Ticket leicht kaufbar und der Datenschutz ist durch die städtische App auch gewährleistet.

Aktuell erhöhen einige moderne Ansätze nicht unmittelbar die notwendige Wirtschaftlichkeit. Auch Technologien und Konzepte, die derzeit viel Aufmerksamkeit durch Medien, Öffentlichkeit und Politik erhalten, bringen heute nicht unbedingt zusätzliche Einnahmen; einige sind mit Zusatzkosten verbunden. Schon jetzt aber bringen manche dieser Ansätze Vorteile außerhalb der Rentabilität mit sich, RidePooling kann beispielsweise auch ohne autonome Fahrzeuge dabei helfen, ländliche Regionen an das Netz anzubinden („connecting the rural"). Andere Ansätze haben strategischen Nutzen als Wegbereiter für das Umsetzen weiterer Ansätze. Dazu gehören beispielsweise MobilityasaService-Konzepte, durch die Daten gewonnen werden, die als Grundlage für das Nutzen von Echtzeitdaten und die damit verbundene Verkehrssteuerung erhoben werden können. Diese intermodalen Plattformen ermöglichen es Verkehrsbetrieben also, Kapazitäten zu steuern und insbesondere den Zugriff auf die wichtige Kundenschnittstelle und die damit zusammenhängenden Daten zu behalten. Durch Werbung und Provisionen anderer Anbieter können die Verkehrsbetriebe zudem zusätzliche Einnahmen generieren.

4.8   Klassischer ÖPNV und Neue Angebote – Entlasten, Ersetzen, Ergänzen

In der Diskussion der letzten Jahre spielten neue Geschäftsmodelle als Wettbewerber des klassischen Taxi- und Mietwagenverkehrs und neue On-Demand-Angebote eine große Rolle. Die größte Befürchtung war dabei die Kannibalisierung bestehender ÖPNV-Angebote. Eine Untersuchung des Wissenschaftszentrums Berlin zu einem Anbieter hat gezeigt, dass das Potenzial von Ride-Pooling-Diensten in dem Angebot von Tür-zu-Tür liegt. Das mache das Leben ohne eigenen Pkw attraktiver. Dies wiederum stärkt die Nachfrage des ÖPNV insgesamt.

Dennoch sehen Kritiker in diesen neuen Angeboten Gefahren für den ÖPNV, insbesondere als Angebote zwischen dem (höheren) Taxifahrpreis und dem (in der Regel günstigeren) ÖPNV-Ticket bei unterschiedlichem Komfortlevel.

On-Demand-Angebote, Ride-Pooling und andere Geschäftsmodelle können in der Hauptverkehrszeit entlasten, sie können in Tagesrandlagen kostenintensive Linienverkehre ersetzen und Linienverkehre unzureichend angebundener Stadtgebiete ergänzen. Dazu bedarf es einer innovativen Verkehrsplanung und kooperativer Zusammenarbeit zwischen öffentlichen und privaten Betreibern.

4.9 Regulierung schützt nicht nur Verbraucher und den Status Quo

Mit Regelungen aus dem Personenbeförderungsrecht, Datenschutz, Wettbewerbs- und Kartellrecht, der Straßenverkehrsordnung und vor allem den vergaberechtlichen Spezialvorschriften ist die Mobilität überdurchschnittlich reguliert. Das hat vor allem mit Schutz zu tun: Schutz der Verbraucher vor mangelhaften und unsicheren Angeboten, Schutz der Arbeitnehmer durch notwendige Ausbildungen sowie Fort- und Weiterbildungen, Schutz der öffentlichen Finanzen, Schutz der öffentlichen Ordnung und vieles mehr. Die aktuelle Diskussion um die Reform des Gesetzes zur Personenbeförderung (PBefG) zeigt: Es wird nicht im Sinne einer Realisierung neuer Geschäftsmodelle gedacht, sondern es geht um die Bewahrung des Status quo. Deshalb ist es wichtig, dass diese Diskussion zu einem Ergebnis führt, dass neue Geschäftsmodelle nachhaltig und im Sinne einer Mobilitätswende der Städte ermöglicht. Aber nicht nur diese Regelungen brauchen einen Neustart. Immer mehr Menschen in der Stadt setzen auf das Fahrrad und das Zu-Fuß-gehen. Die bisherigen Reformen der Straßenverkehrsordnung haben das erst in den letzten Jahren wirklich aufgegriffen. Themen wie eine Verpflichtung des eigenen Schutzes oder der Nutzung von Fahrradwegen müssen in einer groß angelegten Debatte über Mobilität in der Stadt und zu Ergebnissen geführt werden. Dazu gehört dann auch die Frage, wie künftig welche Verkehre wie von einer Stadt rechtlich vergeben werden. Dabei ist wiederum die Kundensicht fundamental. Es kommt nicht auf das einzelne Verkehrsmittel an, sondern auch den Verkehrslebensraum der Einwohner*innen und deren Bedürfnisse. Dann ist auch Intermodalität wirklich möglich.

4.10 Alles ist ohne Geld nichts – Neue Wege der Finanzierung

Im „Neuen Normal" mit COVID-19 und den Folgen für die Wirtschaft sind zeitnah Unterstützungsmaßnahmen für die Automobilindustrie, Lufthansa, Deutsche Bahn und den ÖPNV thematisiert worden. Besonders die Debatte um „Abwrackprämie" versus „Mobilitätsprämie" zeigt, dass es längst darum geht, verschiedene Ziele im Kontext der Mobilität der Zukunft in Einklang zu bringen. Grundsätzlich ist davon auszugehen, dass uns diese Zielkonflikte, und zwar völlig COVID-19-unabhängig, die nächsten Jahre weiter begleiten werden.

Bei der ÖPNV-Finanzierung waren sich Bund und Länder über Parteigrenzen hinweg einig. Vor dem Hintergrund des Ausmaßes der Einnahmeeinbrüche, war schnell klar, dass finanzielle Hilfen von staatlicher Seite notwendig sei würden. Kommunale Verkehrsunternehmen, Städte und Gemeinden konnten das nicht eigenständig stemmen. Der Bund schaffte deshalb im Rahmen seines Konjunkturpaketes im Juni einen „ÖPNV-Rettungsschirm" in Höhe von 2,5 Mrd. EUR. Anfang August genehmigte die EU-Kommission diese Finanzhilfen. Allerdings erstreckte sich der definierte Schadenszeitraum für die Ausgleiche lediglich auf den Zeitraum vom 1. März bis 31. August 2020. Antragsberechtigt waren öffentliche und private Verkehrsunternehmen des ÖSPV und SPNV, Aufgabenträger und Verbünde. Für die Durchführung, Überprüfung und Auszahlung der Beihilfen auf Grundlage der Bundesrahmenregelung waren die Bundesländer zuständig. Inzwischen waren in vielen Bundesländern außerdem eigene ÖPNV-Rettungsschirme zur Ergänzung der erwarteten Bundesmittel aufgespannt. Eine wirkliche Co-Finanzierung, wie mit dem Bund vereinbart, kam dabei jedoch nicht zustande.

Im Rahmen der vereinbarten Finanzhilfen wurde ein Schlüssel zur Verteilung der Bundesmittel entwickelt und benötigte Prämissen zur Anspruchsberechtigung wurden definiert. Dabei waren die unterschiedlichen Interessen der Aufgabenträger und Verkehrsunternehmen zu berücksichtigen. In Betracht kam dabei der Verteilungsschlüssel nach § 5 Abs. 11 RegG (§ 7 Abs. 2 RegG). Entsprechende Landesregelungen wurden für die Verteilung der Finanzmittel der Länder vorgenommen.

Dabei sollten auch Verkehre mit klassischen Verkehrsverträgen nach Ausschreibungen und Verkehre, deren Finanzierung auf Allgemeinen Vorschriften beruhen, ausgleichsberechtigt sein. Inwieweit eigenwirtschaftliche Verkehre, die immer noch eine große Rolle im ÖSPV spielen, ausgleichsberechtigt sind, wurde nicht abschließend geregelt. Teilweise wurde formuliert, dass nur über das Instrument der Notvergabe eine Finanzierung rechtssicher erfolgen könne.

Was hingegen konkret gefördert werden konnte, ist Gegenstand der sogenannten Muster-Erstattungsrichtlinie. Durch sie sollte geholfen werden, die entstandenen Schäden auszugleichen. Schäden in diesem Sinne sind insbesondere Fahrgeldeinnahmen, Erstattungsleistungen nach SGB IX und andere Einnahmesurrogate. Dabei ist das Ziel, im föderalen System bundeseinheitliche Standards des Ausgleichs zu entwickeln und umzusetzen. Das „Ob" soll also einheitlich sein, das „Wie" der Umsetzung obliegt den einzelnen Ländern.

Trotz dieser und anderer Anstrengungen werden die Auswirkungen auf die öffentlichen Haushalte insgesamt und insbesondere für die Kommunen dramatisch sein: Einnahmen brechen weg, allen voran die Gewerbe- und Einkommensteuern. Gleichzeitig steigen die Ausgaben für finanzielle Hilfen, zum Beispiel für soziale Leistungen. Der Deutsche Städte- und Gemeindebund rechnet mit einem kommunalen Haushaltsausfall in zweistelliger Milliardenhöhe. Damit fehlen den Städten und Gemeinden absehbar Spielräume für notwendige Ausgaben, zum Beispiel für zusätzliche Verkehre vor Ort. Auch ein gewisser Handlungsspielraum für den Ausgleich der Differenz zwischen Kosten-deckungsgrad und den tatsächlichen Kosten ihrer Verkehrsunternehmen geht verloren.

Aus dieser Gesamtlage ergibt sich eine neue Bedeutung der Wirtschaftlichkeit – zumal nur durch Effizienzgewinne weitere Ziele der Mobilitätswende realisiert werden können. Die Verkehrsunternehmen werden dazu eigene Beiträge leisten müssen, vor allem, wenn die Fahrgastzahlen nicht nachhaltig auf Vorkrisenniveau ansteigen.

Das gilt auch für die Fragen der Finanzierung der Mobilität insgesamt. Im Kern geht es darum, ob künftig der einzelne Nutzer stärker seinen Anteil an den direkten und indirekten Kosten der Mobilität leistet oder ob bestimmte Anteile dieser Kosten vom Staat getragen werden. Wenn die öffentliche Hand das übernimmt, zahlt letztendlich der Steuerzahler unabhängig von dessen persönlichem Mobilitätsverhalten. Konkrete Belastungen wie eine City-Maut können Verhaltensweisen verändern. Eine kilometer-abhängige Gebühr für eine Straßennutzung kann – wenn sie zu weniger Nutzung führt – positive Effekte auf Staus, Lärm und Emissionen haben. Hier lassen sich diverse Modelle finden, zum Beispiel eine Differenzierung zwischen der Haupt- und Nebenver-kehrszeit, etwa um Pendler zum Umstieg zu bewegen. Grundsätzlich aber gilt: Diese Instrumente werden nur erfolgreich sein, wenn sie mit einer weiteren Verbesserung des öffentlichen Angebots einhergehen. Ähnliches gilt für eine konsequente Parkraumbewirt-schaftung zur Steuerung des Individualverkehrs und einer Co-Finanzierung des ÖPNV. Auch eine Subjektförderung wäre ein denkbarer Ansatz. Dabei werden in der ÖPNV-Finanzierung, Beispiel Schülerbeförderung, fehlende Einnahmen durch dauerhafte Zahlungen ausgeglichen. Berechtigte Schüler und Eltern erhalten dann eine Zahlung, die diese wiederrum für unrabattierte Jahrestickets der Schüler verwenden.

4.11 Ansätze für Lösungswege

Die Zukunft der städtischen Mobilität entscheidet wesentlich über den Erfolg einer Mobilitätswende. Dafür sind in den unterschiedlichen Handlungsfeldern Maßnahmen notwendig. Erst starke Akteure können gemeinsam intermodal erfolgreich sein.

- **Mobilität interdisziplinär denken.** Es geht nicht nur um die Mobilität des einzelnen oder der städtischen Gemeinschaft. Es geht um das Wohnumfeld, die Arbeitsplatz-situation, die Möglichkeiten der Freizeitgestaltung und die Bedeutung der Mobilität für die aufzubringende Energie vor Ort.
- **Konsequent vom Kunden denken.** Dazu gehören die Interessen der Stammkunden genauso wie das Schaffen von Begeisterung potenzieller Neukunden.
- **Konsumausgaben umlenken.** Seit Jahren gibt der durchschnittliche deutsche Haus-halt rund 350 EUR im Monat für seine Mobilität aus. Wer auf Nutzerfinanzierung setzt und neue Mobilität als Geschäftsmodelle rentabel etablieren will, muss beim Konsumenten zusätzliche Zahlungsbereitschaft und eine Neuverteilung seiner bis-herigen Ausgaben hervorrufen.

- **Vertrauen in den öffentlichen Verkehr neu gewinnen.** Das „Neue Normal" mit der COVID-19-Pandemie verlangt hier einen Schwerpunkt. Das gilt für die Hygiene, die Verlässlichkeit und die Nachhaltigkeit des öffentlichen Verkehrs.
- **Fortbewegungsmöglichkeiten versöhnen.** Die Zahl der Unfälle, Rüpeleien und Konflikte führt dazu, dass Medien immer wieder das Bild vom „Kampf auf den Straßen" zeigen. Es braucht klare Regeln und klare Sanktionierung bei Verstößen. Und es braucht ein neues „Seid nett zueinander".
- **Kooperationen fördern.** Kirchturmdenken hilft nicht weiter. Wenn jeder Betreiber und Organisator von Mobilität seine eigene Plattform baut, wird am Ende keiner erfolgreich sein. Gemeinsam stärker – dieses Denken wird immer bedeutsamer.
- **Neue Ideen zulassen,** auch um den Preis des Scheiterns. Von Infrastruktur über Logistik im urbanen Raum bis zu Drohnentaxen und anderer Beförderung – hunderte von Start-ups arbeiten in Deutschland und Europa an Themen der Mobilität der Zukunft. Hier können Städte sich zu Laboren, zu Testfeldern weiterentwickeln und ihrer Bevölkerung Neues bieten.
- **Bedingungen optimieren.** An vielen Stellen könnte zum Beispiel städtische Infrastruktur eine schnell zunehmende Frequentierung der Angebote gar nicht abbilden. Das gilt für die Kapazitäten des ÖPNV genauso wie für mehr Elektromobilität. Deshalb muss es eine massive Ausweitung von Lade- und digitaler Infrastruktur und eine Optimierung der ÖV-Infrastruktur geben.
- **Regulierung als Ermöglichung nutzen.** Es fehlt ein Mobilitätsgesetzbuch in Analogie zum Bürgerlichen Gesetzbuch. Hierin sollten alle Vorschriften gebündelt werden, die städtische Mobilität umfassen und die Schnittstellen definieren. Entsprechend anderer Gesetzesbücher kann es vom Gesetzgeber wegen neuer Entwicklungen oder Erkenntnissen rechtssicher angepasst werden. Dabei geht es um Beispiele wie den Mobilitätsfaktor Parkraumbewirtschaftung auf der Schnittstelle zum Flächengebrauch oder den Faktor Abstellen von Leihfahrrädern und eScootern auf der Schnittstelle zum Straßen- und Wegerecht. Dabei geht es aber vor allem um Geschäftsmodelle, die sich aus den neuen digitalen Möglichkeiten – vom automatisierten Fahren bis zur Mobilitätsplattform – ergeben und die für eine Mobilität für alle in der Stadt und die Wirtschaftskraft der Städte insgesamt wichtig sind.

Literatur

Agora Verkehrswende (2017). 12 Thesen

Bernhart, W. (2019). E-Mobilitätsindex 2019, Roland Berger.

BMVBS (durch infas) (2009). Mobilität in Deutschland 2008.

Canzler, W., Knie, A., Ruhrort, L, & Scherf, C. (2018). Erloschene Liebe? Das Auto in der Verkehrswende.

Edenhofer, O., & Jakob, M. (2019). Klimapolitik.

Hagebölling, L., & Josipovic, N. (Hrsg.) (2018). Herausforderung Mobilitätswende.

Henzelmann, T., & Schönberg, T. (2017). Urbane Mobilität 2030, Roland Berger.

Knie, A., & Ruhrort, L. (2020). Ride-Pooling-Dienste und ihre Bedeutung für den Verkehrs.
Meyer, G., & Shaheen, S. (2017). Disrupting Mobility.
Rammler, S. (2017). Volk ohne Wagen.
Rushkoff, D. (2016). Throwing rocks at the google bus.
Scherf, C. (2018). Volle Fahrt a la carte? Mobilitätskarten als Vermittlungsversuche zwischen den
    sozialen Welten.
Schönberg, T. (2019). Nahverkehr rechnet sich, Roland Berger.
Tillemann, L. (2015). The great race.
Zukunftsinstitut (im Auftrag des ADAC) (2017). Die Evolution der Mobilität.

Alexander Möller, Rechtsanwalt, seit 2019 Senior Partner der Strategieberatung Roland Berger
GmbH im Competence Center Transportation, das die Branchen Öffentlicher Verkehr/Mobilität,
Reise/Tourismus und Logistik/Güterverkehr bündelt. Zuvor war Möller von 2015 bis 1018 Mit-
glied der Geschäftsführung des ADAC e. V., zuständig u. a. für die Bereiche Mobilität, Technik,
Reise/Tourismus, Verbraucherschutz und Mitgliedschaft sowie Kommunikation und Marketing.
Von 2006 bis 2014 war er Führungskraft der Deutschen Bahn, zuletzt 2012 bis 2014 als CEO
der DB Regio Bus Nord zuständig für das Busgeschäft der Deutschen Bahn in Niedersachsen,
Schleswig-Holstein, Hamburg und Bremen. Von 2006 bis 2014 war er Mitglied diverser Gremien
und Organe des Nahverkehrs sowie zwischen 2003 und 2006 Mitglied diverser Unternehmen und
Institutionen der Landeshauptstadt Kiel.

Urbane Post-Corona-Mobilität

5

Resiliente Unternehmens- und Stadtentwicklung zwischen
Neuer Arbeit und Neuer Mobilität und die Gesundheitsfolgen
– Ein Trendcheck mit Thesen

Stephan A. Jansen

„Wenn wir aus dieser Krise herauskommen,
  werden es die Menschen nicht mehr akzeptieren,
  schmutzige Luft zu atmen.

Die Bürger würden sagen:
  ́Ich stimme den Entscheidungen der Gesellschaften nicht mehr zu,
  wo ich solche Luft atmen muss, wo mein Baby deswegen Bronchitis bekommt.

Erinnert Euch doch, Ihr habt für dieses Covid-Ding alles gestoppt,
  aber jetzt wollt Ihr, dass ich wieder schlechte Luft atme. ́"

Emmanuel Macron, Financial Times, 16. April 2020

5.1   Urbane Verkehre und COVID: Studienlage

Die Studie eines Forscherteams vom Department of Biostatistics der Harvard T.H. Chan
School of Public Heath vom 5. April 2020 verknüpfte die langjährige Belastung von
Menschen durch Feinstaub (bei maximaler Größe von 2,5 μmn (PM2.5)) mit der Rate

S. A. Jansen (✉)
Digital Urban Center for Aging & Health (DUCAH), Alexander von Humboldt Institut für
Internet & Gesellschaft (HIIG), Berlin, Deutschland
E-Mail: stephan.jansen@bicicli.de

© Der/die Autor(en), exklusiv lizenziert durch Springer Fachmedien Wiesbaden GmbH,   79
ein Teil von Springer Nature 2021
W. Schulz et al. (Hrsg.), *Mobilität nach COVID-19*,
https://doi.org/10.1007/978-3-658-33308-9_5

an COVID-19-Todesfällen in den USA: „Die Resultate deuten darauf hin, dass Langzeit-Exposition mit Luftschadstoffen die Anfälligkeit für die schwersten COVID-19-Folgen erhöht", so die Autoren.[1] Es geht hier also nicht um das Verursachen, sondern um das Erhöhen der Wahrscheinlichkeit.

Es gilt durch vielzahlige, aber meist kleinzahlige Studien als belegt, dass das Risiko, an COVID-19-Folgen zu sterben höher ist, wenn die Patienten bereits Vorerkrankungen hatten – und die Belastung des Atemsystems durch Luftverschmutzung gehört dazu. Die „Burden of Disease Study" der Fachzeitschrift *The Lancet* geht noch weiter: weltweit könnte Feinstaub mit 4,2 Mio. vorzeitigen Todesfällen zusammenhängen.[2] Die Autoren schreiben sogar, der Schadstoff „verursache" den Verlust an Leben, was eine starke Aussage in den sonst durchdacht-vorsichtigen Ausdrucksweisen von Epidemiologen ist.

Feinstaub-Partikel stammen nur zum Teil aus dem Verkehr, und dort vor allem aus dem Abrieb von Reifen und Bremsen. Weitere Quellen sind Kraftwerke und Fabriken, Felder und Ställe, Öfen und Heizungen. Ein wesentlicher Anteil wird im urbanen Kontext aber hier in durchaus moralisierten Diskursen den Verbrennungsmotoren bzw. den Abrieben zugeschrieben, sodass weltweit eine pandemieseitige Unterstützung der bisher eher noch zaghafteren klimapolitisch begonnenen urbanen wie betrieblichen Verkehrswende erkennbar wurde. Diese Wende ist eine Wende, die nur mit den Landwirtschafts- und Energiewenden einhergehen kann, wenn es eine Klima- und Gesundheitswende werden soll.

5.2   Neue Luftigkeit in Städten: Ideen statt Ideologien

Den rechtlichen Rahmen für die deutsche Luftreinhaltepolitik gibt die 2008 beschlossene EU-Richtlinie 2008/50/EG über Luftqualität und saubere Luft in Europa vor. 2010 wurde die Richtlinie in deutsches Recht übertragen. Die Einhaltung hier war in Deutschland aus naheliegenden Gründen keine Priorität. Bürgermeister*innen sehen durch COVID-19 ihre Verantwortung für ihre Bürger*innen – ob in der Lombardei, in London oder New York – und setzen auf Konjunkturprogramme mit besserer Luft.

Frankreichs Präsident Macron war früh sehr klar, aber auch viele Bürgermeister der stark betroffenen Regionen sprachen das aus, was viele schon ahnten: „Wenn wir aus dieser Krise herauskommen, werden es die Menschen nicht mehr akzeptieren, schmutzige Luft zu atmen." Guiseppe Mala, Bürgermeister von Mailand, sieht eine besondere Verantwortung der Bürgermeister. Er leitet eine Arbeitsgruppe zu den Konjunkturprogrammen, „dass unsere Städte aus der Krise als gesündere, gerechtere und

[1]Xiao W and Rachel C N et al. (2020) Exposure to air pollution and COVID-19 mortality in the United States, https://projects.iq.harvard.edu/files/covid-pm/files/pm_and_covid_mortality.pdf (21.08.2020).
[2]Vgl. dazu alle Studien und Erhebungen unter https://www.thelancet.com/gbd (21.08.2020).

nachhaltigere Orte zum Leben herauskommen." Dies sagt er als betroffener Politiker aus der Lombardei, wo er vor Ort die schlechte Luftqualität und die regional überdurchschnittlichen COVID-19-Todeszahlen beobachten musste. Und auch in China ist die Zivilgesellschaft genau bei der Luftreinhaltung am spürbarsten aktiv.

Die deutsche Nationalakademie Leopoldina empfahl 2019 „eine bundesweite, ressortübergreifende Strategie zur Luftreinhaltung, die neben Stickstoffdioxid sowie primärem und sekundärem Feinstaub weitere Schadstoffe und Treibhausgase aus allen Quellen berücksichtigt".[3]

Diese ressortübergreifende Strategie fehlt, aber bei der Verkehrswende gilt mehr oder minder die gleiche Maxime international: Bürgermeister*innen statt Bund!

5.2.1   Prä-pandemische kommunale Mobilitätsstrategien

Das RWI in Essen hatte in der 2019 veröffentlichten Studie die Präferenzen und Einstellungen zu vieldiskutierten verkehrspolitischen Maßnahmen von Bürgern aus einer Erhebung vom Jahr 2018 eine interessante Übersicht zusammengestellt, aus der sich eine Erkenntnis und eine Überraschung ergab (siehe Abb. 5.1[4]).

Die Bürger haben keine Präferenzen für die Themen, die Städte gerade deswegen ändern werden: 1. Parkraumbewirtschaftung inkl. Anwohnerparkausweis, 2. Verbote von Verbrennungsmotoren vor 2035 und 3. autofreie Innenstädte. Überraschend indes: der Ausbau von Radwegeanlagen auch auf Kosten von Autoparkplätzen weist eine vergleichsweise hohe Zustimmung auf – weniger als ein Drittel ist dagegen.

Und in der Tat drehten die Städte schon vor Corona planerisch an dem größeren Rad der Interventionen zu einer urbanen Verkehrswende. Nicht alle gingen schon so weit wie die Berliner Regierung mit dem Mobilitätsgesetz, dass den Umweltverbund infrastrukturell investiv erstmals in Deutschland absicherte wie bisher nur das Auto – vorbereitet durch zivilgesellschaftliche Prozesse eines „Volksentscheides Fahrrad". Mit dem daraus hervorgegangenen Verein *Changing Cities* wird dies nun in weitere Städte übertragen.

5.2.1.1 Interventionen mit Blick auf die Verkehrswende allgemein
Eine unabgeschlossene Listung aus unseren wissenschaftlichen Beratungsprozessen und Umsetzungsprojekten mit vielen Städten:

---

[3]Leopoldina (2019) Saubere Luft – Stickstoffoxide und Feinstaub in der Atemluft: Grundlagen und Empfehlungen. Ad-hoc-Stellungnahme April 2019. https://www.leopoldina.org/uploads/tx_leopublication/Leo_Stellungnahme_SaubereLuft_2019_Web_03.pdf (21.08.2020).

[4]Andor, MA (2019): Präferenzen und Einstellungen zu vieldiskutierten verkehrspolitischen Maßnahmen: Ergebnisse einer Erhebung aus dem Jahr 2018, https://www.rwi-essen.de/media/content/pages/publikationen/rwi-materialien/rwi-materialien_131.pdf (21.08.2020).

Abb. 5.1 Kommunale verkehrspolitische Maßnahmen und ihre. (Quelle: RWI 2019, S. 8)

- Neue verkehrsplanerische Auflagen für Neubauprojekte: Umdrehung der Autostell-platz-Nachweise: Von Nachweis- auf Vermeidungs-Pflicht.
- Einfahrverbote für Verbrennungsmobilität: In vielen europäischen Städten bereits für die kommenden 10 bis 15 Jahre konkret verabschiedet.
- Keine Neuzulassung von Individual-Verbrenungsmobiltät wie in Singapur.
- City Maut: Vorreiter London.
- Parkraumbewirtschaftung: Einzug von Anwohnerparkausweisen wie in den Nieder-landen und raumgerechte Bepreisung z. T. zugunsten des ÖPNV.
- Attraktivierung der ÖPNV-Abos (z. B. das Wiener Modell 365 € pro Jahr).
- Privatisierung von Parkraum-Kontrolle wie in Berlin.
- Rückbau von Autostell-Flächen für Radwege- bzw. Radabstellanlagen.

- Ausbau und Elektrifizierung des ÖPNV wie in Shenzen, dort in acht Jahren vollständig umgesetzt.
- Stellung von Flächen von Stadt für Zentrallager für letzte autofreie Meile mit Lastenrädern wie in Berlin.
- Bahnhöfe als Mobilitätshubs: Parkierung, Aufenthaltsqualität, Multimodalität wie von der Deutsche Bahn Unit „Smart City|DB" im Erprobungsmodell.
- Wohnungsbau-Verdichtung für Nicht-Autofahrer: „Residential Mobility Hubs" wie von einigen deutsche Wohnungsbaugesellschaften in der Erprobung.

5.2.1.2 Beispiele aus Maßnahmen mit Blick auf den Klimaschutz

Bis zum Jahresende 2019 waren es 68 Städte, die einen Klima-Notstand ausgerufen hatten. Darunter Konstanz als erste Stadt überhaupt, Berlin als erstes Bundesland und mit Geschichtsbewusstsein verabschiedete zuletzt auch München sprachlich angepasst als Überraschung eine Klima-*Notlage,* denn dort wird schon jahrelang die verwaltungsgerichtlich angeordnete Verabschiedung eines Luftreinhalteplans ignoriert.

Neben einer „Dringlichkeitsdemonstration" geht es um vor allem drei operative Maßnahmen im urbanen Raum:

1. Klimaneutrale Versorgung von Gebäuden,
2. Reduktion der CO_2-Emissionen im Bau und
3. mit dem größten und schnellsten Hebel: ein neues Mobilitätsmanagement durch Ausbau und Elektrifizierung öffentlicher Verkehrsmittel sowie Infrastruktur für CO_2-freie Transportmittel.

Es gibt mehr Geld und – interessanterweise – auch mehr Freiheiten:

1. Aus dem Bundesprogramm *„Lead City"* (2018–2020) für klimafreundlichen Verkehr in fünf Modellstädten,
2. aus der Straßenverkehrsordnung und
3. aus einem Ende 2019 gegründeten „Bündnis für moderne Mobilität" – vom Bundesverkehrsministerium, der Verkehrsministerkonferenz der Länder, dem Deutschen Städtetag, Deutschen Landkreistag und Deutschen Städte- und Gemeindebund. Die Ziele: Mehr Platz für umweltfreundliche Verkehrsmittel, Ausbau der flächendeckenden Infrastruktur für Radverkehr und die Einrichtung von Tempo-30-Zonen. Die Mittel dafür sind alle auf „Rekordniveau", wie der zuständige Minister nicht müde wird zu betonen, und die Kritiker nicht müde werden dürfen, diese als zu kurzfristig, kleinteilig und „feuerwerkartig" zu bezeichnen. Konkret: Anwohnerparkausweise, Parkraumbewirtschaftung, 30er-Zonen sind nun dort angelangt, wo es wichtig ist: auf dem (kommunalen) Platz – vor Ort, weg von Bundeshoheit.

Es sind bisher – auch aufgrund der Kürze der Zeit – kaum konkrete Maßnahmen erkennbar. Städte, die jetzt aktiv sind, waren es bereits – auch ohne „Notstand". Eine Auswahl:

- **Konstanz:** Der Pionier hat Historie. Bereits 2013 wurde der „Mobilitätsplan 2020 +" verabschiedet – mit 12 Handlungsfeldern für die Bodensee-Stadt an der Schweizer Grenze. Auffällig bereits damals: die Kooperation mit Anspruchsgruppen wie Unternehmen, Verbänden etc.
- **Kiel:** 100 Mio. EUR u. a. für die Aufstockung von Radwegen, die Umwandlung von Autofahrspuren, Maßnahmen gegen Dauerparken, die Elektrifizierung der städtischen Autoflotten, Carsharing sowie Flottenräder für die Verwaltung.
- **Augsburg:** Erste deutsche Mobilitätsflatrate für Bus und Straßenbahn und z. T. für Leihräder und Carsharing von den Stadtwerken in einem Abrechnungsmodell mit kostenloser Nutzung der Innenstadt-Zone.
- **Bonn:** Durch die Förderung aus dem Programm „Lead City" wurde das Wiener Modell des 365-EUR-Tickets eingeführt und – wegen auslaufender Förderung – nicht fortgeführt. Kritiker wie der VCD sprechen von „Amateurhaftigkeit". Andere Programme wie „Jobwärts", die Stadt, der Rhein-Sieg-Kreis und das Zukunftsnetz Mobilität (VRS) mit Arbeitgebern zielen hingegen auf innovative Pendlermobilität als Kernherausforderung von pendlerbedingt stark atmenden Städten.
- **Berlin:** Hier ist 2018 das erste deutsche Mobilitätsgesetz verabschiedet worden – aus der Zivilgesellschaft impulsiert und begleitet. Rad-, Fuß- und ÖPNV-Verkehr haben erstmals einen gesetzlichen Rahmen, den es für Auto-Infrastruktur immer schon gab.

5.2.2 (Post)-Pandemische Mobilitätstrends

5.2.2.1 Die Lockdown-Mobilität

Es sind zahlreiche Studien zur Veränderung des Mobilitätsverhaltens entstanden – die meisten nicht wissenschaftlich belastbar, viele von Beratungs- oder Produktdienstleistern wie Apple, Google oder anderen und daher methodisch fragwürdig, aber in der Tendenz eindeutig, wie auch das Forschungsvorhaben „MOBICOR" vom Bundesministerium für Bildung und Forschung (BMBF) als Gemeinschaftsprojekt von WZB, infas, MOTIONTAG, Nuts One und nexus auf Basis von 1508 Befragten über 16 Jahren zu belegen scheint:

70 % der Bevölkerung hätten nach dieser Erhebung ihr Mobilitätsverhalten während der Corona-Krise verändert. Interessant: Zwischen Altersgruppen sowie Stadt und Land bestünden kaum Unterschiede. Der Mobilitätsverzicht betrug überraschenderweise nur ca. ein Drittel – von 84 min auf 60 min pro Tag. Demobilisierung geht anders – trotz Home-Office, Dienstreisen-Totalausfall, Kurzarbeit, Kontaktbeschränkungen.

Aber der Verkehr verlagerte sich anhand anonymisierter Bewegungsdaten in einer ersten Studie vom 29. Mai 2020: Der ÖPNV sank um 50 %. Der Verband der Verkehrsunternehmen sah hingegen Rückgänge städtisch um insgesamt 75 % und im ländlichen Raum von 90 %.[5]

Autofahrten sanken in der ersten Lockdown-Woche nur um 16 %, insgesamt dann um 50 % ohne Dienstreisen, Wochenend-Ausflüge und Urlaube. Und der Krisengewinner? Das Rad: Während der gesamten Lockdown-Phase hatte es einen Zuwachs von 100 % (siehe Abb. 5.2)[6].

Parallel begann durch Abstandsgebote die Verlagerung von ÖPNV auf Auto und Rad. Gerade progressive und klimapolitisch aktive Städte haben die historische Chance genutzt: So wurden Corona-Popup-Bike-Lanes das global sichtbarste Phänomen der Corona-Mobilität – von Bogota bis Berlin, von London bis Paris. Die Rangliste in Abb. 5.3[7] ist nicht die Mortalitätsrangliste des Virus, sondern die Kilometerlänge der neu eingerichteten Radwegeanlagen. Aber zwischen beiden Rankings erkennt man einen deutlichen Zusammenhang.

5.2.2.2 Die Lockdown-Lockerungs-Mobilität

Von der seit Juni erfolgten Lockerung haben alle Verkehrsträger profitiert, besonders das Auto, und selbst der öffentliche Verkehr kam zurück. Der Autoverkehr hat sich viele Freiräume, die er vorübergehend dem Radverkehr überlassen hat, bereits jetzt zurückgeholt. Eine Ausnahme bilden die wenigen städtischen Fahrradstrecken, bei denen den städtischen Verkehrssenaten nicht ihr zwischenzeitlicher Mut versagt hat. Die Autoren der Studie von Infas, Motiontag und WZB sind prognostisch kritisch, was die Entwicklungen der klimapolitischen und eben pandemieresilienten Mobilitätstrends anbelangt. Dies scheint jedoch angesichts der noch nicht absehbaren Langzeiteffekte von New-Work-/Home-Office-Entwicklungen und den damit verbundenen Mobilitätskosten von Fahrzeugpools und Dienstwagen-Programme sowie der möglichen Rückkehr zum ÖPNV verfrüht bewertet.

So sind die Fuhrparkmanager im Umdenken, die Dienstwagen-Programme gegen Dienstrad-Programme getauscht, neue Headquarter-Bauten verschoben und auch die Regionalzüge so voll, wie sich dies das neue Staatsunternehmen Lufthansa nur wünschen könnte.

Und damit zeigt sich auch in dieser Studie die Ambivalenz, da der öffentliche Nahverkehr systematisch kein optionaler Verkehr ist: „Zwei Drittel der ÖPNV-Wege werden

---

[5]Zur Stellungnahme: https://www.vdv.de/presse.aspx?id=622f482c-7af4-4460-9dc9-a934ad3b1 007&mode=detail (21.08.2020).

[6]Siehe Infas, Motiontag, WZB (2020): Verkehr gewendet? Ergebnisse aus Beobachtungen per repräsentativer Befragung und ergänzendem Mobilitätstracking bis Ende Juni Ausgabe 31.07.2020, https://www.infas.de/fileadmin/user_upload/MOBICOR_Mobilitätsreport_2_202008017.pdf, S. 9 bzw. 10 (21.08.2020).

[7]Lewis, L, Shepherd, C (2020) Bicycles enjoy boomtime in changed transport landscape, Financial Times, 31.07.2020 https://www.ft.com/content/701599ae-4d64-4128-a56a-2b836a492216 (21.08.2020).

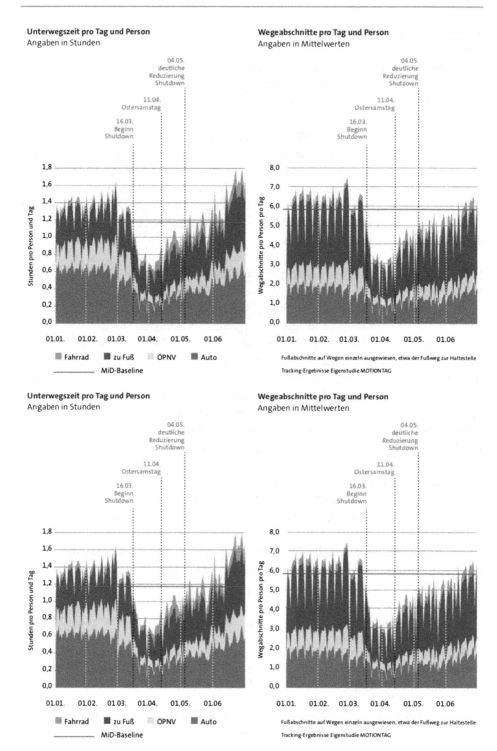

Abb. 5.2 Mobilitätsverhaltensänderung 01.01. – 31.07.2020

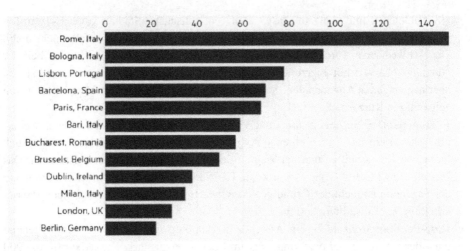

Abb. 5.3 Kilometerzahl von Pop-Bike-Lanes in ausgewählten Städten

von Personen zurückgelegt, in deren Haushalt kein Auto zur Verfügung steht oder bewusst auf dieses verzichtet wird. Jeder zehnte Befragte gibt an, aktuell den ÖPNV grundsätzlich zu meiden und stattdessen lieber auf Wege zu verzichten. 20 % fahren nun lieber Rad als auf Bus oder Bahn zu setzen (Vgl. Fn 6. S. 28)"

5.2.2.3 Die Resilienzfähigkeiten der sogenannten „Neuen Mobilität"

Das nüchterne Ergebnis für die mit hohem Risikokapital anfinanzierten Anbieter: keine Pandemiefähigkeit. Befund: nicht an, sondern mit Corona im Sterben. Alle eScooter-, E-Moped-, Carsharing-Anbieter wie Rufbusse hatten Kurzarbeit angemeldet und bis auf wenige den Betrieb ganz eingestellt. Der Unterschied zwischen Verkäufern und Verleihern von Mobilitätsmitteln wurde deutlich: Verleiher, die schon vorweg mit einem profitablen Geschäftsmodell gerungen haben, haben keinen nachholenden Konsum, während Autos und auch Räder später – ob Kontaktsperre oder Gehaltseinbußen durch Kurzarbeit oder nicht – diesen aufweisen.

Solange ein Ansteckungsrisiko besteht, meiden viele Menschen nicht nur die öffentlichen Verkehrsmittel, sondern auch Sharingdienste, seien es Autos, eScooter oder Shuttle-Busse. Die hygienischen Maßnahmen wurden nach eigenen Angaben der Anbieter intensiviert, aber alle Sharing- und Ride-Pooling-Anbieter haben mit rückläufigen Buchungen zu kämpfen – und der Treiber war der Rückgang des Tourismus, da für einige Sharing-Angebote Touristen die Haupt-Zielgruppe waren. Viele pausieren ihre Dienste, andere setzen auf Alternativangebote.

Ein Überblick (eigene Zusammenstellung):

- **E-Tretroller:** Sie sind aus dem Stadtbild nahezu verschwunden, was viele der zugenommenen Spaziergänger durchaus wohlwollend zur Kenntnis nahmen.

US-Anbieter Lime hat in fast allen europäischen Städten die E-Tretroller pausiert. Uber (*Jump*) und Bird (*Circ*) verleihen vorübergehend ebenfalls nicht mehr. Der schwedische *Voi* reduzierte seine Flotte und empfiehlt Handschuhe bei der Nutzung. Nur *Tier* bot hierzulande überhaupt noch an – nähert sich wirtschaftlich aber nach eigenen Angaben der „Schmerzgrenze" an. 60 % der Tier-Mitarbeiter waren zeitweilig in Kurzarbeit.

- **E-Mopeds:** Der Berliner *Emmy* setzt verstärkt auf Helmhygiene und bietet weiterhin den Verleih an – nach eigenen Angaben mit einem Rückgang von 50 %. Auch hier stehe Kurzarbeit an und bei Wegfall der Sommersaison wird es existenziell. Das Modell von Bosch – Coup – wurde an Tier verkauft. Ein kommerzieller Erfolg vor der Pandemie ist nicht der Grund gewesen, wie Bosch in einer denkwürdigen Presseerklärung zur Einstellung kommunizierte.
- **Ride-Pooling:** *Moia* stellt sein Angebot in Hamburg und Hannover vorübergehend ein – der Rückgang der Nachfrage war im Lockdown zu stark. Kurzarbeit für die 900 Beschäftigten wurde beantragt. Der Pooling-Fahrdienst *Clevershuttle* – finanziert u. a. von der Deutsche Bahn AG – hat zunächst in einigen Städten Kurzarbeit beantragt und dann den Betrieb in Berlin, Dresden und München nun endgültig eingestellt, nachdem im Jahr zuvor bereits Stuttgart, Hamburg und Frankfurt nicht mehr bedient wurden. In der Flotte solle das London Cab vom Hersteller LEVC verstärkt zum Einsatz kommen – da es über eine Glas-Trennscheibe zwischen Fahrer und Fahrgast verfüge.
- **Rufbusse:** Der Berliner On-Demand-Rufbus *Berlkönig* hatte bis 19. April den Betrieb eingestellt und bot kostenlose Fahrten ausschließlich für medizinisches und pflegerisches Personal an.
- **Carsharing:** Hier gab es offenbar mehr Zuversicht – oder weniger Parkraum außerhalb von Städten. Der kilometerbasierte Carsharer *Miles* blieb bei sinkender Nachfrage weiterhin mit 2000 Fahrzeugen auf den Straßen. Bei den fusionierten Pionieren *Share Now* (DriveNow & Car2Go) lief der Betrieb weiter. So blieb auch die Volkswagen-Tochter *Weshare* mit voller Flotte am Straßenrand.

5.2.2.4 Zwischenfazit:

5.2.2.5 Post-Corona-Mobilität ist noch nicht prognostizierbar – aber gestaltbar

Die schnelle Renaissance des Individual-Autos, die medial beschworen wurde, wird in post-coronalen Zeiten nochmals zu verproben sein. Wenn man sich an Spaziergänge und Radfahren genauso wie an funktionierende Videokonferenzen gewöhnt hat, dann mag man vielleicht sogar weniger Verkehr und weniger emissionsschädlichen Verkehr beobachten – mit der Freude an Bewegung, an Zeit und dann auch wieder am ÖPNV.

Und der ÖPNV braucht einen intelligenteren Rettungsschirm mit Waggondesign-Innovation – denn er bleibt im Umweltverbund der Rettungsschirm des Klimaschutzes. Während Monatsabos nun neu bepreist werden, brauchen auch Dienstwagen neue

Nutzungskonzepte, wenn sie nun Home-Office-bedingt noch länger als bis vor Corona 23 h am Tag stehen.

Und die wichtigen anderen Treiber wie Gesundheit und Wohnen sind in den disziplinären Studien unterberücksichtigt. Diese kommen aus klugen Städten und klugen Unternehmen nun selbst.

5.3 Gesundheit und Glück als Leitmotiv der Mobilitätswende – Unterschied zwischen Verkehr und Bewegung

Udo Lindenberg hat die Kalenderweisheit nochmals vertont: Eigentlich sind wir ganz anders, aber wir kommen nur so selten dazu. Nirgendwo scheint sich das mehr als bei den Mobilitäts- und Ernährungsritualen zu bewahrheiten. Und das ist archaisch nachvollziehbar – denn wir sind Jäger und Sammler von Essen und Esser des Gejagten und Gesammelten. Deswegen sind wir in der Moderne übergewichtig und unterbewegt. Während der Corona-Pandemie kam im Lockdown die Studie, die Unternehmen und Städte aufrütteln könnte. Denn die Zukunft der Stadt ist nicht eine digitale *Smart City,* wie auch die Mutter von *Google Alphabet* bei ihrer *Tochter Side Walk Labs* einsehen musste, sondern eine gesunde Stadt.

In einer Studie zur Gesundheit von 300.000 Pendler*innen aus dem Erhebungszeitraum von 1991 bis 2016 in England und Wales von der Cambridge University und dem Imperial College London, wurden Ergebnisse ermittelt, die alle Meta-Studien der letzten Jahre erneut bestätigten. Hier einige Indikatoren für Radpendler im Vergleich zu Autopendlern:[8]

- Frühsterblichkeitsrate: minus 20 %
- Krankenfehltage: minus 25 %
- Krebserkrankungen: minus 16 %
- Weitere Krankheitsrisiken (v. a. Herzkranzgefäße, Diabetes, Adipositas, Herzinfarkt, Schlaganfall): minus 24 %

Das Radfahren ist mit Abstand die gesündeste Form des Pendelns (noch vor dem Fußverkehr) und führt zur nachweislichen Steigerung der Konzentrationsfähigkeit und des Wohlbefindens. Starke Effekte sind bei „Bewegungsvermeidern" zu verzeichnen, die auf E-Bikes umsteigen. Der ÖPNV schneidet hier schlechter als der Auto-Verkehr ab,

---

[8]Patterson, R (2020) Associations between commute mode and cardiovascular disease, cancer, and all-cause mortality, and cancer incidence, using linked Census data over 25 years in England and Wales: a cohort study, Lancet Planet Health, Vol 4 May 2020 https://www.thelancet.com/pdfs/journals/lanplh/PIIS2542-5196(20)30079-6.pdf (21.08.2020).

was vor allem an der Grippe-Saison liegt und erneut das Innovationsthema des ÖPNV adressiert.

Der Berliner Psychiater Mazda Adli hat in seinem Forschungsbereich „affektive Störungen" 2017 das Buch *Stress and the City* vorgelegt – und damit einen Vorläufer einer neuen Disziplin begründet: die Neuro-Urbanistik. Städte machen krank – in körperlicher wie psychischer Hinsicht – und tun dennoch gut, so seine These. Vor allem: Städte verändern unsere Gehirne. Die geistige Beweglichkeit des Hirns – wie die Depressionsanfälligkeit – hängt mit der physischen Bewegung ab.

Auch die Berliner Raum- und Stadtsoziologin Martina Löw hat eine Theorie der „Eigenlogik der Städte" entwickelt. Sie sieht in sinnlosen U-Bahn-Sprints, die in Berlin beim Umsteigen trotz kürzester Taktung üblich sind, einen Ausdruck des Tempomythos der Berlin-Alexanderplatz-Welt der 20er Jahre. In München wird bei deutlich langsamerer Taktung nämlich gemächlicher geschritten. Die Beweglichkeit von und in Städten beeinflusst unser Denken, Handeln und Fühlen. Die Großstadt verändert sogar Funktionsweise und Strukturen unseres Gehirns. Städte können uns auf die Nerven gehen. Albert Eulenburg, ein einflussreicher Neurologe und Geheimer Medizinalrat in Berlin, nannte dies 1902 die „Nervenhygiene in der Großstadt"[9].

Stress kommt durch rasenden Stillstand, also die autogerechte Stadt, die alle Verkehrsteilnehmer seit den 1960er Jahren empirisch langsamer gemacht hat – und das vor allem wegen der kurzen Distanzen mit den größer werdenden Autos: In den USA sind 70 % der Autofahrten kürzer als drei Kilometer, in deutschen Städten 50 % der Autofahrten unter fünf Kilometer. Also Rad- oder Fuß-Distanzen. Bis zu 30 % des Innenstadtverkehrs in Deutschland macht bereits der Parkplatz-Suchverkehr aus. 23 h stehen Autos still und nehmen uns die Bewegungsfreiheit für Leben, Wohnen und Gastronomie. Da der Platz fehlt, steigt die mietpreisinduzierte Pendelei aus den Vororten – mit sozialen Folgen: zehn Minuten Pendelei am Tag zusätzlich senken zehn Prozent des gesellschaftlichen Engagements und Ehrenamts, so das Ergebnis des renommierten Harvard-Forschers Robert Putnam.[10]

Und dazu kommt das Infrastruktur-Paradox von Städten: Weil wir uns das Leben in Städten nicht mehr leisten können – finanziell und gesundheitlich, ziehen wir raus und fordern die Infrastruktur für Autos, damit wir dennoch reinkommen und produzieren dann die Verkehre, die finanziell und gesundheitlich problematisch sind.

Aus der aktuellen Glücksforschung der Norwich Medical School kommt ein sich wiederholender Befund:[11] Morgendliche Fahrradpendler sind tagsüber am glücklichsten. Fußgänger kommen direkt danach – und zwar je länger sie laufen dürfen. Dann

---

[9]Eulenburg, Albert (1902): Nervenhygiene in der Großstadt. In: Die Woche 4, 265–275.)

[10]Putnam, R D (1995). Bowling Alone: America's Declining Social Capital, in: *Journal of Democracy*. 6 (1): 65–78.

[11]Vgl. die Kurzfassung https://www.uea.ac.uk/about/media-room/press-release-archive/-/asset_publisher/a2jEGMiFHPhv/content/walking-or-cycling-to-work-improves-wellbeing-university-of-east-anglia-researchers-find (21.08.2020).

der ÖPNV – mit Eigen-, Lese- und Entspannungszeiten. Autofahrer hingegen haben in der Rushhour einen höheren Anspannungszustand wie Kampfjetpiloten im Flug oder Polizisten während gewalttätiger Ausschreitungen, so der britische Psychologe David Lewis in einer Studie aus dem Jahr 2004[12].

5.4   Thesen zu einer post-pandemischen urbanen Mobilitätswende

Aus den wissenschaftlichen Analysen und den beraterischen wie unternehmerischen Aktivitäten der „Gesellschaft für Urbane Mobilität BICICLI" lassen sich aus konkreten Projekten eine Reihe von Thesen ableiten, die es in den kommenden Jahren zu prüfen gilt.

5.4.1   Steigende „Moralisierung der Mobilität" wegen Zielkonflikten

Wir beobachten nicht nur zwischen den Verkehrsteilnehmer*innen Konflikte, die so alt sind, wie die Menschheit Platzprobleme und Rechthaberei kennt. Wir beobachten eine Moralisierung, die in jüngster Geschichte mit dem Verbrennungsmotor beim Auto begann und mit dem SUV nur eine größenreflektierende Steigerung erfuhr. Die Moralisierung tritt ein, wenn Nüchternheit der Mobilitätsprobleme auf Arbeitsplatz-systemrelevanz der deutschen Automobilindustrie trifft, wenn also Zielkonflikte aufkommen – sogar ungeachtet der doch beachtlichen Skandale und Rechtsvergehen der Industrie zulasten der Kunden, Städte und dem Klima.

Wir beobachten eine Moralisierung im dienstlichen und touristischen Reisen: Der Schwedische Sprachenrat hat das Wort „*flygskam*" im **Svenska Dagbladet** am 14. März 2018 entdeckt. Flugscham, ein Wort, das sich rasant verbreitete – vor allem durch Vielreisende wie Klimaaktivistin Greta Thunberg oder Biathlon-Olympiasieger Björn Ferry. Fliegen als Mobilitätsform, die für ca. 5 % der Gesamtemissionen steht und – bei alternativen Zugstrecken – im Schnitt Faktor 10 in der CO_2-Emission aufweist. Deutschland ist nach einer Studie der University of Sydney auf Platz 3 der größten Verursacher von reisebedingten Treibhausgasen – nach China und den USA.

Die Umweltorganisation GermanWatch vergleicht emissionsseitig den spanischen Insel-Kurzurlaub eines Berliners plakativ mit der Notwendigkeit zur Kompensation dafür ein Jahr lang statt mit dem Auto mit dem Rad zur Arbeit zu fahren. Seit kurzem reden die Schweden über „*smygflyga*", das Heimlich-Fliegen. Man könne über das Fliegen

---

[12]Vgl. einen Bericht über die Studie hier https://www.theguardian.com/uk/2004/nov/30/research.transport (21.08.2020).

genauso wenig mehr öffentlich sprechen, wie bei Landung als wöchentlicher Luft-taxi-Nutzer noch klatschen. Und ein drittes schwedisches Wort – kreativ und positiver: „*tagskryt*", übersetzt mit Zugstolz, verweist auf die Statussymbole des neuen Reisens: Viel Zeit, wenig CO_2. Aber was verändert sich? Nur das Reden über Reisen oder tatsäch-lich das redliche Reisen?

Die Idee des sanften Tourismus wurde vor Corona noch hart widerlegt und es steht zu vermuten, dass die Situation ohne Reisewarnungen wieder dorthin zurückkehren wird: so wollten 2019 knapp 60 % der Deutschen bei ihrer Reiseplanung den Einfluss auf die Umwelt mit einbeziehen, aber auch der Deutsche Reiseverband stellte fest, dass sich dies bei den Buchungen keineswegs niederschlage. Der Anteil der Flugreisen an allen deutschen Reisen, ist von 30 % im Jahr 2000 auf 41 % in 2018 gestiegen. Nur acht Prozent sind Fernreisen, dafür die dramatisch gestiegenen Kurztrips in dadurch über-laufene europäische Touristenstädte die „neue Kaffeefahrt der Spießbürger", wie die diese selbst stark bewerbende Wochenzeitschrift DIE ZEIT weltgewandt formulierte. Die Städte erholen sich gerade und bauen sich um. Die von diesem Tourismus lebenden Wirtschaftsbereiche landen mit Corona unsanft auf dem Boden der bisherigen Höhen-flüge. Dienstreisen im Spannungsfeld von Arbeitszeit und Klimaschutz: In 2018 ent-schieden sich 23,5 Mio. Menschen für einen Inlandsflug. Knapp 65.000 Passagiere pro Tag von München nach Frankfurt, von Düsseldorf nach Berlin oder von Hamburg nach Köln. Unter all diesen Menschen sind vermutlich zahlreiche Veganer, Müllvermeider und Ökostrombezieher. Warum? Reisezeit ist Arbeitszeit und das bedeutet, dass Arbeit-geber und auch das Bundesreisekostengesetz bei Billigflügen, die günstiger sind als die Parkgebühren am Flughafen, und vermeintlich geringerer Reisezeit doppelt zum Fliegen anreizen.

Wir haben in Deutschland weder Flugscham noch Zugstolz, sondern drei Hausauf-gaben:

1. Politisch sind die selbst von Fluggesellschaften nicht mehr gewollten Inlandsflüge mittels Infrastruktur-Investitionen durch die Bahn zu ersetzen. Die beidseitigen Staatsbeteiligungen könnten helfen.
2. Reisekostengesetze und das Arbeitsrecht müssten nochmals genau angeschaut werden.
3. Die private, kosmopolitische Kaffeefahrt wird zu überdenken sein. Das rasante Wachstum von Viren und von Kreuzfahrtschiffreisen ersetzendem Wanderreise- und Radreisetourismus machen da Mut – und sogar richtig stolz (vorzugsweise bei den so Reisenden, die das auch alle wissen lassen).

Fazit: Die Zielkonflikte von Arbeitsmarkt-, Wohnungsbau-, Klima-, Energie- und Gesundheitspolitik werden Mobilität und Tourismus gerade in Deutschland – wie eben auch schon zuvor Landwirtschaft, Fleischproduktion und -konsum, Textil und viele weitere Felder – weiter moralisieren. Schlecht gemanagte Leihrad-Anbieter, emissions-schädliche eScooter-Anbieter sind nur einige weitere Beispiele. Das Elektro-Auto und seine Ressourcen- und Recycling-Probleme kündigen sich bereits als nächste Moralisierung an.

5.4.2   Steigende „Moralisierung der Mietimmobilien" ohne Mobilitätskonzept

Berlins Mietendeckel war nur ein drastisches Zeichen eines Dilemmas: Wir brauchen bei einer zunehmenden Urbanisierung bezahlbaren Mietraum durch Nachverdichtung – und das ohne Nachverdichtung des Verkehrs. Dass die Pandemie zu einer globalen Landflucht der Eliten in die ländlichen Gebiete um die Metropolen führte, ist belegt, ob in Paris, Berlin oder New York. Aber dass die Städte nun nicht mehr wachsen und der ländliche Raum für Geringverdiener aufkommen wird, ist noch nicht belegt, wie auch die stabil steigenden Wohnungspreise und Mieten noch immer zeigen.

Wohnungsbaugesellschaften kommen in eine Moralisierung der Sicherstellung von bezahlbarem Wohnraum, der zu einem weiteren Zuzug und einer weiteren Verkehrsproblematik führt. Insbesondere öffentliche Wohnungsbaugesellschaften sind nun in der Entwicklung von Mobilitätskonzepten aktiv.

Auch die „Gesellschaft für Urbane Mobilität *BICICLI*" hat zahlreiche Projekte von nachhaltiger Wohnraumentwicklung mit nachhaltigem Mobilitätskonzept umgesetzt. Z. B. arbeitet eine der größten Gesellschaften mit über 75.000 Wohnungen für 130.000 Mieter*innen mit BICICLI an einer Mietermobilität. Das Projekt wurde mit dem Deutschen Fahrradpreis 2020 u. a. vom Bundesverkehrsministerium ausgezeichnet.

Auch hier sind Zielkonflikte zwischen Wohnraum-, Verkehrs-, Energie-, Infrastruktur-, Klima-, Gesundheitspolitik spürbar und bei Bestandsmieter*innen mit zusätzlichem Widerstand, wenn in die Mobilitätsrituale eingegriffen wird. Ein spannender Trend wird unserer Ansicht nach die Renaissance der Werkswohnung werden. Sie hatte schon mal eine Wachstumsentwicklung intelligent bewältigt.

5.4.3   Bürgermeister*innen statt Bund: Wiederwahlen durch Wende

Die Klima-, Miet- & Mobilitätswende wird dezentral „erzwungen" – die Nationalregierungen können allenfalls fördern und nicht zu viel stören. Die Bürgermeister*innen haben während der Corona-Krise überraschend Kraft entfaltet. Nur einige Beispiele:

1. **Paris:** Die Wiederwahl der Bürgermeisterin Hidalgo war mehr als eine Bestätigung dafür, dass die verdichtete und überhitzte Stadt einen radikalen Wechsel brauchte. Bau eines 680 km langen Radwegenetzes, Neu-Begrünung der Stadt und autofreie Zonen in vielen zentralen Lagen.

2. **Brüssel:** Innenstadt wird zur verkehrsberuhigten Zone, ab 2021 gilt in vielen Stadt-
   teilen Tempo 30 und binnen weniger Wochen sind 40 km neue Radwege entstanden.
3. **London:** Verzehnfachung des Radverkehrs während des Lockdowns.
4. **Dublin:** Abschaffung von Parkbuchten zugunsten von sicheren Radwegen.
5. **Vilnius:** Zentrum wurde ein riesiges Freiluft-Café.
6. **Krakau:** Ausbau der Radverkehrsinfrastruktur und Verbreiterung der Bürgersteige.
7. **Mailand:** 35 km Popup-Bikelanes, neue und verbreiterte Fußwege, Tempo 30.

Da wirkt Deutschland – auch Berlin – noch übersichtlich in den Entwicklungen. Aber
wir brauchen nur länger, gehen jedoch die gleichen Wege, ob in Düsseldorf, Hamburg,
München oder Wiesbaden. Das grün regierte Stuttgart im grün-schwarz regierten Baden-
Württemberg wirkt da grün-ökologisch noch etwas schwäbisch, also sparsam, aber die
Gravität liegt in der Industrie. Wiederwahlen hängen von Verkehrs-, Gesundheits- und
Luftreinhaltepolitiken ab.

5.4.4 Parkplätze zu Parks und Plätzen: Pandemien erlebt man draußen

Die autogerechte Stadt hat sich selbst vorgeführt: Sie ist nicht menschengerecht und
eben auch nicht mehr autogerecht, denn die Staustatistiken sind ja nicht nur volkswirt-
schaftlich, klimaseitig, sondern auch psychisch belastend.

Wir brauchen eine Straßenverkehrs-Unordnung: Nicht nur *Friday for Future* wollte
Schule und Straßen bestreiken. Auch die Künste schaffen eine anregende Mischung
zwischen Protest und Prototypen: Zum Beispiel feierte der *Parking Day,* 2005 von einem
Designbüro in San Francisco begründet, 2019 am Tag des Klimastreiks in hunderten von
Städten weltweit die Metamorphose von Parkplatzflächen zu Flächen für Mini-Parks
und Plätze – mit Parkuhr-Einwurf, Rollrasen-Auslage und Gartenbank sowie Bäumen
in Kübeln am Straßenrand. Die Mini-Parks werden in New York City nun mit Lizenzen
vergeben – wie damals die Allmende. Der Flächenverbrauch für Parkraum macht in
deutschen Großstädten acht bis 20 % der Gesamtfläche aus. Das sonst für Durchschnitt-
lichkeit berühmte Hannover ist Spitzenreiter mit 1,05 Fahrzeugen pro Einwohner*in.
Ganz schön viel Wagen fürs Volk in der Region. Und auch hier: Der Oberbürgermeister
Belit Onay (DIE GRÜNEN) wollte es wagen und die Innenstadt von Hannover autofrei
bekommen. Als Kandidat wurde er auch deswegen gewählt. Als gewählter OB hat er
nun vor allem Kritik und die ewig gleichen falschen Annahmen, dass dann weniger ein-
gekauft werden würde, was genau umgekehrt richtig ist: Radfahrende Shopper kaufen
mehr.

Seit Jahren dienen strafrechtlich durchaus interessante Aktionen wie die sogenannten
„Crosswalks" (Zebrastreifen an gefährlichen Orten zum Selbersprühen) oder das

„Wayfinding" (das Aufstellen von selbstgemachten Verkehrsschildern) der Identifikation von Infrastrukturproblemen.

All das zeigt, was Bürger brauchen und erfinden, um es sicherer, leichter, leiser und luftiger zu machen. Es ist ein innovativer Vorraum der nächsten Regulierung. 360 unterschiedliche Verkehrsschilder mit 20 Mio. Exemplaren auf deutschen Straßen ergeben alle 28 m ein Schild. Wir könnten von Überregulierung sprechen und dies erklärt den gegenteiligen Wunsch an unregulierten „Shared Spaces". Wo Schilder abmontiert und Ampeln ausgeschaltet werden, zeigt sich ein Paradox: wachsende Unsicherheit macht das Fahren wachsamer, achtsamer und sicherer.

Und: Wachsender und wacher Protest weckt die Industrien und Politik auf – noch immer. Und wenn das alles vorbei ist, fahren Schüler*innen wieder zur Schule und ältere Menschen spielen Backgammon – neben ihnen die Rollatoren mit Platz.

5.4.5 Betriebliche und städtische Gesundheit

Mit der Pandemie kam die historisch schon geübte Verwundbarkeit der verdichten Räume für Epidemien und deren Infrastrukturen wieder ins Gedächtnis. Das Versprechen, dass eine Stadt seinen Bürger geben muss, ist das der Gesundheit – und das weist eben u. a. die Dimensionen Luft, Wasser, Hygiene, Sicherheit auf. Die Mobilität trägt dazu bei, wie wir in einer europäischen Idee sehen, die vor allem in China derzeit Furore macht: Die „15-min-Stadt". Gesunde Städte sind Städte, in denen die Bürger alle wichtigen Punkte am Tag – Schule, Arbeit, Einkaufen, Ärzte, Entertainment, Sport, Kirche etc. – in nur 15 min Fußdistanz erreichen. Oslo hat auch schon begonnen, Paris fängt nun auch an. Das sind per Definition autofreie Städte, deren Konsequenz man sich kaum sinnlich vorstellen kann – ohne jedwede Emission. Immobilienentwickler, -finanzierer und -vermarkter springen weltweit auf diesen Megatrend auf.

Und die Unternehmen? Mit den etwas blassen betrieblichen Gesundheitstagen mit Vorsorgeprodukten der Versicherungsbranche und zur Arbeitsergonomie im Büro, die bei Home-Office-Lösungen in Küchen, Gästeklos oder Kellern nur mehr amüsant anmuten, wird auch das Fitness-Center ein Kalauer, wenn die Mitarbeiter*innen dort mit dem Dienstwagen hinfahren, um sich auf ein Trainingsrad zu setzen, um sich dort schnaufend über die mangelnden Parkplätze zu beschweren.

Kurzum: Die betriebliche Vorsorge wird umfassender, aus der Shopping-Ecke der Corporate Benefits ins Schaufenster. Wenn man bei einem Unternehmen bleibt und gesund altern kann, dann ist das im Employer Branding der Generation Z und Alpha mehr als nur Marketing.

Pendlermobilität mit Dienstrad-Programmen, Yoga am Arbeitsplatz, Fitness-Center mit Duschen und Umkleiden im Unternehmen werden Standard. Und die Versicherer entwickeln nun dafür natürlich jetzt individuell tarifierte Anreiz-Angebote.

5.4.6   Wirksamere Anreize der nächsten Generation

Das *Nudging* ist eine große verhaltenswissenschaftliche Mode gewesen, die politisches Handeln auch in Berlin beeindruckt hat. Wir werden durch Anreize zum gesellschaftlich erwünschten Verhalten geschubst. Die typisch Verdächtigen im deutschen Schubser-Katalog sind:

1. Verbote (z. B. Mietendeckel, Fahrverbote).
2. Technologie (autonomes Fahren, Elektromobilität, Mobilitätsplattformen).
3. Steuern (z. B. Dienstwagen- oder Diesel-Privilegien).
4. Kaufanreize mit zweifelhafter ordnungspolitischer Legitimation (Abwrackprämie oder Umweltbonus – für die nächste wieder nicht ausreichende Zwischen-Technologie nur eines Mobilitätsmittels).

Aktuell wirkt dies wie Brückentechnologien und Krückeninstrumente mit dem Atem des 20ten Jahrhunderts. Beim Mietendeckel wird neben der Rechtswirksamkeit die Investitionswirkung zu prüfen sein. Es braucht mehr Wohnungsraum und nicht nur weniger Miete. Die elektrische Individualmobilität wird ohnehin nur eine Brückentechnologie sein können, dazu aber eine weitgehend verzichtbare, denn Parkraum und Ladeinfrastruktur verbraucht – unabhängig vom Antrieb – genauso viel Platz wie zuvor. Autonomes Fahren ist in Städten eine Hypnose von Ingenieuren und Netflix-Konsumenten, die sich keine gemischten Systeme im Bestand – also autonom und menschlich – vorstellen wollen.

Es braucht neue Anreize – Gesundheit, Wohlbefinden, Ruhe, Einfachheit sind als Werte bestechender denn je geworden. Das zeigte sich in der Pandemie in verlässlicher Selbstüberraschung, dass Überstunden, Überkonsum, Übermobilität nicht nur im Unterbewusstsein schädlich ist. Glücksforscher wissen das. Autobauer machen das Auto nun zum (viele Nutzer*innen) stressenden „iPhone auf Rädern" – mit allen Defekten und Update-Problemen… Die nächste Generation – also nach Tesla – ermöglicht Mobilität und das wird mit Verkehrsmitteln – schon gar nicht im Eigentum oder Leasing – nichts mehr zu tun haben. Aber es kann von der Automobilwirtschaft bereitgestellt werden, denn da ist ja jede Menge an entwicklerischer und produzierender Intelligenz vorhanden.

5.5   Zwei „einfache" Vorschläge für Post-Corona-Mobilität: Steuern und multimodale Flexibilität durch Hubs

Nun gäbe es im Sommer 2020 einiges zu empfehlen, was auch schon vorher klar war (vgl. Jansen 2018a und b). Zwei wesentliche Aspekte – fiskalischer und multimodaler Natur – sind hier exemplarisch nochmals aufgeführt, wozu es nunmehr mit COVID einen weiteren Anlass zur Mobilitätswende im Sinne der Freiheit und Flexibilität gibt:

5.5.1   Mobilitätsbudgets mit emissionsabhängiger Besteuerung für alle statt Dienstwagen für einige

Der Dienstwagen ist für die Generation Y und X kein Incentive, sondern eine Zumutung. Sie müssten sich darum kümmern. Aber die Maxime aktuell: *Sharing, no Caring*. Aber auch ältere Herrschaften merken, dass die Deutsche Bahn und andere Anbieter von Mobilitätsbudgets für klimaschützende flexible Mobilitätsnutzung noch attraktiver sind als die Waschstraße am Samstag und die Leasingrückgabe-Untersuchung. Gerade in Zeiten von reduzierten Dienstreisen und reduzierten Büro-Anwesenheiten sind der Dienstwagen sowie der Fahrzeug-Pool auch bei vielen Flottenmanagern in einer kostenintensiven Unterauslastung. Es braucht weniger Mobilitätsmittel und mehr Flexibilität.

Die „Agora Verkehrswende" – ein 2016 von Stiftung Mercator und European Climate Foundation (ECF) begründeter Thinktank – hatte im Februar 2019 dazu eingeladen: ADAC, BDI, BUND, über Deutsche Umwelthilfe, Verbraucherzentrale, Bundesministerium der Finanzen, Umweltbundesamt, DGB bis hin zu Mobilitätsanbietern wie Deutsche Bahn, BMW und die „Gesellschaft für Urbane Mobilität BICICLI" war eine Runde, in der es zu kantigen Auseinandersetzungen gekommen wäre – noch vor wenigen Jahren. Jetzt läuft es rund und das Bundesfinanzministerium müsste nun mit dem Verkehrsministerium mal das Dienstwagenprivileg und die Pendlerpauschalen anpacken… das dickste Brett neben dem Tempolimit, und deswegen haben DIE GRÜNEN das auch in den pandemischen Sommerinterviews auf der Agenda. Und es scheint keine Ideologie-Kämpfe mehr loszutreten.

5.5.2   Kooperative Concierge-Modelle für multimodale Kiez- und Unternehmensmobilität: Residential Mobility Hubs und Corporate Mobility Hubs

Das Trendthema „Mobility as a Service (MaaS)" könnte durch Corona eben tatsächlich genau dann nur ein überfinanzierter Trend gewesen sein, vor allem dann, wenn der Service zu teuer ist, nicht stimmt und die Erlösmodelle auf mittlere Sicht so nicht funktionieren. Das zeigt sich bei DAX-Unternehmen wie Delivery Hero AG in beeindruckender Weise, welchen negativen Deckungsbeitrag man mit ohnehin unterbezahlten Fahrrad-Fahrer*innen einfahren kann.

Als „Gesellschaft für Urbane Mobilität" hat BICICLI mit verschiedenen Unternehmen und Städten bereits die letzten Jahre an Ansätzen gearbeitet, die über die privaten „Sharing-Dienste" im Free Floating hinausgehen mussten.

Die Gründe waren vielfältig:

1. Urbanisten wissen, dass die Verkehre von Stadt zu Stadt sehr verschiedenen sind, insbesondere wenn Städte funktional-räumliche Aufteilungen aufweisen – also Arbeits-, Entertainment-, Shopping- und Wohn-Distrikte. Das haben viele Sharing-Anbieter nachts auf den sich füllenden Straßen gemerkt, die neben der Batterie-Ladung auch die Relokation der Flotten an die Stellen dahin vornehmen müssen, wo sie morgens wieder genutzt werden könnten.

2. Das Angebot der (Mikro-)Mobilitätsmittel war qualitativ zu schwach und zu eng vom Spektrum. Bei eScootern und bestimmten Radflotten kommen noch ökologische Probleme bei Produktion und Betrieb hinzu, die oberhalb der Diesel-Busflotten der 80er Jahre beim Vergleich der Emission pro Personenkilometer liegen.

3. Die Parkierung zumeist von Touristen bzw. freizeitbezogenen Verkehrsteilnehmer*innen war meist ein Ärgernis für alle, die sich normal auf den Bürgersteigen der Städte bewegen. Das Bike-Fishing an der Isar oder Spree wurde eine Trendsportart bei Facebook.

4. Die Nutzung war entsprechend zu niedrig, was die Erlösmodelle kritisch werden ließ.

Klüger gemanagte Modelle setzen Mobilitätslösungen auf Arbeitgeber und Wohnungsgesellschaften: BICICLI hat als erster deutscher Anbieter – auf Basis von Mobilitäts- und Infrastrukturbedarfsanalysen – individuelle stationsbasierte Flotten-Systeme in sogenannten Corporate bzw. Residential Mobility Hubs im Full-Service-Leasing-Ansatz inkl. Mobilitätsgarantie und Wartung vor Ort entwickelt. So etwas gelingt für Unternehmen wie Stadtteile nur mit intersektoralen Kooperationen, also Partnern in einem von BICICLI aufgebauten Ökosystem aus kommunalen, öffentlichen Unternehmen einerseits (wie Deutsche Bahn, dem Nahverkehrsverbünden, Stadtwerken und Wohnungsbaugesellschaften etc.), mit marktlichen Teilnehmern andererseits (ob Elektro-Mobilitätsanbietern, Immobilienentwickler, Park- und Lade-Infrastrukturanbieter etc.) und drittens der Zivilgesellschaft wie Wissenschaft, Verbänden und der Anrainerschaft vor Ort – und zwar auf dem Platz.

BICICLI hat solche Projekte umgesetzt mit Flughäfen wie der Flughafen Berlin-Brandenburg GmbH (u. a. BER), neuer Quartiersentwicklung von Wohnungsbaugesellschaften wie der GEWOBAG AG, Mobilitätskonzepten für Landesbehörden und Kommunen wie Rheinland-Pfalz, NRW oder Berlin, deutschlandweiten Filialnetzen, Coworking-Anbietern wie Design Offices GmbH oder nachhaltigen Immobilienentwicklern wie Quantum AG, pwr development (Am Tacheles) oder Oxford Properties (Eigentümer Sony Center Berlin, Potsdamer Platz) und Finanzierern wie BerlinHyp AG.

Diese Modelle zahlen derzeit auf alle Zieldimensionen „Neue Arbeit, Neue Mobilität und Gesundheit" ein – und Controlling, Facility Management, Fuhrparkmanagement sowie Personalabteilung mit Vorsorgemanagement ziehen an einem Strang und werden glücklich, jeder in seinem Ressort. Und Glück kann manchmal ansteckender sein als Pandemien.

5.6 Fazit

Es wird sich nun zeigen, wie infrastrukturelle, anreizbezogene und steuerliche Wirkungen sich für die Post-Corona-Mobilität im urbanen Raum entfalten, denn es kommen nun drei Treiber zusammen: Klimawende, Energiewende und eine Gesundheitswende durch die Mobilitätswende.

Daher sind alle Prognosen, die nur aus nur einem dieser Sektoren denken, nicht nachhaltig überzeugend. Die letzte UN-Habitat-Konferenz in Quito mit ihrer „New Urban Agenda" zeigte schon den Weg. Wenn man die zunächst in der Corona-Krise kritisierten Bürgermeister*innen weltweit anschaut, dann zeigt sich, dass Menschen doch in gesunden, leisen, lauen und lässigen Städten leben wollen und auch anspruchsvolle Maßnahmen zum Umbau von Städten im Wandel von der autogerechten zur mobilitätsgerechten Stadt mittragen, die noch vor einigen Jahren nicht denkbar waren. Es bewegt sich – die Art, wie wir uns bewegen wollen.

Literatur

Andor, M. A. (2019). Präferenzen und Einstellungen zu vieldiskutierten verkehrspolitischen Maßnahmen: Ergebnisse einer Erhebung aus dem Jahr 2018, https://www.rwi-essen.de/media/content/pages/publikationen/rwi-materialien/rwi-materialien_131.pdf (21.08.2020).

Eulenburg, A. (1902). Nervenhygiene in der Großstadt. *Die Woche, 4,* 265–275.

https://www.leopoldina.org/uploads/tx_leopublication/Leo_Stellungnahme_SaubereLuft_2019_Web_03.pdf (21.08.2020).

Jansen, S. (2018a). Die »Auto-Biographie« von Städten, brand eins, Schwerpunkt Mobilität, April 2018, 136–137.

Jansen, S. (2018b). Ein Manifest der nächsten urbanen Mobilität – Sechs (einfache) Maßnahmen, *brand eins,* Januar 2018, 102–103.

Leopoldina. (2019). Saubere Luft – Stickstoffoxide und Feinstaub in der Atemluft: Grundlagen und Empfehlungen. Ad-hoc-Stellungnahme April 2019. https://www.leopoldina.org/uploads/tx_leopublication/Leo_Stellungnahme_SaubereLuft_2019_Web_03.pdf.

Patterson, R. (2020). Associations between commute mode and cardiovascular disease, cancer, and all-cause mortality, and cancer incidence, using linked Census data over 25 years in England and Wales: a cohort study, Lancet Planet Health, Vol 4 May 2020 https://www.thelancet.com/pdfs/journals/lanplh/PIIS2542-5196(20)30079-6.pdf (21.08.2020).

Putnam, R. D. (1995). Bowling alone: America's declining social capital. *Journal of Democracy.,* 6(1), 65–78.

Siehe Infas, Motiontag, WZB. (2020). Verkehr gewendet? Ergebnisse aus Beobachtungen per repräsentativer Befragung und ergänzendem Mobilitätstracking bis Ende Juni Ausgabe 31.07.2020, https://www.infas.de/fileadmin/user_upload/MOBICOR_Mobilitätsreport_2_202008017.pdf, S. 9 bzw. 10 (21.08.2020).

Vgl. dazu alle Studien und Erhebungen unter https://www.thelancet.com/gbd (21.08.2020).

Vgl. die Kurzfassung https://www.uea.ac.uk/about/media-room/press-release-archive/-/asset_publisher/a2jEGMiFHPhv/content/walking-or-cycling-to-work-improves-wellbeing-university-of-east-anglia-researchers-find (21.08.2020).

Vgl. einen Bericht über die Studie hier https://www.theguardian.com/uk/2004/nov/30/research. transport (21.08.2020).

Xiao, W. & Rachel, C. N. et al. (2020). Exposure to air pollution and COVID-19 mortality in the United States, https://projects.iq.harvard.edu/files/covid-pm/files/pm_and_covid_mortality.pdf (21.08.2020).

Zur Stellungnahme. https://www.vdv.de/presse.aspx?id=622f482c-7af4-4460-9dc9-a934ad3b 1007&mode=detail (21.08.2020).

Prof. Dr. Stephan A. Jansen ist Gründungskoordinator des interuniversitären „Digital Urban Center for Aging & Aging|DUCAH" am Alexander von Humboldt Institut für Internet & Gesellschaft in Berlin sowie mit Martha Wanat Co-Geschäftsführer der „Gesellschaft für Urbane Mobilität BICICLI Holding GmbH" (u. a. Gewinner des Deutschen Fahrradpreises 2020, dritter Platz Innovationspreises des Handels) und deren Mobilitätsberatung MOND.org.

Jansen ist weiterhin Leiter des „Center for Philanthropy & Civil Society|PhiCS" an der Karlshochschule in Karlsruhe und langjähriger wissenschaftlicher Berater der Bundesregierung (u. a. Mitglied des Innovationsdialogs der Bundeskanzlerin, der Forschungsunion des Bundesforschungsministeriums). Er ist Autor u. a. bei den Magazinen „brand eins", „enorm" und „AutoFlotte". Jansen ist Gründungspräsident der Zeppelin Universität Friedrichshafen, seit 1999 Gastforscher an der Stanford University und wurde vielfach für seine Arbeit und Publikationen ausgezeichnet – u. a. im globalen Ranking der „Thinkers50".

Mobilitätswende in Zeiten von COVID-19 – Haben ÖPNV und neue Mobilitätsformen noch eine Chance?

6

Isabella Geis

6.1 Mobilität im Zentrum des gesellschaftlichen Lebens

Heute ist Mobilität integraler Bestandteil des gesellschaftlichen Lebens – für den täglichen Weg zur Arbeit, Freizeitaktivitäten, zum Einkaufen oder die Reise in den Urlaub. Die Nachfrage nach Mobilität steigt stetig an. In den vergangenen zwanzig Jahren verzeichnete der Personenverkehr einen Anstieg des Verkehrsaufkommens (in Personenkilometer) um fast 30 %. Dabei entwickelte sich der Pkw zum dominanten Verkehrsmittel (Europäische Kommission 2019). Die generell steigende Nachfrage nach Mobilität und die ausgeprägte Dominanz des Pkw haben das Verkehrssystem in seiner heutigen Form an die Grenzen gebracht. Überfüllte Busse und Bahnen an ihren Kapazitätsgrenzen insbesondere zu den Stoßzeiten, Staus auf den Straßen, hohe Emissionen und Lärmbelastung in Innenstädten sind die Folge.

Deshalb beschäftigen sich Politik, Unternehmen, Mobilitätsanbieter und Gesellschaft überall auf der Welt mit unterschiedlichen Ansätzen und Lösungen für die Mobilitätswende. Der Ausbau des öffentlichen Personennahverkehrs für Stadt und Land spielt hierbei eine zentrale Rolle. Verkehrsunternehmen arbeiten deshalb an einer Vielzahl von Innovationen und Neuerungen, um die Attraktivität des ÖPNV zu steigern. Ziel sind beispielsweise eine stärkere Abdeckung von Stadt und Land mit geeigneten Angeboten und digitale Produkte, die den Komfort für den Reisenden steigern.

Rund 11,6 Mrd. Menschen wurden 2019 in Deutschland im Liniennah- und -fernverkehr befördert – Tendenz in den vergangenen Jahren kontinuierlich steigend (Destatis

I. Geis (✉)
Q_PERIOR AG, München, Deutschland
E-Mail: isabella.geis@q-perior.com

2020). Allein der Öffentliche Personennahverkehr befördert täglich rund 30 Mio. Fahrgäste in Deutschland (VDV 2019).

Nicht zu vergessen sind neue Anbieter auf dem Mobilitätsmarkt, die das Bild von Mobilität in den vergangenen Jahren durch Sharing-Angebote, On-Demand-Mobilität oder intermodale Angebote verändert haben. Neue Mobilitätsangebote haben gezeigt, dass Mobilität mehr sein kann als nur Individualverkehr oder öffentlicher Verkehr – durch geteilte Mobilität, vernetzte Angebote und Intermodalität wurden neue Möglichkeiten geschaffen.

Während die Art, wie Menschen mobil sind, mitten in einer Veränderung steckt, blieb ein Aspekt jedoch stets unumstößlich: die tägliche Mobilität als Grundlage für das gesellschaftliche und berufliche Leben. Home-Office-Lösungen und weniger Reisen allein für berufliche Zwecke wurden bei vielen Arbeitgebern, aber auch Arbeitnehmern als unmöglich deklariert. Nicht täglich mobil sein zu können oder zu müssen, lag außerhalb der Vorstellungskraft vieler Menschen.

6.2   Die globale Pandemie, die alles veränderte

Die Mobilitätswende stand also in den Startlöchern und ÖPNV sowie neue Mobilitätsangebote bildeten eine wichtige Basis. Doch das Jahr 2020, die rasche Ausbreitung von COVID-19 weltweit sowie starke Kontaktbeschränkungen ab März 2020 veränderten alles. Von heute auf morgen stand das gesellschaftliche Leben still. Wo immer möglich, wurden Arbeitnehmer angehalten, aus dem bis dato oft undenkbaren Home-Office heraus zu arbeiten, Veranstaltungen wurden eingestellt, öffentliche Gebäude geschlossen und soziale Treffen deutlich eingeschränkt. Das Leben verlagerte sich in den virtuellen Raum und in die direkte Umgebung. Das hatte zur Folge, dass Straßen, Busse und Bahnen plötzlich menschenleer waren. Im ÖPNV brachen die Fahrgastzahlen in Bussen, U-, S- und Straßenbahnen ein. Im ländlichen Raum verzeichnete der ÖPNV, der hier neben den Berufspendlern insbesondere auch auf Schülerverkehre angewiesen ist, teilweise einen Rückgang um bis zu 90 % in den Monaten März und April. In den Städten lag der Rückgang bei 60 bis 80 % (VDV 2020).Doch der ÖPNV lief weiter. Auf einzelnen Linien wurde die Taktung zwar reduziert, das Angebot jedoch nicht vollständig eingestellt. Denn weiterhin mussten Menschen zur Arbeit kommen, für die Home-Office keine Option war. Für Verkehrsunternehmen hatte dieser Einbruch gravierende Folgen. Gingen anfangs nur die verkauften Einzelfahrscheine zurück, brach in den nachfolgenden Monaten auch die Nachfrage nach Abo- und Zeitkarten weg. Der deutliche Rückgang der verkauften Fahrscheine, bei annähernd gleichbleibendem Mobilitätsangebot, riss eine große Lücke in die Finanzierung des ÖPNV.

Insbesondere während der strengen Kontaktbeschränkungen im März und April verringerte sich natürlich nicht nur die ÖPNV-Nachfrage. Die Mobilität als Gesamtes kam fast vollständig zum Erliegen. Wo sonst kilometerlange Staus herrschten, konnten nun die wenigen verbleibenden Pkw entspannt rollen. Auch keine andere Mobilitätsform wurde nennenswert nachgefragt. Deshalb blickten Verkehrsplaner, Mobilitätsanbieter, Städte, Kommunen, Unternehmen und Politik gespannt auf die Zeit danach – auf den Moment, an dem das gesellschaftliche Leben wieder anlief.

6.3 Die Mobilität kehrt zurück – aber anders

Mit den schrittweisen Lockerungen im Mai 2020 nahm auch die Mobilität wieder zu, wenn auch nicht über alle Verkehrsmittel gleichermaßen. Erste Untersuchungen und Daten, etwa aus dem Projekt MOBICOR (Follmer und Schelewsky 2020) oder eine Umfrage des ADAC (2020), zeigen, dass sich der Modal Split durch Corona verändert hat.

Zunächst einmal wird deutlich, dass Menschen nun weniger häufig mobil sind. Nach wie vor wird das Home-Office als Lösung genutzt, sodass die Zahl der Berufspendler deutlich reduziert ist. Auch Einkäufe werden längerfristiger geplant, wodurch diese Wege derzeit nur noch ein bis zwei Mal pro Woche anfallen (ADAC 2020). Das Ergebnis ist eine deutliche Veränderung im Modal Split. In der Hochphase der Kontaktbeschränkungen war der Anteil des ÖPNV verschwindend gering. Wer konnte, fuhr mit dem eigenen Pkw. Das Fahrrad erfuhr jedoch insgesamt das stärkste Wachstum. Dies liegt unter anderem auch daran, dass auf kommunaler Seite die Radmobilität in den vergangenen Monaten stark gefördert wurde, indem der Radmobilität durch sogenannte Pop-Up-Radwege deutlich Platz eingeräumt wurde. Dabei ist jedoch zu beachten, dass einzelne Radwege noch kein sicheres Radverkehrsnetz machen und insbesondere der Radverkehr saisonalen Schwankungen unterliegt. Wie langfristig also die Verhaltensänderung ist, bleibt abzuwarten.

Auch der ÖPNV gewinnt wieder Anteile am Modal Split, hat jedoch im Vergleich zum Jahresanfang deutlich verloren. Die Fahrgastzahlen pendeln sich derzeit mit circa 60 bis 70 %, im Vergleich zu den Zahlen vor der Pandemie, auf einem deutlich niedrigeren Niveau ein (Beirão und Cabral 2007). Die Zahlen haben sich dabei überraschend schnell wieder so hoch eingestellt. Zum einen hat die eingeführte Maskenpflicht im ÖPNV ein gewisses Grundvertrauen und Sicherheitsgefühl hergestellt, sodass mehr Fahrgäste als ursprünglich erwartet in den ÖPNV zurückgekehrt sind. Zum anderen kehren die Schüler aus den Sommerferien und in die Schulen zurück. Dort wo die Schülerverkehre bereits wieder aktiv sind, kommen wiederum die ersten skeptischen Stimmen auf, da Abstandsregeln kaum eingehalten werden können. Die Füllgrade der Busse erreichen Vor-Corona-Zeiten. Wer kann, vermeidet es, in diese Busse zu steigen. Gleichzeitig gelten nach wie vor Home-Office-Regelungen und in vielen Unternehmen reduzierte Arbeitszeiten, wodurch die Zahl der täglichen Berufspendler deutlich zurückgegangen ist. Schließlich hat der ÖPNV als Massentransportmittel ein schlechtes Image davongetragen: Die Sorge sich hier anzustecken ist groß.

Und trotz der wieder gestiegenen Fahrgastzahlen wird der ÖPNV im Jahr 2020 eine signifikante Finanzierungslücke davontragen. Je nach Schätzung wird davon ausgegangen, dass 5 bis 7 Mrd. EUR aus Fahrgeldeinnahmen im Jahr 2020 fehlen. Wie es in den Folgejahren weitergehen wird, bleibt abzuwarten (Dellmann et al. 2020).

6.4 Kehrt sich die Mobilitätswende um?

Doch nicht nur der ÖPNV leidet unter dem Rückgang der Fahrgastzahlen. Für viele neue Mobilitätsanbieter wird die Pandemie zur wirtschaftlichen Belastungsprobe. Schon vor COVID-19 waren viele Anbieter noch in der Bewährungsphase. Carsharing-Anbieter kämpfen beispielsweise mit reduzierten Nutzerzahlen bei gleichzeitig steigenden Kosten für die entsprechenden Hygienemaßnahmen. Nahezu alle Mobilitätsanbieter haben derzeit ihre Expansionspläne eingestellt und warten ab, wie sich die Pandemie weiterentwickelt. Einige Anbieter musste ihre Angebote in der Hochphase der Kontaktbeschränkungen deutlich reduzieren oder sogar einstellen. So fuhren On-Demand-Anbieter gar nicht mehr oder nur noch nachts, um weiterhin ein komplementäres Angebot zum ÖPNV zur Verfügung zu stellen.

Die Frage ist nun: Was bedeutet dieses veränderte Mobilitätsverhalten für die Mobilitätswende? Macht die Verkehrswende einen Rückschritt, weil der Anteil des Pkw im Modal Split wieder ansteigt? Nicht alles hängt dabei allein von der Mobilitätsentscheidung der Menschen ab. Eine zentrale Frage ist darüber hinaus, wie Mobilitätsangebote aufrechterhalten werden können, wenn die Nachfrage geringer ist und Massentransportmittel Fahrgäste mit mehr Abstand und Raum transportieren müssen. Viel wird auch daran hängen, wie sich die Pandemie weiterentwickelt. Das ist schwer vorherzusehen. Derzeit ist jedoch davon auszugehen, dass erst im Laufe des Jahres 2021 eine Lösung für COVID-19 gefunden wird. Das bedeutet, die Mobilitätswende benötigt Lösungen, die schon heute funktionieren. Die Mobilitätswende wird jedoch heute und morgen nicht ohne öffentliche Verkehrsmittel funktionieren. Denn die Pandemie hat gezeigt, dass der ÖPNV auch dann weiterläuft und laufen muss, wenn die Nachfrage zurückgeht. Damit unterscheidet sich dieser erheblich von privatwirtschaftlichen Mobilitätsanbietern, welche keinen öffentlichen Auftrag zur Beförderung bedienen.

Unklar ist bislang, wann, ob und wie die Auslastung des ÖPNV wieder an die Zeiten vor der Corona-Pandemie heranreichen wird. Umso wichtiger ist es, dass sich der öffentliche Personennahverkehr jetzt stark positioniert, um seine Kunden und deren Vertrauen zurückzugewinnen. Das ist keine einfache Aufgabe. Schon vor Corona stand der ÖPNV in ständigem Wettbewerb zum Auto und zu alternativen Mobilitätsangeboten, wie Sharing-Angeboten. Dieser Wettbewerb hat sich nun verschärft. Insgesamt gilt es nun Mobilitätsangebote integriert zu denken und zu planen. Die scharfen Grenzen zwischen individueller und öffentlicher Mobilität müssen weiter aufweichen, so wie es vor Corona bereits begonnen hat. Neue Mobilitätslösungen benötigen Geschäftsmodelle, die es erlauben, auch Krisenzeiten zu überstehen. Mehr denn je gilt es jetzt für neue

Mobilitätsanbieter und den ÖPNV, die Mobilitätswende und die Herausforderungen der Pandemie gemeinsam anzugehen.

Was können die Verkehrsunternehmen also tun, um ihre Fahrgäste dauerhaft zurückzugewinnen? Die wesentlichen Ansatzpunkte sind: Vertrauen in die Hygienemaßnahmen und Sicherheit des ÖPNV beziehungsweise neuer Mobilitätsanbieter sowie die die Nutzung der Chancen durch Innovation und Digitalisierung.

6.5 Sichtbare Hygienemaßnahmen für mehr Vertrauen

Insbesondere der radikale Wechsel ins Home Office macht deutlich, dass dezentrales Arbeiten für deutlich mehr Berufe möglich ist, als es bisher genutzt wurde. Jedoch ist davon auszugehen, dass der Mobilitätsbedarf insgesamt wieder steigt: Schüler, die wieder regelmäßig ihren Weg antreten, Arbeitnehmer, die zumindest einige Tage in der Woche an ihre Arbeitsplätze zurückkehren, die Sommerferien, die zu Ende gehen. Denn insbesondere Pendler und Schüler waren bisher die starken Pfeiler des öffentlichen Nahverkehrs. Damit all diese Menschen nicht auf den Pkw umsteigen (und Schüler statt mit dem ÖPNV zur Schule zu fahren, vermehrt gefahren werden) und die Mobilitätswende einen Rückschritt macht, gilt es ab sofort, Hygienemaßnahmen in allen Mobilitätsangeboten zu verstärken und vor allem sichtbar zu machen. Denn das verschafft Glaubwürdigkeit.

Vertrauen zu schaffen, auch wenn es wieder enger wird im Zug, ist die zentrale Herausforderung des ÖPNV. Dazu gehört eine gründliche und regelmäßige Reinigung der Fahrzeuge, die im besten Fall auch sichtbar ist – zum Beispiel mit mobilen Reinigungsteams, die während der Fahrten und in Anwesenheit der Fahrgäste regelmäßig Haltestangen, Flächen und Türknöpfe desinfizieren. In Bussen sorgen oft bereits heute Plexiglasscheiben zwischen Fahrer und Mitfahrenden für mehr Sicherheit und die Eindämmung des Infektionsrisikos. Auch neuen Belüftungs- und Klimatisierungskonzepten kommt eine wichtige Rolle zu, denn diese können eine Verdünnung der Aerosole gewährleisten.

Hinzu kommt das kontrovers diskutierte Thema Mund- und Nasenschutzpflicht und die strikte Durchsetzung eben dieser. Hier scheiden sich heute die Geister. Klar ist: Das Tragen von Mund- und Nasenschutz reduziert die Ansteckungsgefahr deutlich. Doch in wessen Verantwortung liegt es, diese insbesondere in den öffentlichen Verkehrsmitteln durchzusetzen? Auf der einen Seite steht die Forderung, Mund- und Nasenschutz-Verweigerern hohe Bußgelder aufzuerlegen oder sogar die Beförderung zu verweigern. Auf der anderen Seite bedarf es des Personals, das in der Lage ist, insbesondere die Beförderungsverweigerung durchzusetzen. Die vergangenen Wochen haben gezeigt, dass dies mit physischen Auseinandersetzungen einhergehen kann. Es bedarf also Personal, das entsprechend geschult ist, um in Konfliktsituationen so zu reagieren, dass Deeskalation und die Sicherheit aller Beteiligten sichergestellt sind.

Dennoch scheinen sich auch hier nun schrittweise Lösungen abzuzeichnen. Die Deutsche Bahn stellte beispielsweise fest, dass insbesondere zu Abend- und Nachtzeiten die Mund- und Nasenschutzpflicht deutlich weniger konsequent eingehalten wird als zu Tageszeiten. Durch stärkere Kontrollen sollen nun auch diese Zeiten besser abgedeckt werden.

Letztendlich gilt jedoch: Tue Gutes und rede darüber! Bereits heute treiben ÖPNV und Mobilitätsanbieter wichtige Hygienemaßnahmen voran und setzen alles daran, sichere Mobilität bereitzustellen. Diese Vorgehensweise sichtbar zu machen und zu kommunizieren, entscheidet jedoch darüber, ob diese Maßnahmen auch beim Fahrgast ankommen und gesehen werden. Es bedarf einer Kampagne für das Vertrauen in den ÖPNV, für die Verkehrsunternehmen, Bund und Länder gleichermaßen eintreten müssen.

6.6   Mit Innovation und Digitalisierung in die Zukunft

Diese Maßnahmen während der Pandemie bilden die Basis für die Zukunftsfähigkeit des ÖPNV und neue Mobilitätsangebote, ohne die davon auszugehen ist, dass die Mobilitätswende deutlich erschwert oder im schlimmsten Fall sogar verhindert werden würde. Jedoch arbeiteten Mobilitätsanbieter aus allen Bereichen bereits vor Corona an Innovation und der Digitalisierung der Mobilität. Dieser Aspekte war nicht nur vor und während Corona wichtig, sondern gewinnt auch danach zunehmend an Bedeutung.

Die Begleitung der Fahrgäste durch Prognose- und Echtzeitfunktionen in Apps sind beispielsweise ein wichtiger Faktor, um Kapazitäten und Auslastung zu optimieren und effizient zu steuern. Im DB-Navigator wird dies für den Fernverkehr bereits heute angeboten. Die Auslastungsprognosen können sich auf eine sehr zuverlässige Datenquelle beziehen: Ticketbuchungen und Sitzplatzreservierungen. Hinzu kommt, dass durch gezielte Zuweisung von Sitzplätzen Einfluss auf die Verteilung der Fahrgäste in den Zügen genommen und somit sogar der Abstand gesteuert werden kann.

Eine direkte Übertragung dieses Ansatzes auf den ÖPNV ist nicht möglich, da der Fahrkartenverkauf anders funktioniert: Im öffentlichen Personennahverkehr gibt es keine Sitzplatzreservierungen. Doch das bedeutet nicht, dass Prognosen nicht auch hier möglich werden. Hier gilt es, über den Tellerrand hinauszusehen und neue Datenquellen zu erschließen.

In der Regel liegen Daten über die Auslastung von Linien (z. B. aus Fahrgastzählsystemen) vor. Durch die Verknüpfung mit Mobilfunkdaten entsteht hier bereits ein Bild. In Kombination mit Wissen über Nutzungen zu verschiedenen Tageszeiten, Wochentagen und saisonalen Schwankungen ergeben sich bereits zuverlässige Prognosen, die beispielsweise in den Apps der jeweiligen Verkehrsunternehmen angezeigt werden könnten, um den Fahrgästen einen Indikator über die zu erwartende Auslastung zu geben.

Für die Angaben zur Echtzeitauslastung gibt es jedoch noch weitere Datenquellen, die heute kaum oder gar nicht genutzt werden und welche keine Installation von Fahrgastzählsystemen erfordern. Somit sind sie schnell einsatzfähig: der Fahrgast oder Busfahrer selbst. Denkbar ist es also, einen Crowd-Sourcing-Ansatz zur Verfügung zu stellen. In der Praxis könnte es folgendermaßen ablaufen: An den Sitzplätzen sind

QR-Codes angebracht, welche die Fahrgäste direkt zu einer Eingabeseite des jeweiligen Verkehrsunternehmens führen. Dort können diese eine grobe Einschätzung über die Auslastung des Fahrzeugs oder Waggons geben. Auch begleitendes Bahnpersonal, welches beispielsweise zur Ticketkontrolle unterwegs ist, könnte Daten beisteuern. Busfahrer könnten ebenfalls über eine App in regelmäßigen Abständen eine Meldung über die Auslastung ihres Fahrzeugs geben. Fahrgäste erhalten über die jeweilige Informations- und Buchungsapp des Verkehrsunternehmens oder möglicherweise auch Drittanbieter dann eine Prognose zur Auslastung der Fahrzeuge und können entscheiden, ob sie diese oder eine andere Verbindung wählen. Fahrgäste, die keine digitalen Medien nutzen, können durch das Crowd Sourcing natürlich nicht erreicht werden, profitieren aber möglicherweise dennoch von Mitnahmeeffekten.

Auch Fahrzeugkonzepte und die Aufteilung des Raums in den Verkehrsmitteln sind wichtige Innovationen für die Zukunft. Diese schaffen keine schnelle Lösung, jedoch ist das Konzept des „Personal Space" ein wichtiges Thema. Bereits lange vor COVID-19 zeigte eine Reihe wissenschaftlicher Untersuchungen, dass persönlicher Raum beziehungsweise das Fehlen eben dieses Raums das Wohlbefinden im ÖPNV stark beeinflusst (Beirão und Cabral 2007; Currie et al. 2013). Sitzplatzanordnungen und Platzangebot müssen also neu gedacht werden – heute mehr denn je.

6.7   Mobilität ist systemrelevant – und der ÖPNV der wichtigste Baustein

Die Fahrgast- und Nutzerzahlen für ÖPNV und neue Mobilitätsangebote sind nach wie vor niedrig. Eine historische Finanzierungslücke steht bevor, viele Mobilitätsanbieter und Verkehrsunternehmen stehen am Rande der wirtschaftlichen Existenz. Und dennoch ist das Aufrechterhalten der Mobilität durch öffentlich verfügbare Angebote unumgänglich und von zentraler Bedeutung. Denn Mobilität ist systemrelevant. Menschen müssen in der Lage sein mobil zu sein, um etwa zur Arbeit zu kommen. Darunter sind auch in Zeiten von Homeoffice viele, die ihre Arbeit nicht von Zuhause aus verrichten können. In ländlichen Regionen hatten Mobilitätsangebote verschiedener Art schon vor Corona einen schweren Stand. Jetzt Mobilitätsangebote zurückzufahren oder auf einen niedrigeren Takt einzupendeln, wäre ein fatales Signal. Damit droht einmal mehr die Gefahr, ganze Ortschaften und Regionen abzuhängen und die Menschen noch stärker in die Autos zu treiben. Der ÖPNV muss seinen öffentlichen Auftrag weiterhin erfüllen und auch befähigt werden diesem Auftrag nachzukommen.

Damit steht die Mobilitätswende vor der Gretchenfrage: Wie kann das Mobilitätsangebot aufrechterhalten und möglicherweise sogar ausgeweitet werden (um mehr Abstand zu ermöglichen), wenn ein wirtschaftlicher Betrieb derzeit nicht möglich ist?

Klar ist, dass die Verkehrsunternehmen diese Belastungen nicht allein stemmen können. Hier ist jetzt die Politik gefragt, die dem ÖPNV den Rücken stärken muss, mit finanzieller Unterstützung und klaren Regelungen für die Durchsetzung der Maskenpflicht.

Bereits im Mai forderte der Verband Deutscher Verkehrsunternehmen einen gemeinsamen Rettungsschirm von Bund und Ländern, um kommunale wie private Verkehrsunternehmen, Städte und Gemeinden zu unterstützen. Bund und Länder müssen für die Finanzierung der Mobilität nun schnell und zeitnah zusammenarbeiten. Der Grundstein wurde durch einen ÖPNV-Rettungsschirm bereits gelegt (Nahverkehrspraxis 2020). Dies ist ein wichtiges und kurzfristig wirksames Modell. Mittelfristig ist jedoch auch zu prüfen, wie auch in Zukunft eine Umlagefinanzierung umgesetzt werden kann, um die Finanzierung des ÖPNV nachhaltig in Krisenzeiten zu sichern.

6.8   In der Krise lernen – Die Realität als Mobilitätsexperiment

Zweifellos fordert die aktuelle Pandemie unsere Gesellschaft auf eine extreme Art und Weise heraus. Unsere Art zu leben und zu arbeiten wurde infrage gestellt. Die ersten Monate dieser Pandemie wurden genutzt, um unsere Gesellschaft und unser Leben in einer bisher nicht dagewesenen Geschwindigkeit zu digitalisieren. Die ökonomischen und sozialen Folgen aus der Krise können wir heute noch nicht absehen. Auch die Mobilitätswende steckt in einer Belastungsprobe. Sie ist weiterhin von zentraler Bedeutung, heute und insbesondere in der Zukunft. Warum also die Pandemiezeit nicht nutzen, um unsere Mobilität zu verändern und die Mobilitätswende voranzutreiben und weiterzuentwickeln.

Wir müssen Mobilität anders begreifen lernen. Mobilitäts- und Stadtentwicklung müssen Hand in Hand gehen. Viele Wege sind heute notwendig, weil Lebensräume nicht als solche gedacht werden, sondern Wohnen, Freizeit, Arbeiten und Alltagsbedarf separiert werden. Das muss jedoch nicht so sein. Eine moderne Infrastruktur, welche die wichtigen Institutionen für das tägliche Leben vom Supermarkt bis zur Arztpraxis in erreichbare Nähe rückt, mit entsprechend kurzen Wegen, kann ein wichtiger Baustein der Mobilitätswende sein.

Auch ist Mobilitätsverhalten ein stark habitualisiertes Verhalten. Dieses in neue Bahnen zu lenken, ist schwierig. In der Regel haben Menschen keinen Anreiz ihr bestehendes Verhalten zu hinterfragen. Warum sollte der Weg zur Arbeit überdacht werden, wenn er doch immer gut funktioniert hat. COVID-19 hat das Mobilitätsverhalten verändert. Verkehrsmittelwahl und Wegezwecke werden infrage gestellt. Dies ist eine nie dagewesene Chance, um Gewohnheitsmobilisten abzuholen und auf neue Möglichkeiten aufmerksam zu machen.

Die Mobilitätswende nimmt mit COVID-19 eine Abzweigung. Damit uns diese nicht wieder an den Anfang zurückführt, müssen Politik, ÖPNV und Industrie an einem Strang ziehen und Innovation sowie Digitalisierung in der Mobilität vorantreiben. Dafür bedarf es konstruktiver Diskussionen, Kooperation und Zusammenarbeit sowie Förderung von Innovationen. Es geht um Innovation und Transformation für den ÖPNV und Mobilität im Allgemeinen in ein zukunftsfähiges und resilientes Ökosystem – auch in der Krise.

Literatur

ADAC. (2020). Corona und Mobilität: Mehr Homeoffice, weniger Berufsverkehr. von https://www.adac.de/verkehr/standpunkte-studien/mobilitaets-trends/corona-mobilitaet/. Zugegriffffen: 23. Aug. 2020.

Beirão, G., & Cabral, S. J. (2007). Understanding attitudes towards public transport and private car: A qualitative study. Transport Policy, S. 478–489.

Brezina, T., Shibayama, T., Sandholzer, F., Laa, B., Kapfenberger, M., Leth, U., & Emberger, G. (2020). Der COVID19-Lockdown und die Mobilität. 21–31.

Currie, G., Delbosc, A., & Mahmoud, S. (2013). Factors influencing young peoples' perceptions of personal safety on public transport. *Journal of Public Transportation*, 1–19.

Dellmann, R., Faber, W., Holzapfel, H., Le Pelley, M., Stein, M., & Zimmermann, H. (2020). Mit oder ohne Corona: MobilitätswendeWeiter geht's! (Friedrich-Eber-Stiftung, Hrsg.) von https://library.fes.de/pdf-files/wiso/16237.pdf. Zugegriffen: 23. Aug. 2020.

Destatis. (2020). Eisenbahn-Fernverkehr 2019: Erstmals mehr als 150 Millionen Reisende. von https://www.destatis.de/DE/Presse/Pressemitteilungen/2020/04/PD20_124_461.html. Zugegriffen: 19. Nov. 30.

Europäische Kommission. (2019). *EU transport in figuresStatistical Pocketbook 2019*. Brüssel: Europäische Kommission.

Follmer, R., & Schelewsky, M. (2020). Mobilitätsreport 02, Ergebnisse aus Beobachtungen per repräsentativer Befragung und ergänzendem Mobilitätstracking bis Ende Juni, Ausgabe 30.07.2020. Bonn, Berlin: mit Förderung des BMBF.

Geis, I. (2019). Economic essays on the framework conditions for the deployment of intelligent transportation systems (ITS) (Dissertation).

Nahverkehrspraxis. (2020). Länder beteiligen sich mit eigenen Mitteln am ÖPNV-Rettungsschirm. von https://www.nahverkehrspraxis.de/laender-beteiligen-sich-mit-eigenen-mitteln-am-oepnv-rettungsschirm/. Zugegriffen: 23. Aug. 2020.

Verband Deutscher Verkehrsunternehmen (VDV). (2019) Daten & Fakten zum Personen- und Schienengüterverkehr. von https://www.vdv.de/daten-fakten.aspx. Zugegriffen: 19. Nov. 2020

Verband Deutscher Verkehrsunternehmen (VDV). (2020). In die Spur zurückfinden. von https://www.vdv-dasmagazin.de/story_01_titelstory_032020.aspx. Zugegriffen: 23. Aug. 2020.

Dr. Isabella Geis berät seit zehn Jahren als Mobilitätsentwicklerin Unternehmen, Behörden sowie öffentliche Einrichtungen und Städte zu strategischen, organisatorischen, rechtlichen und technischen Fragestellungen in der Mobilität. Dr. Geis verantwortet seit 2019 bei Q_PERIOR das Beratungsfeld „Intelligente und vernetzte Mobilität". Zuvor baute die am Fraunhofer IML den Forschungsbereich Mobilität auf und arbeitete als wissenschaftliche Mitarbeiterin und Projektmanagerin am Lehrstuhl für Mobilität, Handel und Logistik der Zeppelin Universität. Sie promovierte zu ökonomischen Rahmenbedingungen intelligenter Verkehrssysteme.

Die COVID-19-Krise als Katalysator des E-Commerce – Theoretische Einbettung für Akteure der Mikromobilität

Bettina Arnegger

7.1 Die Krise als Reset der Mobilitätsindustrie

Jeder von uns lernt, dass eine Vollbremsung die ultima ratio zur Verzögerung von akuten Unfallsituationen ist. Verzögerung bedeutet Abmilderung des Unausweichlichen. Verschleiß oder Komfortverlust spielen keine Rolle. Dieses Bild ist dieser Tage eine unweigerliche Analogie zu der politischen Reaktion auf die globale Pandemie des Coronavirus SARS-CoV-2 (im Folgenden „COVID-19-Pandemie"). Die Vollbremsung wurde zum Reset ganzer Volkswirtschaften, auch aber zum Ausgangspunkt eines sozialen Aufbruchs und wirtschaftlichen Umbruchs.

Die wirtschaftliche Umwälzung der systemrelevanten Zentralindustrien ist bereits im Gange. So auch in der Mobilitätsindustrie, welche allein durch den Anteil der Automobilindustrie an der gesamten Industrieproduktion von über 20 % der mit Abstand größte Industriesektor in Deutschland ist (Bosler et al. 2018).

Während die deutsche Automobilindustrie massiv von den Auswirkungen der Pandemie betroffen ist und das niedrigste Fertigungsniveau seit dem Jahr 1975 verbucht (VDA 2020), zeichnet sich im Bereich der Mikromobilität (Kleinfahrzeuge) eine massive Nachfrage ab. Diese Nachfrage kann allerdings nur mit dem Ausbau der digitalen Absatzkanäle bedient werden.

Während viele Unternehmen ihre Chancen in der Digitalisierung erkannt und genutzt haben, um sich erfolgreich am Markt zu positionieren, sehen sich viele Marktakteure in der Mikromobilitätsbranche einem Digitalisierung-Backlog gegenüber. Dieser Beitrag zielt darauf ab, Anregungen zu bieten und Entscheidungsfelder hin zum E-Commerce im

B. Arnegger (✉)
Newbility GmbH, Friedrichshafen, Deutschland
E-Mail: bettina.arnegger@nwblty.com

theoretischen Rahmen des strategischen Managements abzubilden. Während sich andere Beiträge im Detail mit Geschäftsmodellen, Trends und Best Practices aus der Praxis auseinandersetzen (Knoppe und Wild 2018), dienen die folgenden theoretischen Grundlagen als erster Punkt der Orientierung, um die Entscheidungsbasis für eine strategische Neuausrichtung zu stärken und einzuleiten.

7.2 Beschleunigte „Autokorrektur" zeigt digitale Defizite im Handel auf

Im April 2020 wurde die Automobil-Vermittlungsplattform Autoscout24 für 2,84 Mrd. EUR von der Private-Equity-Gesellschaft Hellman & Friedman übernommen (FAZ 2019) Trotz anfänglicher Bedenken und Abwehrhaltung der stationären Händler waren es die Technisierung des Handels und die Reichweite von Online-Marktplätzen, die den Automobilherstellern und Händlern in den letzten Jahrzehnten ein signifikantes Wachstum ermöglicht haben. Beschleunigt durch die COVID-19-Krise zeichnet sich allerdings eine nachhaltige „Autokorrektur" ab – eine nachhaltige Stagnation des automobilen Absatzes. Dies öffnet einen Manoeuvring Room für eine inklusive Mobilität und vor allem für Zweiräder und Kleinstfahrzeuge wie E-Bikes, eScooter und E-Cityroller, die sich in den letzten Jahren durch Technologietrends im Bereich Elektrifizierung, Digitalisierung und Konnektivität zur vollwertigen Alternative zum Pkw entwickelt haben.

Die Nachfrage nach diesen Devices ist besonders hoch in der gut ausgebildeten, und kaufkräftigen Gruppe Mobilitätssuchender. Für diese Gruppe ist ein Transportmittel ein individueller Ausdruck von Werten und einem nachhaltigen, ökologischen Lifestyle. Es überrascht kaum, dass sich in diesem Milieu besonders Fahrradfahrer finden, die auch den E-Bike-Boom befeuern sollten. Seit 2009 hat sich der Absatz von E-Bikes von ca. 150.000 auf rund 1.360.000 Stück erhöht (Statista 2020). Das Gesamtmarktvolumen von Fahrrädern und E-Bikes lag damit im Jahr 2019 bei 4,31 Mio. Einheiten und einem Umsatz von 4,23 Mrd. EUR. Langfristig könnte der Anteil von E-Bikes am Gesamtmarkt (in Stückzahlen) von aktuell ca. 30 % auf bis zu 80 % steigen (Wirtschaftswoche 2020). Die COVID-19-Krise sollte diese Trendwende noch beschleunigen. Dem Rat von Gesundheitsminister Spahn folgend lancierte das Fahrrad schnell zum wichtigsten Fortbewegungsmittel. Infektionssicher und für jeden nutzbar ermöglichte das Fahrrad das nötige Physical Distancing im Straßenverkehr. So stieg mitten in der Krisenzeit, im Mai 2020, die Online-Suchanfrage nach Fahrrädern und insbesondere nach E-Bikes um 190 % an (Business Insider 2020).

Dieser massive Nachfragesprung zeigte allerdings schnell strukturelle Defizite im Handel auf, insbesondere hinsichtlich höherpreisiger E-Bikes. Die Branche ist relativ jung und dezentral, Handelsstrukturen und -Kanäle sind „Offline First" geprägt. Endkunden sind deswegen oftmals orientierungslos und mit dem zunehmend technologisierten Angebot überfordert. Für E-Bikes werden daher in der Regel im stationären Einzelhandel immer noch eine Beratung und eine Probefahrt beansprucht, die Produktauswahl ist auf das Portfolio des jeweiligen stationären Einzelhändlers beschränkt. Dagegen stehen Hersteller und Händler neben den aktuellen Engpässen in der Supply Chain auch einem Fachkräftemangel sowie hohen Personal- und Beratungs-ausgaben im stationären Verkauf gegenüber.

Genau an diesem Spannungsfeld setzt E-Commerce an; um das neue Nachfrage-Niveau im Mikromobilitätsbereich zu bedienen und um dort zu sein, wo der Kunde ist. Die Gruppe der neuen Mobilitätsapostel will online angesprochen und abgeholt werden. Die enge Verzahnung von Online und Offline als Multichannel Commerce hin zu einer Online-First-Strategie und neuen M-Commerce-Ansätzen erschließt zudem konstant neue Kanäle. Die Entwicklungen im Bereich User Experience (UX) und dem User Inter-face (UI) bieten eine flüssigere Customer Journey. So können verstärkt kundenzentrierte Paketangebote im Sinne eines One-Stop-Shoppings (z. B. E-Bike mit direkter Einlösung möglicher Kaufprämien im Paket mit Versicherung und Finanzierung) platziert werden.

Doch vor der Ausformulierung einer solchen konkreten Unternehmensstrategie steht zunächst eine aktive Auseinandersetzung mit dem theoretischen Spielrahmen. Dies wird in den folgenden Abschnitten näher beleuchtet.

7.3   Theoretische Einbettung in die Unternehmensentwicklung

Eine unternehmerische E-Commerce-Strategie ist eingebettet in den Prozess der Unter-nehmensentwicklung. Grundsätzlich umfasst der Prozess der Unternehmensent-wicklung verschiedene Entscheidungsdimensionen. Diese lassen sich dem normativen, strategischen und operativen Management zuordnen. Die normative Dimension umfasst hierbei die übergeordnete, strategische Ausrichtung des Unternehmens, welche mittels einer Unternehmensverfassung, der Unternehmenspolitik sowie auch indirekt über die Unternehmenskultur kommuniziert wird (siehe Abb. 7.1) (Bleicher 2007).

Im Zentrum des strategischen Managements steht im Prozess der Unternehmens-entwicklung die strategische Planung und somit die Ausgestaltung der Wachstums-strategien des Unternehmens. Damit werden die Voraussetzungen geschaffen, um die übergeordneten normativen Ziele des Unternehmens nachhaltig erreichen zu können (Perlitz 2004) Eine geeignete Strategie setzt sich aus der Entscheidung über die passende Wachstumsstrategie und die Wachstumsform ab. Sowohl die Wachstumsstrategien und Wachstumsformen, können komplementär und symbiotisch verfolgt werden.

7.4   E-Commerce im klassischen Strategiekonzept

Wachstumsstrategien in den Dimensionen Märkte und Produkte zeigen auf, wie strategische Lücken geschlossen werden können, wobei auch hier eine oder mehrere Wachstumsstrategien komplementär und symbiotisch verfolgt werden können (siehe Abb. 7.2).

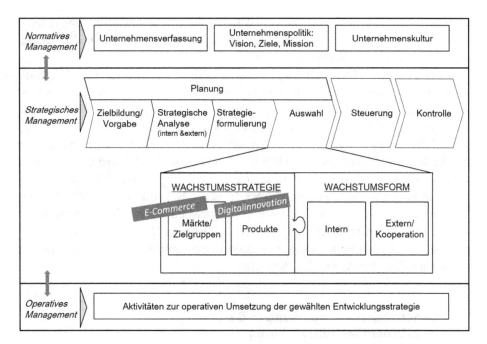

Abb. 7.1 Einbettung des E-Commerce in das strategische Management

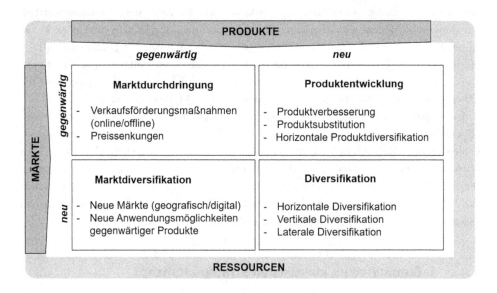

Abb. 7.2 Wachstumsstrategien als Optionen der Unternehmensentwicklung. (Quelle: Eigene Darstellung in Anlehnung an die klassische Produkt-Marktmatrix nach ANSOFF (Kind 2004))

Eine Marktdiversifikation, in der Literatur auch Marktentwicklung genannt, erfolgt, wenn gegenwärtig bestehende Produkte oder das gesamte Produktspektrum in neuen Märkten vertrieben werden. Da hier nur das Marktspektrum (mit gegenwärtigen Produkten) diversifiziert wird, kann man dies auch als eindimensionale Marktdiversifikation bezeichnen. Dies kann hierbei entweder durch die Erschließung neuer regionaler oder digitaler Märkte, sowie durch die Erschließung neuer Kundengruppen durch neue Anwendungsmöglichkeiten der gegenwärtigen Produkte erfolgen (Kind 2004; Seubert 2010).

Die Wachstumsstrategie Marktdurchdringung, auch Marktpenetration genannt, beinhaltet die Zielsetzung des Unternehmens, mit gegenwärtigen Produkten und Märkten Unternehmenswachstum zu erzielen. Umgesetzt werden kann dies mittels einer Erhöhung der Verkaufsförderungsmaßnahmen durch Werbung oder durch Preissenkungen, was zu einer Erhöhung von Marktanteilen und einer Vergrößerung des Marktvolumens führen soll (Thommen und Achleitner 2006; Seubert 2010). Zur Umsetzung kann auch hier auf Digitalstrategien zurückgegriffen werden.

Eine Erweiterung der Strategiekonzepte um den Faktor „Ressourcen" bietet sich an, da die Entscheidung über das entsprechende Strategiekonzept immer mit Implikationen auf die Ressourcen einhergeht. Der Ressourcenbegriff umfasst hierbei materielle Ressourcen, also die physischen Produktionsmittel und Einsatzfaktoren des Unternehmens, wie technische Anlagen, Rohstoffe, Finanz- und Humanressourcen, sowie immaterielle Ressourcen (auch immaterielle Vermögenswerte genannt). Diese lassen sich in Vermögensrechte (beispielsweise Patente) und Kompetenzen der Mitarbeiter einteilen. Auch der Markenwert, Kunden- und Lieferantenbeziehungen und Bestandteile der internen Unternehmensstruktur wie u. a. die Unternehmenskultur oder interne Systeme und Software lassen sich den immateriellen Vermögenswerten zuordnen (Thommen und Achleitner 2006).

7.5   Ökonomische Vorteile des E-Commerce

Neben den vielfältigen Vorteilen des E-Commerce in der Praxis, sowohl für Käufer als auch für Verkäufer, liegt der strategischen Entscheidung auch eine Reihe von ökonomischen Vorteilen zugrunde. Diese Vorteile erwachsen nicht nur aus der geänderten Markt- und Wettbewerbssituation, sondern auch aus der Knappheit der bereits erwähnten Ressourcen und einem angestrebten Zugang zu Beschaffungsmärkten (einschließlich der Arbeits- und Kapitalmärkte). Bedeutende Motive stellen die erzielbaren Ertrags- und Kostensynergien dar. Der Begriff Synergie lässt sich aus dem Griechischen als „Zusammenwirkung" übersetzen und dient in der Betriebswirtschaftslehre als Ausdruck des sog. „$1 + 1 = 3$"-Effektes, der dann eintritt, wenn durch das Zusammenwirken oder die Kombination von Faktoren diese einen größeren Wertbeitrag aufweisen, als die Summe der einzelnen Faktoren (Thommen und Achleitner 2006).

Ertragssynergiepotenziale umschreiben hierbei das erzielbare Umsatzwachstum, das mit der jeweiligen Wachstumsstrategie erzielt werden kann (Lucks 2002). Kosten-synergiepotenziale stellen die Skalen- und Verbundeffekte dar. Skaleneffekte, auch als Economies of Scale bezeichnet, umfassen die erzielbare Reduzierung der Durchschnitts-kosten von Produkten aufgrund einer steigenden Ausbringungsmenge und der damit einhergehenden wachsenden Marktmacht des Unternehmens. Ein Beispiel für einen Skaleneffekt stellen die geringeren Einkaufspreise dar, die aufgrund eines höheren Ein-kaufvolumens beispielsweise durch die Bündelung von Einkaufsaufträgen erzielt werden können. Einen weiteren Skaleneffekt beschreibt die Fixkostendegression. Hierbei nehmen die am Produkt anteiligen, unabhängigen Fixkosten wie beispielsweise Miete umso mehr ab, je mehr Produkte abgesetzt werden (Rennhak 2012). Bei Verbundeffekten (Economies of Scope) sinken die Gesamtkosten verschiedener Produkte aufgrund von Redundanzen in den Unternehmensbereichen. Hierbei können sog. Sharable Inputs, d. h. Ressourcen in Form von Kompetenz, Managementkapazität oder Zugang zu Kunden, für mehrere Produkte genutzt werden, ohne proportionale Kostensteigerungen zu ver-ursachen. E-Commerce führt beispielsweise zur Hebung von Sharable Inputs im Absatz-bereich (Mentz 2006).

Auch können die Transaktionskosten, also die Kosten, die bei der Anbahnung, Ver-einbarung, Kontrolle und Anpassung wirtschaftlicher Leistungsbeziehungen (Trans-aktionen) entstehen, gesenkt werden (Mentz 2006). Im Falle des E-Commerce sowohl auf Käufer-, als auch auf Verkäuferseite.

Andere ökonomische Motive für eine digitale Neuausrichtung ergeben sich aus den steigenden Ressourcenpotenzialen. Diese beschreiben die Tatsache, dass auf die im Rahmen eines positiven Unternehmenswachstums erweiterten materiellen und immateriellen Ressourcen im weiteren Entwicklungsprozess des Unternehmens wieder zugegriffen werden kann. Durch die erhöhte Kombinationsmöglichkeit von neuen und bestehenden Ressourcen kann ein Beitrag zur Innovationsfähigkeit geleistet und somit weitere wertsteigernde Wachstumspotenziale geschaffen werden. Auch wird wachstumsstarken Unternehmen wiederum der Zugang zu neuen Ressourcen erleichtert. Hervorgerufen durch den demografischen Wandel der Gesellschaft wird besonders die Ressource der kompetenten Arbeitskräfte, die das sog. Human- und Wissenskapital des Unternehmens bildet, immer mehr zu einem limitierten Faktor für Unternehmen (Rall 2002). Der ZIV ging 2019 von rund 50.000 Beschäftigten in der Industrie, dem Handel und dem Handwerk, also der Reparatur, aus. Inklusive der Beschäftigten im Fahrradtourismus lag die gesamte Beschäftigtenzahl bei 280.000. Der Mangel sowohl an Fachkräften als auch an Ingenieuren wurde bereits damals vom Verband heraus-gestellt. Wachstum ist deshalb ein wichtiger Bestandteil in der Attraktivität eines Unter-nehmens für Talente; Wachsende Unternehmen sind auf dem Arbeitsmarkt attraktiver, als stagnierende oder schrumpfende Unternehmen, da eine wachsende Unternehmung höhere Entwicklungs- und Karrieremöglichkeiten für zukünftige Mitarbeiter impliziert (Rall 2002). Für jungen Talente und „Digital Natives" scheinen zudem digitale Geschäftsmodelle integraler Bestandteil einer attraktiven Unternehmens-DNA zu sein.

7.6   Neuausrichtung und Blick auf das E-Commerce 2.0

Die COVID-19-Krise stellt als Game Changer der Mobilität einen extern induzierten und marktverändernden Entscheidungsanstoß dar, der nach neuen digitalen Absatzlösungen im Mikromobilitätsbereich verlangt. Die Auseinandersetzung mit theoretischen, strategischen Grundmustern ist der erste Schritt, diese Neuausrichtung einzuleiten. Durch eine Neuausrichtung können das gesamtunternehmerische Risiko und die Abhängigkeit von traditionellen Geschäftsbereichen reduziert und neue Wachstumspotenziale erschlossen werden.

Um betriebliche Strategiewechsel und digitale Absatzstrategien zu fördern, müssen Unternehmen allerdings oftmals zahlreiche Innovationsbarrieren überwinden. Zu diesen zählen u. a. eine Erneuerung ablehnende Unternehmenskultur, eine „Überbürokratisierung" der Unternehmensstruktur und Schnittstellenprobleme zwischen technischen Fachabteilungen und kaufmännischen Bereichen. Dies kann zu langwierigen Entscheidungsprozessen und damit auch zu einer Verzögerung des Innovationsprozesses hin zu digitalen Absatzmodellen führen. Als weitere Barrieren zeigen sich der Vorrang des operativen Geschäfts, sowie eine starke Risikoaversion bei der Entscheidung über Investitionen in Innovations- oder Kooperationsprojekte (Stein 2004).

Solche Kooperationsprojekte und die Zusammenarbeit mit innovativen Partnern sind unumgänglich, wenn der Einsatz neuer digitaler Handelskapazitäten schnellstmöglich zu erfolgen hat und Erfahrungen und Kernkompetenzen übernommen werden sollen, um diese nicht in einem möglicherweise langwierigen Prozess aus eigener Kraft heraus mittels internem Wachstum erarbeiten zu müssen. Für Hersteller und Händler von Mikromobilitäts-Devices – beziehungsweise damit zusammenhängenden Produkten und Dienstleistungen – bieten innovative Onlineplattformen einen zusätzlichen Vertriebsweg, den sie aus eigener Kraft in dieser Qualität selbst nicht erschließen können. Darüber hinaus kann man fortlaufend neue Erfahrungen über die sich verändernden Anforderungen des Marktes sammeln, was bei der Optimierung des eigenen Geschäfts hilft.

Diese Anforderungen versuchen dem Endkunden voraus zu sein. Ein Blick auf die Zukunft des E-Commerce 2.0 enthüllt die Vision von digitalen Mega-Malls. Ermöglicht durch Accelerated Computing sollen durch Artificial Intelligence (AI) neue Customer Center entstehen, die mittels Chatbots und Innovationen im Bereich Conversational AI für den Endkunden immer und überall verfügbar sind. Unter dem Oberbegriff Conversational Commerce eröffnet sich hier ein ganzes Spielfeld neuer Absatzmöglichkeiten. Augmented Reality (AR) und Virtual Reality (VR), sowie die Kombination aus Information und Entertainment (Infotainment) werden immer mehr eine Seamless Customer Journey und ein ultimatives Produkt- und Markenerlebnis ermöglichen. Die Basisentwicklung dieser Technologien wird auch durch die COVID-19-Krise und dem damit einhergehenden massiv gesteigerten Bedarf, Prozesse und Abläufe zu digitalisieren, angetrieben. Wer jetzt eine strategische Neuausrichtung im Rahmen des E-Commerce einleitet, wird an der enormen Strahlkraft dieser künftigen Entwicklung partizipieren.

Literatur

Bleicher, K. (2007). Das Konzept integriertes Management. Visionen-Missionen-Programme (Bd. 7. Aufl.). Frankfurt/Main: Campus.

Bosler, M., Burr, W., & Ihring, L. (2018). Vernetzte Fahrzeuge – empirische Analyse digitaler Geschäftsmodelle für Connected-Car-Services. *HMD Praxis der Wirtschaftsinformatik, 55*(2), 329–348.

Business Insider. (Juni 2020). Von https://www.businessinsider.de/wirtschaft/mobility/fahrrad-boom-haendler-erleben-einen-ansturm-nachfrage-nach-raedern-legt-um-190-prozent-zu/. Zugegriffen: 22. Juni 2020.

FAZ. (Dezember 2019). Von https://www.faz.net/aktuell/wirtschaft/unternehmen/hellman-friedman-kauft-autoscout24-fuer-rekordsumme-16541117.html. Zugegriffen: 17. Juni 2020.

Fischer, L. J. (2008). *Wertorientiertes Kundenmanagement bei M&A-Transaktionen*. Eul: Universität Bayreuth, Rechts- und Wirtschaftswissenschaften.

Kind, S. (2004). *Business Development. Aufgaben, Organisation und Implementierung. Fallstudien aus der deutschen Biotechnologie-Industrie*. Bamberg: Universität Bamberg.

Knoppe, M., & Wild, M. (Hrsg.). (2018). *Digitalisierung im Handel – Geschäftsmodelle, Trends und Best Practices*. Berlin: Springer Gabler.

Lucks, K. (2002). *Internationale Mergers & Acquisitions. Der prozessorientierte Ansatz*. Heidelberg: Springer.

Mentz, M. (2006). *Mergers & Acquisitions in der Automobilzuliefererindustrie. Wertschöpfungspotenziale durch internationale Positionierung*. Oestrich-Winkel: Deutscher Universitäts-Verlag.

Perlitz, M. (2004). *Internationales Management* (5. Aufl.). Stuttgart: Lucius & Lucius.

Rall, W. (2002). Internes versus externes Wachstum. In U. H. M. Glaum (Hrsg.), *Wachstumsstrategien internationaler Unternehmungen. Internes vs. externes Unternehmenswachstum* (S. 3–21). Stuttgart: Schäffer-Poeschel.

Rennhak, C. (2012). *Grundlagen der Allgemeinen Betriebswirtschaftslehre. Eine Einführung aus marketingorientierter Sicht* (1. Aufl.). Wiesbaden: Gabler.

Seubert, C.-M. F. (2010). Build, Ally or Acquire. Die strategische Entscheidung über den Entwicklungsweg. (Bd. 125). (W. M.-L. N. Szyperski, Hrsg.) Lohmar: Eul.

Statista. (März 2020). Von https://de.statista.com/statistik/daten/studie/152721/umfrage/absatz-von-e-bikes-in-deutschland/. Zugegriffen: 10. Juni 2020.

Stein, L. (2004). Corporate Venturing – Wie deutsche Großunternehmen Innovationsbarrieren überwinden. In &. J. Hungenberg (Hrsg.), Handbuch Strategisches Management. Gabler.

Thommen, J. P., & Achleitner, A. K. (2006). *Allgemeine Betriebswirtschaftslehre. Umfassende Einführung aus managementorientierter Sicht* (5. Aufl.). Wiesbaden: Gabler.

VDA. (Mai 2020). Keine Erholung: Pkw-Markt auch im Mai sehr schwach. Von https://www.vda.de/de/presse/Pressemeldungen/200604-Keine-Erholung-Pkw-Markt-auch-im-Mai-sehr-schwach.html. Zugegriffen: 14. Juni 2020.

Wirtschaftsförderung Region Stuttgart und Zentrum für Unternehmensentwicklung am Fraunhofer IAO. (2005). Unternehmensentwicklung zwischen Strategie und Tagesgeschäft. IAO(Abendsymposium).

Wirtschaftswoche. (Juni 2020). Von https://www.wiwo.de/unternehmen/handel/fahrradboom-abo-modelle-werden-immer-wichtiger/25924228.html. Zugegriffen: 20. Juni 2020.

ZIV. (März 2020). Von https://www.ziv-zweirad.de/fileadmin/redakteure/Downloads/PDFs/PM_2020_11.03._Fahrrad-_und_E-Bike_Markt_2019.pdf. Zugegriffen: 16. Juni 2020.

Bettina Arnegger hat an der Zeppelin Universität Friedrichshafen das Masterstudium „Mobility Innovations" absolviert und promoviert aktuell am ZU-Lehrstuhl für Mobilität, Handel und Logistik im Bereich Wettbewerbsökonomie in der Mobilitätsindustrie. Nach zahlreichen Positionen in der Mobilitätsindustrie und dem kalifornischen KI-Unternehmen NVIDIA ist Bettina Arnegger CEO und Co-Founder des Micromobility-Start-ups Newbility GmbH.

Plattform-Geschäftsmodelle – Status Quo und Potenziale des autonomen Fahrens

8

Patrick Ulrich, Ingo Scheuermann und Alexandra Fibitz

8.1 Einführung

Die Unternehmenslandschaft befindet sich in einem tiefgreifenden Wandel, der nicht nur durch die Digitalisierung, sondern auch und gerade durch SARS-CoV2 beschleunigt wird. Das, was durch die digitale Transformation sowieso schon begonnen hat, wird durch das Virus nun beschleunigt. Andere Potenziale haben sich durch das Virus erst ergeben.

Bezogen auf die Mobilität in Zeiten von Corona möchte der vorliegende Beitrag eine Perspektive auf digitale Ökosysteme geben und diese auf das autonome Fahren im Allgemeinen und die Potenziale autonomer E-Fahrzeuge im Speziellen übertragen. Zunächst werden in Abschn. 8.2 die Grundlagen des digitalen Ökosystems diskutiert, bevor auf Plattformen als neue Erscheinung eingegangen wird. In Abschn. 8.4 folgt die Beschreibung der Möglichkeiten und Potenziale autonomer E-Fahrzeuge, bevor in Abschn. 8.5 ein Fazit gezogen wird.

P. Ulrich · I. Scheuermann (✉)
Aalener Institut für Unternehmensführung (AAUF), Aalen, Deutschland
E-Mail: ingo.scheuermann@hs-aalen.de

A. Fibitz
Nürnberg, Deutschland
E-Mail: alexandra.fibitz@hartmann.info

W. Schulz et al. (Hrsg.), *Mobilität nach COVID-19*,
https://doi.org/10.1007/978-3-658-33308-9_8

8.2   Begriff des digitalen Ökosystems

Der Begriff des „digitalen Ökosystems" ist zwingend von dem reinen Begriff „Ökosystem" zu unterscheiden. Eine etwas neuere Definition aus dem Jahr 2012 suggeriert
unter dem Begriff Folgendes: „self-organizing, scalable and sustainable system
composed of heterogenous digital entities and their interrelations focusing on inter-
actions among entities to increase system utility, gain benefits, and promote information
sharing, inner and inter cooperation and system innovation." (Li 2012).

Zu einer der meistgenutzten deutschsprachigen Definitionen gehört hingegen die
von Masak (2009): „Ein digitales Ökosystem ist ein dynamischer und synergetischer
Komplex aus digitalen Gemeinschaften, bestehend aus miteinander verbundenen,
wechselwirkenden und gegenseitig abhängigen digitalen Spezies. Diese existieren auf
einer digitalen Infrastruktur und interagieren als Services, dabei sind sie über Aufrufe,
Informations- und Transaktionsflüsse miteinander verbunden" (Masak 2009).

Grundsätzlich ist festzuhalten, dass sich der Begriff aus zwei wesentlichen Bestand-
teilen zusammensetzt, nämlich dem Ökosystem-Charakter sowie dem Digitalisierungs-
aspekt.

Mehrere grundlegende Merkmale beeinflussen sowohl die Funktion als auch die
Struktur des biologischen Ökosystems, darunter das Zusammenspiel verschiedener
Arten, die Populationsdynamik, die Evolution und eine komplexe, sich ständig
wandelnde Umwelt. Ähnliches geschieht auch in komplexen großen Softwaresystemen.
Die Verteilung eines Softwareprogramms kann mit der räumlichen Verteilung eines biologischen Systems verglichen werden. Im Vergleich zu realen Ökosystemen ist die Form
der räumlichen Dynamik relativ simpel (Masak 2009).

Um eine Grundlage für Wettbewerbsvorteile durch Ökosysteme zu schaffen, erfordert
dies große Veränderungen von Unternehmen. Kunden erwarten individuelle Angebote
entsprechend ihrer Bedürfnisse. Dabei ist es wichtig, dass Ökosysteme dem Kunden
gedanklich voraus sind und Lösungen für möglichst viele spezifische Kundenprobleme
bereitstellen. Dies ist vor allem durch interdisziplinäre Innovationen möglich, die durch
strategische Partnerschaften gefördert werden.

8.3   Plattformen als neue Art von digitalen Geschäftsmodellen

Die folgenden Abschnitte nähern sich vorwiegend dem Plattformbegriff und der
historischen Entwicklung des Begriffes. Die Digitalisierung ist allgegenwärtig: Industrie
4.0, Künstliche Intelligenz (KI), Cloud Computing, das Internet der Dinge, Social Net-
working, universelle Konnektivität und Big Data gehören derzeit zu den meist dis-
kutierten Themen.

Die digitale Revolution ist kein neues Phänomen, stellt jedoch eine große Herausforderung für Gesellschaft und Unternehmen dar (Franken 2016). Durch ihren großen Einfluss auf unzählige Bereiche der Wirtschaft und des täglichen Lebens (Cole und Urchs 2013) verändern digitale Technologien in unterschiedlichen Branchen und Sektoren die Geschäftsstrategien, Geschäftsprozesse, Unternehmensfähigkeiten, Produkte und Dienstleistungen sowie die zwischenbetrieblichen Beziehungen in erweiterten Unternehmensnetzwerken erheblich (Bharadwaj et al. 2013).

Das Herzstück der digitalen Transformation sind digitale Technologien, die den Wandel der Geschäftslandschaft auslösen. Mit dem Aufkommen des Internets und der fortwährenden Entwicklung der digitalen Revolution ist eine beträchtliche Anzahl von digitalen Technologien entstanden. Die in vielen Bereichen zu findenden disruptiven Veränderungen lassen neue digitale Geschäftsmodelle entstehen (Keuper et al. 2018). Eine klare Strategie für den Einsatz und die Nutzung digitaler Technologien und die entstehenden Veränderungen ist dabei ausschlaggebend für den Geschäftserfolg (Hess et al. 2016).

8.3.1   Historische Entwicklung

Digitalisierung wird in breitem Maße als allgegenwärtigster und relevantester Trend angesehen und damit einhergehend sind Innovationen für eine Vielzahl an Unternehmen wichtig für die Sicherstellung des zukünftigen Erfolgs. Hervorgehoben wird hierbei die Nutzung neuer Technologien und Weiterentwicklung von Geschäftsmodellen.

Kurz nach der Jahrtausendwende fand das Thema digitale Plattform erste Aufmerksamkeit in der akademischen Literatur. Als Plattform kann auch der bereits in den 1990ern gestartete Online-Marktplatz E-Bay oder erste Social-Media-Plattformen wie MySpace gesehen werden. Wirklich große Aufmerksamkeit erhielt die Thematik jedoch erst durch den phänomenalen Aufstieg der digitalen Giganten Amazon, Facebook und Alphabet. Apple hat durch seine revolutionäre Nutzung eines offenen AppStores BlackBerry als dominanten Mobilfunkhersteller verdrängt.

Der Erfolg digitaler Plattformen wie Amazon, Facebook und Alphabet hat dazu geführt, dass dem Geschäftsmodell digitale Plattform in den vergangenen Jahren erhöhte Aufmerksamkeit zuteilwurde. Es ist aufgrund der Neuheit sowie Unerforschtheit der Thematik wichtig, zunächst ein Verständnis darüber zu schaffen, was digitale Plattformen sind, wie sie abzugrenzen sind, wozu sie genutzt und gebraucht werden können, sowie ihre Erfolgsdeterminanten zu beachten.

In ihrem Aufsatz sprechen Rochet und Tiroles (2003) auch über den Plattform-Wettbewerb zweiseitiger Märkte. Dies ist vereinfacht gesprochen die Zusammenführung zweier Nutzergruppen, wobei beide Kundengruppen einen Mehrwert durch das Interagieren mit der jeweils anderen Gruppe erfahren. Diese Interaktionen werden vielmals über eine Plattform vermittelt. Beispiele hierfür sind Dating-Portale oder Kreditkarten-nutzung. Ein weiteres Beispiel ist, wie bereits angesprochen, der AppStore, welcher Ent-wicklern die Möglichkeit gibt, ihre Produkte an den Markt zu bringen und Feedback von den Nutzern zu generieren. Gleichzeitig erhalten die Nutzer des AppStores einen Mehr-wert durch die Verfügbarkeit der App. Im Kontext von digitalen Plattformen bilden zwei-seitige Märkte einen zentralen Bestandteil.

Prinzipiell bildet eine Plattform einen Teil eines Geschäftsmodells, bei dem eine Vielzahl verschiedener Gruppen zusammengebracht wird. Je nach Auffassung werden Plattformen unterschiedlich definiert. Eine einheitliche Definition wurde aufgrund der Neuheit der Thematik noch nicht festgelegt. Gemein ist den bisherigen Definitionen jedoch, dass es sich um das Nutzen digitaler Technologien zur Vernetzung mehrerer Nutzergruppen handelt.

Ein Schlüsselelement für den Erfolg und das Überleben einer Plattform sind Netz-werkeffekte (Evans und Gawer 2016). Der Wert einer Plattform steigt mit zunehmender Nutzeranzahl. Bevor sich dieser Effekt jedoch ergibt muss die kritische Masse über-wunden werden: eine Konzentration auf eine Plattform mit monopolistischen Ausmaßen, geschuldet dem zunehmenden Wert der Plattform dank steigender Nutzerzahlen, welche durch den zusätzlichen Wert angelockt werden. Es setzt ein Sog hin zur größten Platt-form ein (Schweitzer et al. 2016). Auch dieses Phänomen lässt sich bei Apples AppStore beobachten, einer Plattform, die Entwicklern die Möglichkeit bietet, selber neue Applikationen zu entwickeln und diese dem weltweiten Netzwerk der Apple User zur Verfügung zu stellen (Evans und Gawer 2016).

8.3.2   Die Entwicklung einer Plattform

Wie jede unternehmerische Handlung muss auch die Entwicklung einer Plattform strategisch geplant sein. Denn auch Plattformen durchlaufen einen Lebenszyklus wie andere Produkte. In der ersten Phase müssen konzeptionelle Fragen wie die Haupt-geschäftstätigkeit der Plattform, die Schaffung von Mehrwert für die Nutzer und die damit verknüpfte Monetisierung beantwortet werden. Hinsichtlich der Preisgestaltung von Plattformen, sind die zwei gängigsten Formen zu nennen, das transaktions-basierte Pricing oder ein Abonnement. Gängig sind auch kostenlose Testversionen oder Freemium-Modelle. Zudem ist es wichtig, Nutzer zur Interaktion auf der Plattform zu motivieren, um die zuvor bereits angesprochene kritische Masse zur Erzeugung des Netzwerkseffekts zu erreichen. Das Geschäftsmodell einer digitalen Plattform und die somit anvisierten Nutzergruppen können sowohl B2B-, C2C- oder B2C-konzipiert sein (Täuscher et al. 2018).

Wurden erste Nutzergruppen gewonnen, so gilt es diese zu analysieren und Schlüsse über deren Zusammensetzung, Verhalten und Mehrwert zu ziehen. Zielgruppen und deren Erreichung werden hinterfragt, um den Mehrwert der Plattform und somit auch deren Attraktivität zu steigern. In einer Art Reifephase wurde bereits eine größere Nutzeranzahl gewonnen und deren Bindung an die Plattform ist nun entscheidend. Hierzu wird eine Weiterentwicklung der Kernkompetenzen im Sinne der Nutzer forciert.

8.3.3 Plattform Architektur

Die Herausforderung der Plattform-Architektur ist, anpassungsfähig zu sein für Anforderungen, die zu Beginn nicht abzusehen waren. Einzelne Module der Plattform müssen veränderbar sein, ohne die Gesamtfunktionalität zu gefährden (Tiwana et al. 2010).

Die aufstrebenden Plattformen verändern die Wettbewerbswelt. Wertschöpfung klassischer Produktionsunternehmen funktionierte bis dato Pipeline-mäßig durch Schritt-für-Schritt-Prozesse. Ressourcen wurden eingesetzt, um entlang der Wertschöpfungskette ein Endprodukt zu fabrizieren. Hierbei bildeten die Ressourcen, über die man verfügte, den Wettbewerbsvorteil. Aus Plattformsicht hingegen sind die Nutzer der Plattform die wichtigste Ressource und bilden somit den Wettbewerbsvorteil.

Marktplätze ermöglichen und unterstützen Transaktionen der Angebots- und Nachfrageseite (Täuscher et al. 2018). Der digitale Marktplatz an sich vertritt keine spezielle Teilnehmergruppe, sondern führt diese lediglich zusammen und stellt daher auch keine eigenen Güter her, sondern lediglich die Dienstleistung der Vermittlung zur Verfügung (Täuscher et al. 2018). Amazon im klassischen Sinn oder auch E-Bay bieten Marktplätze an, auf welchen Nutzer zum Kauf und Verkauf von Waren zusammenfinden. Social-Media-Plattformen wie beispielsweise Facebook und LinkedIn ermöglichen es den Menschen, privat oder auf beruflicher Ebene mit ihrem Netzwerk zu interagieren, während IoT-Plattformen sowohl offen und für jeden zugänglich als auch geschlossen und somit nur für eine bestimmte Gruppe verfügbar sind.

8.3.4 Plattformtypen

Zu den bekanntesten digitalen Plattformen gehören Uber und AirBnB, die es schafften, durch die Nutzung dieses neuen Geschäftsmodells zu Unicorn-Start-ups, also mit über einer Milliarde Euro bewertete Start-ups, zu werden. Ihre Nutzung ist heute für viele Endkunden alltäglich und hat die jeweilige Branche revolutioniert. Umfragen zufolge geben 77 % der befragten Unternehmen an, dass industrielle Internetplattformen in den nächsten 10 Jahren eine (sehr) große Bedeutung für ihr Unternehmen und ihre Branche erlangen werden. Volkswagen hat, um einen Überblick über die Vielzahl an Lieferanten und Teilen zu behalten, eine SCM-Kommunikationsplattform entwickelt, auf der Transparenz über Transporte und Daten durch Vereinheitlichung geschaffen wird.

8.4   Potenziale des autonomen Fahrens am Beispiel der Elektromobilität

8.4.1   Grundidee

Im Folgenden werden die (digitalen) Geschäftsmodellpotenziale anhand einer Geschäfts-modellidee für autonome E-Vans erläutert.

Laut einer Studie von AT Kearney (2011) wird das Marktpotenzial für Elektrofahr-zeuge bis 2020 auf ca. 10 bis 15 % des globalen Marktes geschätzt. Bis 2030 resultiert dies nach Schätzungen einer unabhängigen Studie auf bis zu 8 Mio. Elektrofahrzeuge allein in Deutschland (ABB 2018). Demnach können öffentliche Alternativkonzepte zur Entlastung der zunehmend kritischen Verkehrssituation ein wesentliches Handlungsfeld mit hohem Innovationspotenzial aufzeigen. Obwohl sich der Bereich der Elektromobili-tät und der autonomen Fahrzeuge in Deutschland noch in einem frühen Entwicklungs-stadium befindet, ist es wichtig, die Aufmerksamkeit sowohl auf die technologische Anwendung sowie die wirtschaftliche Umsetzbarkeit zu lenken (Brand 2015). Dies könnte vor allem auch für den „Wirtschaftsmotor Mittelstand" (BMWI 2018) und die in Deutschland vorherrschenden kleinen und mittelständischen Unternehmen eine mögliche Alternative sein. KMU erwirtschaften einen Großteil der deutschen Wertschöpfung und stellen somit einen der wichtigsten Stakeholder im Förderprojekt dar.

Dabei stützt sich ein mögliches Geschäftsmodell auf zwei wesentliche Kern-funktionen, die implementiert werden sollen. Hierzu zählt erstens die Darlegung eines Betreibermodells aus ökonomischer Sicht sowie eine Geschäftsmodellzentrierte Perspektive, die die betriebswirtschaftlich-konzeptionelle Sicht beleuchtet.

Hinsichtlich des Betreibermodells stellen die Schaffung von Kosteneffizienz, Prozess-kostenreduktion und eine Hinwendung zu mehr Effizienz in Wertketten der agierenden Stakeholder die wesentlichen Zielsetzungen dar. Hierfür wurden drei potenzielle Szenarien erarbeitet, die unter realen Anwendungsbedingungen als Grundlage für den Einsatz der E-Vans untersucht werden sollen. Zunächst gilt es, das autonome Fahr-zeug (e-Van) in den agilen Linienverkehr zu integrieren und dadurch z. B. zu Stoßzeiten (d. h. morgens zu Schulzeiten, mittags oder abends zur Rushhour) den Verkehr deut-lich zu entlasten. Dies würde im vorliegenden Fall zu mehr Effizienz in den zugrunde-liegenden Prozessen führen und könnte somit neue Anwendungsfelder adressieren und zur Identifikation von Verbesserungspotenzialen beitragen. Das zweite Szenario ist ein On-Demand-Service, d. h. ein autonomes Fahrzeug, welches „auf Bestellung" zu einer gewünschten Uhrzeit gerufen werden kann. Die Modellstadt Aalen zeigt hierbei ein-drucksvoll ein Problem auf, welches in vielen Städten in ähnlicher Form vorzufinden ist. Parkplätze in der Innenstadt sind oftmals begrenzt und die wenigen übrigen sind oftmals für öffentliche Verwaltungen oder andere Einrichtungen/Institutionen reserviert. Dies führt zu einer negativen Wertschöpfung, da der Stadt durch die fehlenden Einnahmen an Parkgebühren wesentliche Erträge verloren gehen. Die Einbindung eines On-Demand-Systems könnte dazu führen, dass abgelegene und damit meist unbeliebtere Parkplätze als neue Parkanlagen verwendet werden können, was wiederum Potenzial für die begehrten Parkplätze in der Innenstadt freisetzt. Der On-Demand-Service könnte somit jederzeit für die Beförderung genutzt werden und steigert den Grad der Effizienz. Hierbei wäre innerhalb des Förderprojekts die Notwendigkeit einer Ressourceneinsatz- sowie Kosten-Nutzen-Analyse auf Basis des dahinterliegenden Geschäftsmodells sinnvoll, da es dies in dieser Form noch nicht auf dem Markt gibt.

Hauptziel ist es, neue Geschäftsmodelle im Bereich der E-Mobilität zu entwickeln oder bereits bestehende zu adaptieren, deren Nutzenpotenzial jedoch im Vorfeld anhand von evidenz-basierten Erkenntnissen beizumessen. Demnach ist das Ziel aus ökonomischer Sicht ein Betreibermodell und aus betriebswirtschaftlich-konzeptioneller Sicht ein Geschäftsmodell zu entwickeln, die im Bereich der E-Mobilität ansässig sind.

Teilziel ist dabei die Ermittlung der Technologieakzeptanz sowie -diffusion aus empirischer Sicht, welche anhand einer qualitativ-empirischen Untersuchung zu evidenzbasierten Erkenntnissen führen soll.

Diese technologiezentrierte Sichtweise wird um die Dienstleistungsperspektive ergänzt, welche durch eine Dienstleistungsakzeptanzanalyse erweitert wird. Diese soll Klarheit über die einzelnen miteinander in Beziehung stehenden Geschäftsmodellelemente bringen.

8.4.2 Konzeptualisierung des Geschäftsmodells

Digitale und innovative Geschäftsmodelle in der E-Mobilität sind zurzeit auch aus betriebswirtschaftlicher Sicht ein immer bedeutenderes Trendthema. Dies liegt zum einen an der stark industriepolitischen Bedeutung und der vielfältigen Vernetzung mehrerer wesentlicher Branchen in Deutschland wie z. B. der Automobil- und Luftfahrtindustrie (Klör et al. 2014). Die Schaffung einer interoperablen Lösung und die stärkere Vernetzung zwischen Wissenschaft und Praxis, die inzwischen zunehmend gefördert wird, leitet die Dringlichkeit dieses Forschungsvorhabens. Es werden neue Standards im Bereich innovativer Geschäftsmodelle vor allem im Mobilitätsumfeld gefordert. Der Stand der Wissenschaft hat sich im Bereich innovativer Geschäftsmodelle in den letzten Jahren stark gewandelt und interdisipliniert. Der tief greifende Wandel im Bereich der Mobilität und der Automobilindustrie muss durch geeignete industriepolitische Rahmenbedingungen und Anreize begleitet werden (Beeton und Meyer 2014). Zugleich entstehen neue Handlungsfelder, wie u. a. neue Mobilitätskonzepte. Aufgrund der hohen Dynamik und der steigenden Relevanz des E-Mobilitätsmarktes ist es primär wichtig, das gesamte Forschungsfeld zu betrachten, um daraus nachhaltige, richtungsweisende und zukunftstaugliche Geschäftsmodelle entwickeln zu können. Jedoch steigt mit dieser Entwicklung auch der Grad der Komplexität. Bisherige Ansätze in dem Bereich innovative Geschäftsmodelle im E-Mobility-Umfeld setzen einen starken Fokus auf die technologische Umsetzung und Nutzung neuartiger Technologien. Eine Geschäftsmodelltheoretische Sichtweise wird dabei jedoch weitestgehend vernachlässigt (Kley et al. 2011). Die Prüfung der realen Anwendbarkeit im Sinne eines realwirtschaftlichen Use Cases spielt dabei wissenschaftlich bisher kaum eine Rolle. Des Weiteren ist auch die Bewertung der innovativen Geschäftsmodelle im E-Mobility- und Autonomous-Mobility-Bereich bisher kaum Thema in der wissenschaftlichen Forschung.

8.5 Ausblick

Dieser Beitrat hat – ausgehend von einer Betrachtung von digitalen Geschäftsmodellen, Plattform-Geschäftsmodellen und Ökosystemen – ein beispielhaftes Geschäftsmodell für Mobilität in Zeiten von Corona, den Betrieb autonomer E-Vans, aufgezeigt. An diesem Beispiel hat sich die große Bedeutung der technologischen Vernetzung der beteiligten Akteure anhand einer IoT-Plattform gezeigt, da diese nicht nur die Basis für den technischen Austausch, sondern auch für die Kommunikation der Kooperationspartner und mit den Kunden darstellt.

Interessant wird sein, inwieweit sich die mögliche Akzeptanz des autonomen Fahrens „nach" Corona verändern wird. Aktuell zeigen sich Tendenzen der Verlagerung vom ÖPNV zum Auto, da mehr Personen Angst vor einer Infektion haben. Dies könnte dem Autonomen Fahren tendenziell helfen.

Literatur

ABB AG. (2018). https://www.presseportal.de/pm/7032/3946908. Zugegriffen: 11. Feb. 2019.

AT Kearney. (2011). https://www.atkearney.de/documents/10192/245028/eMobility-The_Long_Road_to_a_BillionDollar_Business.pdf/5f3b8f4d-1c68-41c2-8b92-8453d5561b05. Zugegriffen: 11. Feb. 2019.

Beeton, D., & Meyer, G. (2014). *Electric vehicle business models*. Heidelberg: Springer.

Bharadwaj, A., Sawy, O., Pavlou, P. A., & Venkatraman, N. (2013). Digital business strategy. Toward a next generation of insights. *MIS Quarterly, 37*(2), 471–482.

Brand, A., et al. 2015. Professionelle Mobilitätsberatung für multimodale Verkehrsangebote im Kontext Elektromobilität (PROMOBIE). In D. Beverungen et al. (Hrsg.), Dienstleistungs-innovationen für Elektromobilität: Märkte, Geschäftsmodelle,, Kooperationen. Stuttgart: Fraunhofer Verlag, S. 90–111.

Bundesverband der Deutschen Industrie e. V. (2018). Deutsche Digitale Industrieplattformen – eine Bestandsaufnahme. https://bdi.eu/publikation/news/deutsche-digitale-industrieplatt-formen/.

Bundesministerium für Wirtschaft und Energie (BMWI). (2018). https://www.bmwi.de/Redaktion/DE/Publikationen/Mittelstand/wirtschaftsmotor-mittelstand-zahlen-und-fakten-zu-den-deutschen-kmu.html. Zugegriffen: 11. Feb. 2019.

Cole, T., & Urchs, O. (2013). Digitale Aufklärung. Warum das Internet klüger macht. München.

Evans, P. C., & Gawer, A. (2016). The rise of the platform enterprise: A global survey. https://www.thecge.net/wp-content/uploads/2016/01/PDF-WEB-Platform-Survey_01_12.pdf. Zugegriffen: 12. März 2019.

Franken, S. (2016). Führen in der Arbeitswelt der Zukunft. Instrumente, Techniken und Best-Practice-Beispiele, Wiesbaden

Hess, T., Matt, C., Benlian, A., & Wiesböck, F. (2016). Options for formulating a digital transformation strategy. *MIS Quarterly Executive, 15*(2), 123–139.

Keuper, F., Schomann, M., Sikora, L. I., & Wassef, R. (Eds.). (2018). Disruption und transformation management: Digital leadership–digitales mindset–digitale strategie. Springer-Verlag

Kley, F., Lerch, C., & Dallinger, D. (2011). New business models for electric cars – A holistic approach. *Energy Policy, 39*(6), 3392–3403.

Klör, B., Bräuer, S., & Beverungen, D. (2014). A business process model for the reverse logistics of used electric vehicle batteries. In 44. Jahrestagung der Gesellschaft für Informatik. Stuttgart.

Li, W., Badr, Y., & Biennier, F. (2012). Digital ecosystems: challenges and prospects. In: Proceedings of the international conference on management of Emergent Digital EcoSystems (S. 117–122). ACM.

Masak, D. (2009). Digitale Ökosysteme. Berlin, Heidelberg

Rochet, J.-C., & Tirole, J. (2003). Platform Competition in Two-Sided Markets. *Journal of the European Economic Association, 1*(4), 990–1029.

Schweitzer, H., Fetzer, T., Peitz, M. (2016). Digitale Plattformen: Bausteine für einen künftigen Ordnungsrahmen. Discussion Paper No. 16–042; ZEW-Zentrum für Wirtschaftsforschung GmbH

Täuscher, K., & Laudien, S. (2018). Understanding platform business models: A mixed methods study of marketplaces. *European Management Journal, 36*(3), 319–329.

Tiwana, A., Konsynski, B., & Bush, A. A. (2010). Platform evolution: Coevolution of plattform architecture, governance, and environmental dynamics. *Information Systems Research, 21*(4), 675–687.

Prof. Dr. habil. Patrick Ulrich ist Inhaber der W3-Professur für Unternehmensführung und -kontrolle sowie Sprecher des Direktoriums des Aalener Instituts für Unternehmensführung (AAUF) an der Hochschule Aalen. Zudem ist er Privatdozent an der Otto-Friedrich-Universität Bamberg und Lehrbeauftragter an mehreren Universitäten und Hochschulen. Er ist Autor von mehr als 250 wissenschaftlichen Veröffentlichungen und Mit-Herausgeber von vier Buchreihen. In Forschung und Beratung fokussiert er sich auf Governance, Risk und Compliance (GRC), Mittelstand und Familienunternehmen, Strategisches Management und Digitale Geschäftsmodelle.

Prof. Dr. Ingo Scheuermann ist Inhaber der Professur für Investition, Finanzierung und Wirtschaftsmathematik an der Hochschule sowie Direktor des Aalener Instituts für wertorientierte Unternehmensführung (AAUF). Seine Forschungsgebiete umfassen Auswirkungen der Digitalisierung auf die Finanzfunktion, Unternehmensfinanzierung im Gründungsbereich und Company Building im Bereich KI und New Mobility. Prof. Scheuermann ist Diplom-Wirtschaftsingenieur (Universität Karlsruhe) und hat an der Universtät Mannheim zu Venture Capital-Finanzierungen promoviert.

Alexandra Fibitz, M.Sc. ist Senior Technology Manager bei einem internationalen Unternehmen. Parallel ist sie externe Doktorandin bei Univ.-Professor Dr. Dr. habil. Wolfgang Becker und PD Prof. Dr. habil. Patrick Ulrich an der Otto-Friedrich-Universität Bamberg. In ihrer Dissertation beschäftigt sie sich mit dem Spannungsfeld von Digitalisierung, Strategie und Geschäftsmodellen. Nach ihrem Masterabschluss in Betriebswirtschaftslehre an der Universität Bamberg war Alexandra Fibitz als wissenschaftliche Mitarbeiterin am Aalener Institut für Unternehmensführung (AAUF) an der Hochschule Aalen tätig.

Scheitern der deutschen Verkehrspolitik im Falle der Lufthansa: Eine ökonomische Analyse

9

Wolfgang H. Schulz, Oliver Franck, Stanley Smolka und Vincent Geilenberg

9.1 Einleitung

Die COVID-19-Pandemie hat fundamentale Auswirkungen auf das weltweite wirtschaftliche Geschehen. Insbesondere die Tourismus-, Reise- und Mobilitätsbranche sind aufgrund der Reisebeschränkung sowie des globalen Lockdowns besonders geschädigt worden. Vorherige Krisen, wie zum Beispiel der Golfkrieg, 09/11 und das SARS-Virus hatten ebenfalls gravierende Auswirkungen auf die Luftfahrtindustrie, wobei COVID-19 weitreichendere Auswirkungen auf ebenjene Industrie hat. Hierbei handelt es sich nicht um eine kurzfristige wirtschaftliche Rezession, sondern die Nachwehen des wirtschaftlichen Stillstands werden sicher einige Jahre anhalten. So geht der CEO der Lufthansa Group, Carsten Spohr, davon aus, dass die Lufthansa erst 2024 auf Vor–Pandemie-Niveau ankommen wird. Bis dahin müssen weitreichende unternehmerische Entscheidungen getroffen werden, um eine nachhaltige und effektive Rettungsaktion durchführen zu können, da aktuell ein Großteil (bis zu 30 %) der Belegschaft gekündigt werden muss, der nach der Krise jedoch höchstwahrscheinlich neu eingestellt werden muss, was wiederrum zu erheblichen Transaktionskosten aufseiten der Lufthansa Group

W. H. Schulz · O. Franck (✉) · S. Smolka · V. Geilenberg
Zeppelin Universität, Friedrichshafen, Deutschland
E-Mail: oliver.franck@zu.de

W. H. Schulz
E-Mail: wolfgang.schulz@zu.de

S. Smolka
E-Mail: stanley.smolka@zu.de

V. Geilenberg
E-Mail: vincent.geilenberg@zu.de

W. Schulz et al. (Hrsg.), *Mobilität nach COVID-19*,
https://doi.org/10.1007/978-3-658-33308-9_9

sowie der Volkswirtschaft führen wird. Die aktuelle Lösungsmaxime umfasst eine staatliche Beteiligung in Höhe von 9 Mrd. EUR zuzüglich der Stilllegung eines Großteils der Flugzeuge, was wiederum zu einer erheblichen Entlassungswelle aufseiten der Piloten sowie des Servicepersonals zur Folge hat. Hierbei darf konstatiert werden, dass pro stillgelegtem Flugzeug ca. 100 Arbeitnehmer entlassen werden. Bis dato sollen bis zu 100 Flugzeuge stillgelegt werden, was in Summe die Kündigung von 10.000 Arbeitnehmern zur Folge hätte. Ferner ist zu konstatieren, dass im angelsächsischen Raum die Fluggesellschaften massiv Stellen abbauen und Flugzeuge aussortieren, wenngleich sie ihren Aktionären mit üppigen Dividenden-Ausschüttungen sowie Aktienrückkaufprogrammen verwöhnt haben. Dies führte zwangsläufig zu erheblichen Liquiditätsabflüssen, die insbesondere in Krisenzeiten fehlen, sodass Großkonzerne in konjunkturschwachen Zeiten sich nicht in der Lage befinden, diese aufzufangen und mit klassischen unternehmerischen Methoden zu meistern. Folglich erfüllen Großunternehmen nicht mehr die Funktion der Konjunkturstabilisierung in Krisenzeiten.

Gegenstand dieses Beitrags ist die Entwicklung eines literaturbasierten modelltheoretischen Marktordnungsrahmens, das insbesondere in der Mobilitätsindustrie in Krisenzeiten zielorientierte und wohlfahrtsmaximierende Effekte mit sich bringt, ohne das exorbitante staatliche Hilfen gewährleistet werden müssen, die gleichzeitig eine staatliche Einflussnahme und Steuerung in wirtschaftlichen Unternehmen zur Folge haben. Wie man aus der Finanzkrise gelernt hat, ist die Situation rund um die Commerzbank AG ein hervorragendes Beispiel, welche Auswirkungen auf die Zukunftsfähigkeit eine staatliche Einflussnahme nach sich ziehen kann.

9.2 Literaturrecherche

Aus der klassischen Finanztheorie heraus ist es üblich, dass Aktiengesellschaften ihren Shareholdern jährlich Anteile ihres Bilanzgewinns in Form von Dividenden an ihre Aktionäre ausschütten. Durch den Erwerb von Anteilsscheinen (Aktien) einer Gesellschaft geht der Aktionär ein gewisses finanzielles Risiko ein, das entsprechend als Risikokompensation vergütet wird. Das Zurückkaufen von Aktien ist eine weitere Methode, um die Risikokompensation für den Shareholder durchzuführen, die dieselbe Wirkung erzielt wie das Auszahlen von Dividenden. Der Wert einer Aktie, der vor der Dividendenausschüttung einen Wert von beispielsweise 100 EUR aufweist, besitzt nach Dividendenausschüttung von 10 EUR einen Wert von nur noch 90 EUR. Somit ist der cum-dividenden Aktienpreis gleich die Summe aus dem ex-dividenden Aktienpreis und dem Barwert der Dividendenzahlung[1].

Gewisse Gesellschaften nehmen gezielt Fremdkapital auf, um Dividenden auszuzahlen oder Aktienrückkaufprogramme durchzuführen. Die Aufnahme von Fremdkapital

---

[1](Epps 2007).

führt zu einer Veränderung der Kapitalstruktur einer Organisation. Es ist festzuhalten, dass Eigenkapital stets teurer als Fremdkapital ist. Aufgrund dessen sind viele Gesellschaften bereit günstiges Fremdkapital aufzunehmen, sodass Ausschüttung beziehungsweise künstliche Angebotsverknappungen, die zu einem höheren Aktienkurs führen, realisiert werden können. Die durchschnittlichen Kapitalkosten können mittels des Weighted Average Cost of Capital ermittelt werden.

Hieraus resultiert zudem, dass eine Aufnahme von Fremdkapital, um Dividenden auszuschütten oder Aktien rückzukaufen, zu einer Reduzierung der liquiden Mittel (Bezahlung von Zinskosten) führt, die in einer Krisensituation eine erhebliche Reduzierung des unternehmerischen und finanziellen Spielraums bewirken. Schließlich ist der Spielraum für die Kapitalaufnahme durch Dritte (Fremdkapital) nur limitiert möglich, denn Banken stellen lediglich bis zu einem bestimmten Leverage Ratio weiteres Fremdkapital zur Verfügung. Damit versperrt sich das Unternehmen eine Möglichkeit Fremdkapital aufzunehmen, wenn es sich in einer Krisensituation befindet, wenn es ex-ante bereits den Spielraum für die Aufnahme von Fremdkapital ausgereizt hat. Hierbei ist eine Differenzierung zwischen dem europäischen und dem angelsächsischen System vorzunehmen, aufgrund einer deutlich weniger intensiven Kapitalmarktorientierung des europäischen Systems im Vergleich zum angelsächsischen System. Europäische Gesellschaften verfolgen vermehrt eine bankenfinanzierte Strategie anstatt gewisse Kapitalmarktinstrumente, wie zum Beispiel die Emission von Anleihen oder die Zweitplatzierung von Aktien (Seasoned Equity Offering), die zu einer Verwässerung der Aktionärsanteile führt[2]. Es ist zu vermuten, dass die Emission von Anleihen nur bedingt funktionieren würde, da ein gewisses Misstrauen der Lufthansa Group gegenüber herrscht.

9.3 Fakten zur Lufthansa Group

Für eine tiefgründige Analyse ist es erforderlich, die wesentlichen Fakten zur Lufthansa Group beziehungsweise die genauen Auswirkungen der Pandemie darzustellen. Aus den jeweiligen Quartalsberichten der Lufthansa Group ist es möglich, ein nahezu vollständiges Bild der aktuellen Situation zu gewinnen.

Seit der Finanzkrise 07/08 hat die Lufthansa Group im arithmetischen Mittelwert jährlich 0,42 EUR an Dividenden je Aktie an ihre Aktionäre ausgezahlt (siehe Abb. 9.1).

Folglich wurden seit der Finanzkrise in Summe 2,15 Mrd. EUR an Dividenden ausgeschüttet. Auffällig ist, dass die Dividende je Aktie seit 2015 und somit in den letzten fünf Geschäftsjahren kontinuierlich gestiegen ist. Hierdurch ist festzustellen, dass die Manager der Lufthansa Group stets den Druck verspürten, die Dividende für ihre Aktionäre zu erhöhen, um den entsprechenden Einkommenserwartungen der

---

[2](Schmidt und Teberger 1997; Epps 2007; Brealey et al. 2011).

Jahr	Anzahl der Aktien (in Mio.)	Dividende je Aktie	Gesamtsumme Dividendenausschüttung (in Mio.)
2009	457,9	0,70 €	320,53 €
2010	457,9	0,00 €	0,00 €
2011	457,9	0,60 €	274,74 €
2012	459,9	0,25 €	114,98 €
2013	461,1	0,00 €	0,00 €
2014	462,8	0,45 €	208,26 €
2015	464,5	0,00 €	0,00 €
2016	468,8	0,50 €	234,40 €
2017	471,3	0,50 €	235,65 €
2018	475,2	0,80 €	380,16 €
2019	478,2	0,80 €	382,56 €
Gesamte Dividende			2.151,28 €

Abb. 9.1 Dividendenzahlungen. (Quelle: Lufthansa Geschäftsbericht 2010, 2013, 2015, 2017, 2019)

Aktionäre Rechnung zu tragen. In den Jahren 2010, 2013 und 2015 wurden keinerlei Dividenden den Aktionären ausgeschüttet. Die ausbleibende Dividende 2015 resultierte beispielsweise daraus, dass der Konzern für das Jahr 2014 einen Verlust in Höhe von 723 Mio. EUR zu verzeichnen hatte und somit eine Dividendenzahlung nicht mehr durch ein ausreichendes Jahresergebnis gedeckt hätte werden können. Zudem haben die damaligen Streiks sowie die Bestellungen neuer Flugzeuge (A 380) der Lufthansa Group finanziell zugesetzt[3].

Darüber hinaus schlagen sich die Auswirkungen von COVID-19 in den verschiedenen KPIs der Lufthansa negativ nieder. Abb. 9.2 zeigt die Q1- und Q2-Verkehrszahlen, die für die Lufthansa Group ermittelt wurden. Hier sind die Auswirkungen der COVID-19-Pandemie auf die Kerndaten der Lufthansa Group aufgeführt. Aufgrund des Lockdowns wurden sowohl berufliche als auch private Reisen nahezu vollständig eingestellt, was zur Folge hatte, dass die Anzahl der Fluggäste im zweiten Quartal im Vergleich zum Vorjahresquartal um 95,7 % zurückgegangen ist. Auf die zurückgegangene Nachfrage nach Flugleistungen hat die Lufthansa Group mit einer erheblichen Reduzierung ihrer angebotenen Sitzkilometer reagiert, um die operativen Kosten zu senken. Außerdem wurde ein Großteil der Belegschaft in Kurzarbeit gesetzt, um Teile der Lohnkosten einzusparen. Nichtsdestoweniger ist festzuhalten, dass die Flugindustrie durch sehr hohe

---

[3](Lufthansa Geschäftsbericht 2015).

	Q1 2019	Q1 2020	YoY	Q2 2019	Q2 2020	YoY
Fluggäste (in 1000)	29.384	21.756	-26,1 %	39.557	1.719	-95,7 %
Angebotene Sitzkilometer (in Mio.)	79.499	64.296	-19,1 %	95.187	4.307	-95,5 %
Verkaufte Sitzkilometer (in Mio.)	61.899	47.099	-24 %	79.196	2.413	-97 %
Anzahl der Flüge	262.492	209.264	-21 %	311.472	20.990	-93,3 %

Abb. 9.2 Performance-KPI. (Quelle: Lufthansa-Verkehrszahlen März 2020a & Juni b)

Fixkosten geprägt ist, sodass selbst das „Grounden" der Flugzeuge zu erheblichen Kosten (Aufstockung der Gehälter, Wartung, Platzgebühren, Pilotentraining, Werkstatt-flug und weitere Instandhaltungsmaßnahmen) führt.

Medienberichten zufolge beläuft sich die derzeitige „Cash Burn Rate" auf 1 Million Euro pro Stunde und folglich auf ca. 168 Mio. EUR pro Woche. Ohne staatliche Unterstützung und bei einem derzeitigen Cash-Bestand von ca. 1,2 Mrd. EUR (Stand 30.06.2020) wäre die Liquidität lediglich für ca. 1,78 Monate gesichert, bevor die Luft-hansa Group nicht mehr über die nötigen liquiden Mittel verfügt, um die operativen Kosten bedienen zu können. Um die Liquiditätsengpässe vorläufig beheben zu können, haben sich die Lufthansa Group und die jeweiligen Landesgesellschaften ihren Regierungen zugewendet, um liquiditätssichernde Unterstützung zu erhalten. Die Unter-stützungsprogramme der Regierung umfassen ein Gesamtvolumen von 9 Mrd. EUR und wurden wie folgt strukturiert:

1. Kapitalbeteiligung (im Zuge einer Kapitalerhöhung erwirbt der WSF 20 % der Aktienanteile mit beschränkten Stimmrechten) in Höhe von 0,3 Mrd. EUR
2. Stille Einlage mit Eigenkapitalcharakter in Höhe von 4,7 Mrd. EUR
3. Stille Einlage mit Fremdkapitalcharakter in Höhe von 1 Mrd. EUR
4. Staatlich gesicherter Kreditrahmen in Höhe von 3 Mrd. EUR

Der Erhalt dieser finanziellen Hilfen wurde an bestimmte Bedingungen geknüpft, wie zum Beispiel die Aussetzung von Dividendenzahlungen, die Limitierung der Managementvergütungen, den Verzicht auf Beteiligungserwerbe, die Abgabe von bestimmten Slots an die Flughäfen Frankfurt und München, die Implementierung einer nachhaltigen Geschäftspolitik (Erneuerung der Flotte) sowie zwei Aufsichtsrats-mandate[4]. Die Konditionen umfassen besonders hohe Zinszahlungen. In den ersten Jahren muss die Lufthansa Group auf die stillen Einlagen des Eigenkapitals 4 % Zinsen

---

[4](BMWi 2020).

zahlen und später steigt dieser Satz auf 9,5 % per annum. Folglich wird die Lufthansa zukünftig mit erheblichen Zinsbelastungen rechnen müssen. Hierbei stellt sich die Frage, ob dies aus marktwirtschaftlichen Gesichtspunkten die Pareto-optimale Lösung ist. Eines ist jedoch offensichtlich, die Bundesregierung könnte als Gewinner aus der gesamten Lufthansa-Krise hervorgehen. Weiterhin ist fraglich, ob die Tilgungs- sowie die Zinszahlungen dem Steuerzahler via zweckgebundene Investitionen beispielsweise in Infrastrukturprojekte, Innovationen und/oder Forschung und Bildung zugutekommen werden. Interessant hierbei ist jedoch, dass von Aktienrückkaufprogrammen keine Rede ist. Am 7. Mai 2019 hat sich der Vorstand im Rahmen der Hauptversammlung das Recht gesichert, mit Zustimmung des Aufsichtsrates bis zu 10 % des Grundkapitals an eigenen Aktien erwerben zu können[5]. Dies wurde seitens des BMWi in keiner Weise berücksichtigt. Folglich besteht die theoretische Möglichkeit, dass der Vorstand diesen Mechanismus nutzen könnte, um den Aktienpreis der Lufthansa Group zu optimieren und eine ähnliche Wirkung wie bei der Ausschüttung von Dividenden für die Aktionäre zu erzielen[6].

Um den gesamten volkswirtschaftlichen Nutzen der Luftfahrt ermitteln zu können, muss gewährleistet sein, dass alle relevanten externen Nutzenpositionen erfasst werden. Durch den Flughafenausbau können folgende externe Nutzen erwartet werden. Es ist festzuhalten, dass der Produktionsfaktor „Luftfahrt" mit den Produktionsfunktionen von Unternehmen technologisch und positiv verflochten ist[7]. Gerade durch die Bündelungs- und Netzwerkfunktionen der Luftfahrt werden produktivitätssteigernde **Netzexternalitäten** ermöglicht, die bei den Unternehmen zu Marktanteilserhöhungen und Gewinnsteigerungen führen[8]. Zudem initiiert die Luftfahrt **regionale und nationale Multiplikatorprozesse,** die zu Produktivitätssteigerungen bei den in der Region ansässigen Unternehmen führen. Aufgrund der eindeutigen Kausalbeziehung handelt es sich aus der Sicht der Luftfahrt um internalisierungsbedürftige externe Nutzen. Darüber hinaus verursacht die Luftfahrt durch die Begünstigung der Agglomerationsheraus-bildung **dynamische externe Nutzen,** die vor allem in zwei Formen auftreten können[9]:

- Vorteile der räumlichen Konzentration von Betrieben der gleichen Branche **(Localization Economies)**
- Vorteile der räumlichen Konzentration von Betrieben verschiedener Branchen **(Urbanization Economies)**

---

[5](Lufthansa 2020).

[6](Brealey et al. 2011).

[7](Meade 1969).

[8](Graaff 1987).

[9](Rothengatter 2000).

Weiterhin verursacht die Luftfahrt Informationsgewinne bei Dritten. Diese **Informationsexternalitäten** ergeben sich sowohl aus den Multiplikatorprozessen als auch aus den dynamischen Effekten, die beide die relativen Preise in der Region verändern. Daraus ergeben sich weitere externe Nutzen, da sich in der Region die Produktionsfunktionen der Unternehmen und die Nutzenfunktionen der privaten Haushalte ändern, auch dann, wenn Unternehmen und Haushalte nicht in einer unmittelbaren Kausalitätskette zum Flughafen stehen[10]. Bedeutend sind ebenfalls die **Innovationsexternalitäten:** Verkehrsleistungen sind für Unternehmen neben den Produktionsfaktoren Kapital und Arbeit ein entscheidender Input, um ihre Marktchancen zu erhöhen. Verkehrsanbindungen tragen dazu dabei, dass die Unsicherheit von Forschungserfolgen optimiert werden kann. Ähnlich wie beim Preiswettbewerb werden Marktreaktionen ausgelöst, die den internen Nutzen der Unternehmen erhöhen, was aber teilweise auf die Möglichkeiten zurückzuführen ist, dass die infrastrukturellen Voraussetzungen für ein Verkehrsleistungsangebot bestehen[11].

9.4   Ergebnis

Die besondere Situation in der Luftfahrtindustrie weltweit erfordert besondere Lösungsansätze. Aufgrund dessen darf konstatiert werden, dass staatliche Unterstützungen per se ein Stabilisierungsinstrument darstellen. Mit der Mobilitätsbranche gehen nicht nur Beschäftigungseffekte einher, sondern das menschliche Grundbedürfnis der Raum-Zeit-Überwindung wird ebenso zutiefst befriedigt. Aus diesem Grund gehört die Bereitstellung der Mobilitätsangebote zur staatlichen Daseinsvorsorge, um einzelwirtschaftliche Bedürfnisse zu erfüllen. Luftfahrt ermöglicht weltweit katalytische Effekte wie beispielsweise Beschäftigungseffekte, diese binden die Wirtschaft in die internationale Arbeitsteilung ein und steigern die Attraktivität des Wirtschaftsstandortes. Wenn der Luftverkehr nicht funktioniert, dann werden auch alle indirekten und induzierten Beschäftigungseffekte vernichtet. Es werden folglich keine Investitionen getätigt durch Dienstleistungsunternehmen und Lieferanten des Flughafens (interner und indirekter Effekt) und es gibt negative Beschäftigungs- und Einkommenseffekte durch den Rückgang der Konsumnachfrage aus dem Erwerbseinkommen der Beschäftigten im Luftverkehr (induzierte Effekte). Dies führt ebenfalls zu strukturellen Defiziten in der jeweiligen Region und kann zu einer Verödung des Standorts führen[12].

Eine zielführende wohlfahrtsmaximierende staatliche Unterstützung für in Zahlungsschwierigkeit geratene Unternehmen, die als Daseinsvorsorge zählen, könnte folgender Vorschlag sein. Ein Unternehmen, dass Mobilitätsdienstleistungen anbietet, besitzt eine

---

[10](Greenwald und Stiglitz 1986).

[11](Laffont 1987, 1990; Quinet 2000).

[12](Baum et al. 2005).

unternehmensspezifische Erlös- und Kostenfunktion, die zu einem individuellen Break-Even-Punkt führt. Der Break-Even-Punkt ist ein betriebswirtschaftlicher Begriff, bei dem Unternehmen mittels ihrer Erlöse die gesamte fixen und variablen Kosten decken können und folglich gewinnneutral am Markt agieren. Das Erreichen des Break-Even-Punkts ist erforderlich, um die Aufrechterhaltung der unternehmerischen Tätigkeiten zu gewährleisten. Aufgabe der staatlichen Daseinsvorsorge ist der Erwerb von Mobilitätskontingenten zu einem definierten Preis, der zu einer kontrollierten Sicherung der Gewinnschwelle führt, sodass sowohl das Grundbedürfnis nach Mobilität als auch die Gewährleistung der Beschäftigtenverhältnisse gesichert werden können. Gleichzeitig sichert dieses Vorgehen, dass die allgemeinen Marktstrukturen bestehen bleiben und es nicht, wie im Fall des europäischen Flugmarktes, zu einer Monopolisierungstendenz kommt, aufgrund der erhöhten Marktmacht einiger weniger Marktteilnehmer, die eine Krisensituation aufgrund ihrer Unternehmensgröße und Marktkapitalisierung länger bestreiten können als kleine und neue Anbieter. Kleine und neue Anbieter haben den strukturellen Nachteil, dass sie aufgrund der hohen Markteintrittsbarrieren (hohe Anschaffungskosten und restriktive Landerechte) im Flugmarkt und dem harten Wettbewerb nur sehr geringe Margen haben und folglich eine Marktunsicherheit schnell zu einer Stilllegung und/oder Insolvenz der Unternehmen führt.

Ein beispielhafter Vorschlag könnte die staatliche Abnahme von Sitzplatzkontingenten sein, die mindestens die Gewinnschwelle erreichen und somit die Existenz des Unternehmens sichern. Beispielsweise würde der deutsche Staat für die jeweiligen Routen der Lufthansa Group die Sitzplatzkontingente zu Grenzkosten erwerben. Die Lufthansa Group würde diese Sitzplatzkontingente an ihre Kunden zu einem späteren Zeitpunkt zu marktüblichen Preisen weiterverkaufen. Die marktüblichen Preise liegen in der Regel über dem Grenzkostenniveau und folglich erwirtschaftet der Staat einen Gewinn. Im Peak der Krise wird die Nachfrage der Kunden nach Sitzplätzen nahe null sein und somit entsteht ein Verlust aufseiten des Staates. Sobald die Krise sich abschwächt steigt der Nachfrage nach Sitzplätzen und die vorher generierten Verluste (die man als staatliche Beihilfe charakterisieren könnte) werden nun durch die Gewinnmarge ($G = P - GK$) sukzessive abgebaut. Nach Krisenende zieht sich der Staat allmählich von dem Erwerb von Sitzplatzkontingenten zurück. Somit entsteht eine Pareto-optimale Ressourcenallokation, die die Beschäftigung in Unternehmen sichert, die bestehende Markstruktur festigt und somit eine höhere Allokationseffizienz (höhere Konsumentenrente) ermöglicht und die zukünftigen Steuereinnahmen eines Staats sicherstellt. Des Weiteren ist der Staat nicht gezwungen, sich in einem überdurchschnittlichen Ausmaß zu verschulden, um Unternehmen mittels finanzieller Mittel zu retten sowie von der staatlichen Einflussnahme in die Unternehmens- und Verwaltungsstruktur der Organisation abzusehen.

9.5   Conclusion

Zusammengefasst leiden die Manager von börsennotierten Aktiengesellschaften unter dem permanenten Druck, Dividenden an ihre Aktionäre auszuschütten, und folglich ist der Freiheitsgrad der Manager relativ gering. Deshalb werden primär dividendenmaximierende Entscheidungen getroffen, die sich negativ auf die Zukunftsfähigkeit des Unternehmens auswirken können. Erschwerend kommt hinzu, dass ein stetiger Druck besteht, in jedem Geschäftsjahr die Dividende je Aktie zu erhöhen. Dies stellt gewiss keine nachhaltige Geschäftspolitik dar.

Der vorliegende Beitrag hat das Vorhaben unternommen, eine resilienzorientierte Verkehrspolitik zu entwickeln, die maßgeblich den Zugriff der Verkehrsleistungssteuerung den Managern entzieht und dem Staat ermöglicht, gewisse Basisleistungen zu erwerben, um die Daseinsvorsorge gewährleisten zu können. Aufgrund dessen muss eine Strukturreform durchgeführt werden, die in einem Krisenszenario zu einer kurzfristigen Neuordnung des Marktes führt und gleichzeitig für die Stabilisierung des Verkehrsmarktes sorgt.

Literatur

Baum H., & Schulz W. H. (2000). Transport policy – Public authorities and their future role in the transport sector. In J. B. Polak & A. Heertje (Hrsg.), Analytical transport economics – An International perspective (S. 235–269). Cheltenham (UK), Northampton, MA (USA).s

Baum, H., Esser, K., Kurte, J., & Schneider, J. (2005). *Regionale Entwicklung und der Frankfurter Flughafen*. Düsseldorf: Hans Böckler Stiftung.

Brealey, R., Myers, S., & Allen, F. (2011). *Principles of corporate finance* (10. Aufl.). New York: McGraw-Hill/Irwin.

Bundesministerium für Wirtschaft und Energie. (2020). Bundesregierung verständigt sich auf finanzielle Unterstützung für die Lufthansa. https://www.bmwi.de/Redaktion/DE/Pressemitteilungen/2020/20200525-bundesregierung-verstaendigt-sich-auf-finanzielle-unterstuetzung-fuer-die-lufthansa.html. Zugegriffen: 12. Jan. 2021.

Epps, T. (2007). *Pricing derivative securities* (2. Aufl.). Singapore: World Scientific Printers.

Graaff, J. de V. (1987). Pecuniary and Non-Pecuniary Economies, In J. Eatwell, M. Milgate, & P. Newman (Hrsg.), The New Palgrave: A Dictionary of Economics. London

Greenwald, B. C., & Stiglitz, J. E. (1986). Externalities in economies with imperfect information and incomplete markets. *The Quarterly Journal of Economics, 104,* 230–263.

Laffont, J.-J. (1987). Externalities. In J. Eatwell, M. Milgate, & P. Newman (Hrsg.), The New Palgrave: A Dictionary of Economics. London.

Laffont, J.-J. (1990). *Fundamentals of public economics* (3. Aufl.). The MIT Press: Cambridge.

Lufthansa. (2010). Geschäftsbericht. https://investor-relations.lufthansagroup.com/fileadmin/downloads/de/finanzberichte/geschaeftsberichte/LH-GB-2010-d.pdf. Zugegriffen: 12. Jan. 2021.

Lufthansa (2013). Geschäftsbericht. https://investor-relations.lufthansagroup.com/fileadmin/downloads/de/finanzberichte/geschaeftsberichte/LH-GB-2013-d.pdf. Zugegriffen: 12. Jan. 2021.

Lufthansa. (2015). Geschäftsbericht. https://investor-relations.lufthansagroup.com/fileadmin/downloads/de/finanzberichte/geschaeftsberichte/LH-GB-2015-d.pdf. Zugegriffen: 12. Jan. 2021

Lufthansa. (2017). Geschäftsbericht. https://investor-relations.lufthansagroup.com/fileadmin/downloads/de/finanzberichte/geschaeftsberichte/LH-GB-2017-d.pdf. Zugegriffen: 12. Jan. 2021.

Lufthansa. (2019). Geschäftsbericht. https://investor-relations.lufthansagroup.com/fileadmin/downloads/de/finanzberichte/geschaeftsberichte/LH-GB-2019-d.pdf. Zugegriffen: 12. Jan. 2021.

Lufthansa Verkehrszahlen. (2020a). März Bericht 2020. https://investor-relations.lufthansagroup.com/fileadmin/downloads/de/finanzberichte/verkehrszahlen/lufthansa/2020/LH-Investor-Info-2020-01-d.pdf. Zugegriffen: 12. Jan. 2021.

Lufthansa Verkehrszahlen. (2020b). Juni Bericht 2020. https://investor-relations.lufthansagroup.com/fileadmin/downloads/de/finanzberichte/verkehrszahlen/lufthansa/2020/LH-Investor-Info-2020-02-d.pdf. Zugegriffen: 12. Jan. 2021.

Meade, J. (1969). External economies and diseconomies in a competitive situation. In A. Arrow & T. Scitovsky (Hrsg.), *Reading in welfare economics* (S. 185–198). Illinois: Homewood.

Quinet, E. (2000). Imperfect competition in transport markets, In J. B. Polak & A. Heertje (Hrsg.), Analytical transport economics (S. 117–137). Cheltenham.

Rothengatter, W. (2000) External effects of transport, In J. B. Polak & A. Heertje (Hrsg.), Analytical transport economics (S. 79–116). Cheltenham, UK, Northampton, MA, USA.

Schmidt, R., & Terberger, E. (1997). *Grundzüge der Investitions-und Finanzierungstheorie*. Wiesbaden: Gabler Verlag.

Univ.- Prof. Dr. Wolfgang H. Schulz ist ein international bekannter Ökonom auf dem Gebiet der Mobilitäts- und Verkehrsökonomie. Er ist Inhaber des Lehrstuhls für Mobilität, Handel und Logistik an der Zeppelin Universität in Deutschland. Darüber hinaus ist er im Beirat des Verkehrsministeriums von Nordrhein-Westfalen tätig. Seine Entwicklung der Theorie des Institutionellen Rollenmodells (IRM) wird in einer Vielzahl von Entwicklungsprojekten im gesamten Mobilitätssektor eingesetzt und ermöglicht so eine diskriminierungsfreie Zuordnung von Aufgaben zur idealen Institution. Sein aktueller Forschungsschwerpunkt ist die Bedeutung der künstlichen Intelligenz für die Automobilindustrie.

Oliver Franck ist ein Wirtschaftswissenschaftler mit einem verkehrswissenschaftlichen Schwerpunkt. Nach einem erfolgreichen Bachelor- und Masterabschluss an der Zeppelin Universität mit einem Auslandsaufenthalt in den USA, begann er im September 2019 eine Promotion, im Rahmen derer er sich der Analyse von Marktverhaltensweisen von Mobilitätsindustrien widmet. Diese Analyse erfolgt mittels der Nutzung eines industrieökonomischen Ansatzes, um den Einfluss exogener Faktoren systematisch zu ermitteln.

Stanley Smolka ist interdisziplinärer Querdenker zwischen Markt, Staat und Zivilgesellschaft und hat das Studienprogramm „Sociology, Politics & Economics" an der Zeppelin Universität mit dem Bachelor of Arts erfolgreich absolviert. Überdies sammelte er mehrjährige Berufserfahrung in den Themen der Prozessanalyse, Prozessoptimierung sowie Prozessautomatisierung. Seine Forschungsschwerpunkte liegen im guten und richtigen Management in Bezug auf Komplexität, Innovation und Digitalisierung sowie im relationalen Leadership.

Vincent Geilenberg hat an der Zeppelin Universität im Bachelor Soziologie, Politik und Wirtschaft und im Master Kultur, Medien und Kreativwirtschaft studiert. Aktuell ist er wissenschaftlicher Mitarbeiter am Lehrstuhl für Mobilität, Handel und Logistik der Zeppelin Universität und beschäftigt sich intensiv mit Fragen zur Zukunft der Mobilität in Deutschland sowie weltweit.

Kann eine Krise die Mobilitätsbranche vorantreiben? – Interdisziplinäre Perspektiven der COVID-19 Krise auf die Mobilitätsbranche

Wolfgang H. Schulz, Nicole Joisten und Christina F. Edye

10.1 Erste allgemeine Einschätzung des Virus

EDYE: „COVID-19 ist ein unvorhergesehener Virus, der die Welt zum Stillstand gebracht hat. Anstatt dass wir einfach vorsichtig geworden sind, haben wir unser komplettes Mobilitätsverhalten geändert. Zwar geschah dies auch automatisch aufgrund der Verpflichtung des reduzierten Kontaktes zur Außenwelt, aber die Angst sich zu infizieren hat die Menschen nach alternativen Fortbewegungsmitteln suchen lassen. U-Bahnen und Busse leerten sich, während die Fahrradbranche einen Boom erlebte. Gleichzeitig hat auch der Individualverkehr von Personenkraftwagen (Pkw) wieder zugenommen. Dies ist auch an den steigenden Stauzahlen zu erkennen. Die Trendbewegung zum selteneren Gebrauch von privaten Pkw und der vermehrten Nutzung öffentlicher Verkehrsmittel (ÖPNV) hat einen klaren Rückschritt gemacht. COVID-19 hat die Mobilitätswelt, wie wir sie kennen, verändert und nahezu eine 180-Grad-Drehung unserer bisherigen Mobilitätsentwicklung, Maßnahmen und Annahmen bewirkt.“

W. H. Schulz · C. F. Edye (✉)
Lehrstuhl für Mobilität, Zeppelin Universität, Handel & Logistik, Friedrichshafen, Deutschland
E-Mail: c.edye@zeppelin-university.net

W. H. Schulz
E-Mail: wolfgang.schulz@zu.de

N. Joisten
ISM International School of Management, Köln, Deutschland
E-Mail: nicole.joisten@ism.de

© Der/die Autor(en), exklusiv lizenziert durch Springer Fachmedien Wiesbaden GmbH, ein Teil von Springer Nature 2021
W. Schulz et al. (Hrsg.), *Mobilität nach COVID-19,*
https://doi.org/10.1007/978-3-658-33308-9_10

SCHULZ: „Aus der Perspektive des Virus ist die Welt durch die Globalisierung tatsächlich zu einem Dorf geworden. Das Dorf weist in seinen Quartieren jedoch erhebliche Unterschiede auf, wie man zum Beispiel mit dieser neuen Situation umgehen muss. Der Verzicht auf Mobilität hat dann aber auch sehr schnell gezeigt, dass vieles ohne Mobilität möglich ist, aber nicht vollkommen auf Mobilität verzichtet werden kann. In einer digitalisierten Welt kann der Mensch nur analog überleben: denn die Lebensmittel müssen transportiert werden.

Je länger die pandemische Situation andauert, desto mehr zeigt sich aber auch, dass eine Weltgesellschaft mit extrem minimierten Wegeketten kein allgemein akzeptiertes Leitbild ist.“

JOISTEN: „Die Corona-Krise bedeutet einschneidende Veränderungen in den meisten Lebensbereichen. Sicherheit gebende Gewohnheiten (z. B. die wöchentliche Skatrunde, der tägliche Besuch im Fitnessstudio, der Grillabend mit Freunden, der Weg zur Arbeit) können nicht aufrechterhalten werden, stattdessen werden neue Verhaltensweisen von uns verlangt (Maskenpflicht, Begrüßung ohne Handschlag, etc.). Hinzu kommen durch die Pandemie ausgelöste individuelle Stressoren wie z. B. die Notwendigkeit der Kinderbetreuung, Existenzängste, Krankheitsängste, Zusammenleben ohne sich aus dem Weg gehen zu können. Die sozialen und beruflichen Einschränkungen haben das Leben der meisten Menschen in vielfältiger Weise erschwert. Unsicherheit und Stress, starke Emotionen, Ängste aber auch Gefühle von Niedergeschlagenheit, Hilflosigkeit oder Wut sind in einer solch außergewöhnlichen Situation oft die Folge. Als sekundäre Folge ändert sich unser Verhalten, so auch unser Mobilitätsverhalten. Ängste beispielsweise lösen in der Regel ein erhöhtes Kontrollbedürfnis aus (z. B. bezüglich des Ansteckungsrisikos). Dies zeigt sich aktuell im Rückgang der Nutzung öffentlicher Verkehrsmittel und im Zuwachs des Individualverkehrs. Das veränderte Mobilitätsverhalten (z. B. der Zuwachs der Fahrradnutzung, weniger Staus durch weniger Verkehr) wirkt sich wiederum (z. B. entschleunigend) auf unser Leben aus.“

10.2   Entwicklung

10.2.1 Welchen Einfluss hat die Mobilitätsbranche auf die Ausbreitung von COVID-19?

EDYE: „Flugzeuge erlauben uns, innerhalb von 24 h am anderen Ende der Welt zu sein. Durch die Welt reisen ist sowohl beruflich als auch für unsere Urlaube eine Selbstverständlichkeit geworden. Die rasante Ausbreitung einer Pandemie wird dadurch allerdings gefördert. Nach und nach gab es Anfang 2020 eine Eindämmung der Reisemöglichkeiten, sowohl im internationalen als auch im europäischen Bereich. Im März 2020 hat China die Einreise für Nicht-Staatsangehörige gestoppt. Im September 2020

wurde dies aber unter bestimmten Bedingungen, wie zum Beispiel Geschäftsein-
ladungen, wieder erlaubt. Auch die USA hat die Einreise aus Ländern wie China und
dem Schengen-Bereich im März eingestellt, und 7 Monate später wurde immer noch
keine Lockerung in Betracht gezogen. Natürlich sind präventive Maßnahmen enorm
wichtig, um die Verbreitung von COVID-19 zu minimieren, aber besonders dem Luftverkehr wurde infolgedessen seine Autonomie genommen. Bereits im April 2020 mussten
mehrere Fluggesellschaften Insolvenz anmelden, darunter auch Virgin Australia sowie
die deutschen Fluggesellschaft LGW.“

10.2.2 Wie sahen die Entwicklungen, Maßnahmen und Annahmen der Mobilitätsentwicklung vor COVID-19 aus?

EDYE: „Nehmen wir das tägliche Pendeln der Deutschen als Beispiel: Im Januar fuhren
die Menschen noch mit Bus, Bahn und einige auch bei kaltem Wetter mit dem Fahrrad
zur Arbeit. Aufgrund von Staus, immer besser vernetztem ÖPNV und einem umwelt-
orientierteren Denken sind viele Menschen von eigenen Autos zu den Alternativen
gewechselt. Der tägliche Gebrauch des eigenen Fahrzeugs sank (DFKI 2017), während
die Nutzung des ÖPNV zunahm.

Um dies zu fördern, wurden national mehrere Maßnahmen ergriffen. Städte
investierten mehr Geld in ihre Bus- und Bahnnetzwerke und mehr Busspuren wurden
eingeführt, auf Kosten bereits vorhandener Pkw-Spuren. Die Hamburger HafenCity
wurde so konzipiert, dass weniger Parkplätze vorhanden sind, um die Anwohner an den
ÖPNV heranzuführen. Vor COVID-19 geplant, wurde im Oktober 2020 der herkömm-
liche Verkehr vom Hamburger Jungfernstieg komplett verbannt. Weiterhin frei für Busse
und Taxis soll die Straße nach dem Umbau fokussierter auf Fußgänger und Radfahrer
sein. Umweltfreundlicher, leiser und durch eine vergrößerte Grünfläche schöner soll der
Jungfernstieg werden. Allerdings legt dies dem privaten Individualverkehr Steine in den
Weg, und wird vermutlich teils auch zu einem Wechsel auf ÖPNV und Fahrrad führen.
Durch die Kombination aus Förderungen vom Bund, der Verdrängung von Autos sowie
der Bewegung zum verbesserten Klimaschutz erlebte der ÖPNV vor COVID-19 also
eine Renaissance.

Zu den Annahmen, auf denen die Mobilitätsbranche als Ganzes bisher ihre Zukunfts-
entwicklungen basiert hat, gehören der weitere Ausbau und eine ansteigende Nutzung
von Bus, U- und S-Bahnen, Regional- und Fernverkehr der Bahn, sowie von Car-
Sharing-Geschäftsmodellen wie ShareNow. Ebenfalls sind Car-Pooling Konzepte wie
MOIA oder Uber Pool wichtige Mobilitätsformate, die für die weitere Entwicklung
städtischer Mobilitätskonzepte berücksichtigt werden.

Auch die Automobilbranche, die einen großen Teil zu unserer Wirtschaft und
Reputation beiträgt, konzentriert sich auf die Entwicklung alternativer Antriebe, wie
Elektroautos, und autonome Fahrzeuge. Insbesondere für die Einführung und Umsetzung
autonomer Fahrzeugkonzepte sind klare Entwicklungen im Verhalten der Gesellschaft

sehr wichtig. Ich beschäftige mich inzwischen seit mehreren Jahren mit der Akzeptanz autonomer Fahrzeuge. Statistiken in den USA haben gezeigt, dass trotz technischer Fortschritte die Akzeptanz dieser Fahrzeuge innerhalb der Gesellschaft zurückgegangen ist. Es ist schwierig, den potenziellen Nutzern eine Technologie schmackhaft zu machen, wenn diese sich noch in der Testphase befindet. Bereits 1939 wurde die Idee von vollautomatisierten Fahrzeugen der Menschheit vorgestellt. 80 Jahre später haben wir zwar noch kein massenmarktfähiges selbstfahrendes Auto, aber die Gesellschaft hat bereits Vorstellungen, gute und schlechte, wie so eine Welt aussehen könnte. Aber es gibt trotz vieler Ideen und Strategien etliche Aspekte, die noch berücsichtigt und konzipiert werden müssen und der Weg zur Umsetzung ist weiterhin lang.

Doch durch COVID-19 stehen wir plötzlich vor einer ganz anderen Mobilitätswelt. Weniger gemeinsame Nutzung der verschiedenen ÖPNV- und Sharing-Modelle und mehr Nutzen der eigenen Pkw führen dazu, dass wir unsere bisherigen Theorien überdenken müssen. Sind dies temporäre Entwicklungen, oder wird sich diese Veränderung grundlegend in der Gesellschaft etablieren?".

10.2.3 Welche Entwicklungen gab es während Corona?

EDYE: „In den letzten Monaten gab es mehrere große Fördermaßnahmen für verschiedene Bereiche der Mobilitätsbranche. Obwohl diese schon lange im Voraus geplant und beschlossen wurden, war das Timing für einige Bereiche ausschlaggebend: Durch die Förderung „Innovationsprämie" des BMWi wird die bisherige finanzielle Unterstützung beim Kauf eines Elektroautos verdoppelt. Käufer von E-Autos bekommen bis zu 9000 € staatlichen Zuschuss. Dadurch werden nicht nur mehr Elektrofahrzeuge verkauft, sondern die Bewegung hin zum Individualverkehr gefördert. Gerade in Zeiten, in denen der ÖPNV gemieden wird, haben solche Aktionen einen noch größeren Einfluss auf die Entscheidung für ein neues Auto. Auch die Fahrradbranche profitiert von Förderung. Die Anschaffung von Elektro- und unmotorisierten Lastenfahrrädern wird bei gewerblichen Anschaffungen durch den Bund/BAFA gefördert und bei Privatpersonen in vielen Bundesländern durch die Länder und Kommunen unterstützt. Auch hier führt es zur Bewegung weg von ÖPNV. Während die Fahrradsaison prinzipiell ein höheres Wachstum zu Sommerzeiten sieht, wird auch hier ein Teil des Konsums auf COVID-19 zurückzuführen sein."

10.2.4 Was muss bei der Mobilitätsplanung zu Pandemiezeiten berücksichtigt werden?

EDYE: „Um die Ansteckungsrate zu minimieren, müssen strenge Hygienemaßnahmen eingehalten werden. Carsharing-Modelle werden daher als kritischer angesehen. Vor einem ähnlichen Problem stehen auch Elektro-Scooter-Anbieter. Unternehmen wie

Lime und Voi stellten ihren Service komplett ein. Doch das deutsche Unternehmen Tier entschied sich zur Aufrechterhaltung des eScooter-Leihservices, sofern möglich. Mit dem ‚Heroes Program' durften Menschen mit systemrelevanten Jobs sogar umsonst fahren.

Obwohl einige Verkehrsmittel einen sehr starken Rückgang an Nutzerzahlen erlitten, musste der Mindestabstand bei anderen neu überdacht werden. Viele Städte mussten ihre Verkehrskonzepte daher aufgrund von Corona kurzfristig überdenken. Pop-Up-Bikelanes tauchten an vielen Orten als temporäre Lösung auf, um den Mindestabstand zu anderen Radfahrern zu ermöglichen. Dies unterstützt natürlich auch die Attraktivität des Radfahrens."

10.3 Industrie und Politik

10.3.1 Gibt es kurzfristige und langfristige Unterschiede in den Auswirkungen der Corona-Krise aufgrund der Branchenstruktur und der Politik auf die Mobilitätsbranche Europas, der USA und Asiens?

SCHULZ: „Unterschiede in der Marktstruktur, die schon vor der Pandemie bestanden, haben jetzt einen entscheidenden Einfluss darauf, wie sich die einzelnen Märkte weiterentwickeln werden. So weist der Luftverkehrsmarkt in Europa gegenüber dem nordamerikanischen oder arabisch/asiatischen Märkten eine höhere Defragmentierung auf. Am Beispiel des Luftverkehrs kann die grundsätzliche Problematik besonders gut erörtert werden. Wir haben die Situation, dass schlagartig die Marktnachfrage deutlich gesunken ist. Bedingt durch die vorherige Klimadiskussion sowie durch die Erfahrung, dass offenkundig physische Mobilität durch virtuelle Mobilität ersetzt werden kann, ist nicht klar, wie stark der strukturelle Nachfragerückgang sein wird. Es ist nicht klar, in welchem Tempo und in welchem Umfang die Marktnachfrage wieder zurückkommt. Das ist für die etablierten Fluggesellschaften, wie zum Beispiel für die Lufthansa, ein enormes Problem, weil der Kostendruck sie dazu zwingt, Kapazitäten abzubauen. Da das Erholungstempo des Marktes unbekannt ist, ist völlig unklar, wie viel Angebotskapazität wie schnell abgebaut werden muss. Bei einer solchen Konstellation ist die etablierte große Fluggesellschaft extrem angreifbar. Denn eine kleinere Fluggesellschaft mit einem starken finanziellen Background und möglicherweise mit stillen Kapitalreserven oder Investoren mit einer hohen Investitionsbereitschaft sowie einem relativ stabilen Heimatmarkt könnte sich jetzt für eine Wachstumsstrategie entscheiden. Genauso könnte ein Finanzinvestor einen Markteintritt planen. Die Ausdehnung der Angebotskapazität könnte der Markterholungsrate angepasst werden. Diese Fluggesellschaft legt quasi nur den Schalter in Richtung angemessenes und stetiges Wachstum entsprechend der Rückkehr der Nachfrage nach Flügen um, während Lufthansa den Weg des Kapazitätsabbaus eingeleitet hat, der nicht ohne Weiteres umgekehrt werden kann. Das Wachstum der kleinen Fluggesellschaft wird begünstigt, weil durch die Freisetzung von Kapital – also

Flugzeugen – und der Freisetzung von Arbeit – also Piloten und Flugbegleiter –, durch die bisherigen großen etablierten Fluggesellschaften keine Ressourcenengpässe bestehen. Daher ist zu hinterfragen, ob die geplanten Entlassungen aus unternehmensstrategischer Sicht der Lufthansa wirklich klug sind, weil bei einem Turnaround des Marktes hier auch Newcomer einen leichten Zugang zu Schlüsselressourcen (Flugzeuge und Flugpersonal) haben.

Damit werden beschäftigungspolitische und wettbewerbspolitische Fragestellungen berührt, die bisher außen vor waren. Aus beschäftigungspolitischer Sicht müsste geprüft werden, inwieweit nicht durch institutionelle Zwischenlösungen eine Übergabe des Flugpersonals an den Arbeitsmarkt verhindert wird, sodass bei einem Turnaround die Lufthansa ein vorrangiges Verfügungsrecht bei der Wiedereinstellung hat.

Wettbewerbspolitisch ist bisher nicht überprüft worden, ob nicht ein Strukturkrisenkartell gebildet werden kann. Diese Frage muss für alle Märkte – auch für die deutsche Automobilindustrie – grundsätzlich gestellt werden. Der auslösende Impuls für den Rückgang der Marktnachfrage war mit COVID-19 ein singuläres Ereignis, was zeitlich begrenzt wirksam ist. Über den Zeitraum kann spekuliert werden, aber Konjunkturkrisen dauern auch länger als zwei Jahre. Insofern könnte man den Nachfragerückgang als temporär bezeichnen."

10.3.2 Aber hat sich nicht aufgrund der Einschränkung der Mobilität im Zuge der Corona-Krise ein neues Nachhaltigkeitsverständnis entwickelt, welches die Zukunft der Mobilität beeinflussen wird?

SCHULZ: „Das ist in der Tat eine Vermutung, die zutrifft, aber auch dringend empirisch überprüft werden muss. Denn wenn die Krise nachhaltige Verhaltensänderungen ausgelöst und klimapolitisches Umdenken verstärkt hat, dann ist davon auszugehen, dass sich eine vollständige Erholung der Mobilitätsmärkte nicht mehr einstellen wird. Dann haben wir faktisch einen strukturellen Wandel der Mobilitätsnachfrage. Damit liegen eigentlich die Eigenschaften vor, dass dieser durch COVID-19 ausgelöste Nachfragerückgang eine Strukturkrise ist. Folglich besteht die Option für die betroffenen Industrien, ein Strukturkrisenkartell zu bilden."

10.3.3 Wie kann ein Strukturkrisenkartell helfen?

SCHULZ: „Der Zweck eines Strukturkrisenkartells ist die planmäßige Anpassung der Kapazität einer Branche auf die veränderte, eingebrochene Marktlage, wobei die Interessen der Gesamtwirtschaft berücksichtigt werden müssen. Genau diese Situation liegt eigentlich vor. Das Strukturkrisenkartell ermöglicht die Chance, dass kooperativ unter Berücksichtigung gesamtwirtschaftlicher Interessen industrieübergreifend ein Kapazitätsabbau erfolgt."

10.3.4 Warum sind die gesamtwirtschaftlichen Interessen wichtig?

SCHULZ: „COVID-19 hat eine destabilisierende Wirkung auf eine Volkswirtschaft. In Deutschland ist in der Mobilitätsindustrie mit der Automobilindustrie eine Schlüsselindustrie betroffen. Wenn diese Industrie Probleme hat, hat die deutsche Volkswirtschaft ein Problem. In normalen Zeiten ist aufgrund der Wettbewerbsvorschriften die Automobilindustrie horizontal isoliert aufgestellt. Kooperationsmöglichkeiten zwischen den Industrien sind damit aufgrund von wettbewerblichen Vorschriften erheblich eingeschränkt. Diese horizontale Aufstellung (griechisch: diekplous) macht Industrien angreifbar. Wenn eine Krisensituation dazu kommt, erhöht sich die Angreifbarkeit enorm. Gesamtwirtschaftlich ergibt sich damit ein extrem hohes Risiko für eine politische, wirtschaftliche und soziale Destabilisierung. Um dieser Gefahr zu begegnen, muss eine horizontale Formation in einen „Verteidigungskreis" (griechisch: kuklos) überführt werden. Das Strukturkrisenkartell ist das Instrument, was die Überführung eines diekplous in einen kuklos ermöglicht und somit die gesamte Volkswirtschaft stabilisieren kann, weil die Angreifbarkeit deutlich gesenkt wird."

10.3.5 Welche Strategien werden die Unternehmen der Mobilitätsbranche vermutlich verfolgen, um sich von den erheblichen Umsatzeinbußen zu erholen?

SCHULZ: „Hier gibt es keine einheitliche Lösung. Aber es lässt sich ein Handlungsmuster erkennen, was am Beispiel der Lebensmittellogistik gut nachvollzogen werden kann. Die Lebensmittellogistik hat auf die Versorgungsengpässe durch eine zeitliche und intensitätsmäßige Erhöhung des Verkehrsleistungsangebotes sehr gut reagiert und aus betriebswirtschaftlicher Sicht war das positive Ergebnis, dass die Umsätze gesteigert werden konnten. Im Eifer der logistischen Optimierungen, um die Versorgungsengpässe zu vermeiden, hat man aber den Kosten keine Aufmerksamkeit geschenkt. Erst nach einigen Wochen war klar, dass infolge der neuen Abläufe aufgrund der notwendigen Hygiene-Maßnahmen die Personalkosten deutlich stärker gestiegen sind als die zusätzlichen Erlöse. Die Lebensmittellogistiker waren damit nicht die Profiteure der Pandemie – das Gegenteil war der Fall. Sie haben mehr geleistet und wurden trotzdem nicht monetär belohnt. Das ist im Bereich der produktiven Mobilität eine Erkenntnis, die die Bereitschaft zum Einsatz von automatisierten Prozessen (einschließlich automatisiertes Fahren) erhöht, um die Personalkosten zu optimieren."

10.3.6 Was bedeutet das für die anderen Branchen?

SCHULZ: „Jede Branche hat genau registriert, welche Kosten durch die Pandemie besonders stark angestiegen sind, und diese werden durch Digitalisierung und die Substitution von Arbeit durch Kapital konsequent gesenkt."

10.3.7 Was bedeutet das für die Politik?

SCHULZ: „Durch die Pandemie kommt es in der ersten Phase zu einer spektakulären Freisetzung von Arbeitskräften, die öffentlichkeitswirksam ist. Die erste Arbeitslosen-Welle ausgelöst durch COVID-19 hat eine hohe Amplitude und eine kurze Wellenlänge mit einer hohen Ausbreitungsgeschwindigkeit. Hier ist auch die Bereitschaft der Politik relativ groß – gerade auch vor Wahlen –, zu helfen. Aber tatsächlich wurde ein Prozess eingeleitet, der zu einer permanenten Freisetzung von Arbeitskräften über mehrere Jahre führen wird. Die Zahl der Arbeitslosen wird in den Folgejahren kontinuierlich steigen. Die Politik muss daher schon jetzt mit einer aktiven Beschäftigungspolitik auf diese zweite Welle reagieren. Diese zweite Welle ist gefährlich, weil man sie nicht sofort sieht, denn die Amplitude ist niedrig und auch die Ausbreitungsgeschwindigkeit ist relativ niedrig, aber sie ist extrem lang.

Kurz zusammengefasst: Die Politik muss über Beschäftigungsgesellschaften diskutieren und den betroffenen Industrien den Weg ebnen, Strukturkrisenkartelle zu bilden."

10.3.8 Welches Know-how und welche Fähigkeiten sind gegenwärtig in Bezug auf die Mobilitätsbranche besonders relevant, um sich gegenüber seinen Wettbewerbern möglichst schnell von der Corona-Krise wirtschaftlich zu erholen?

SCHULZ: „Eine hohe strategische Kompetenz ist gefragt. Denn die Schwäche der etablierten Unternehmen ist die Chance für neue Markteintritte. Es gibt genug Kapital, dass auf der Suche nach produktiver Verwendung ist. Die Schwächung der etablierten Unternehmen der Mobilitätsbranche ist die Chance für Finanzinvestoren, die Märkte neu zu ordnen. Die hohe strategische Kompetenz der Unternehmensleitung muss aber ergänzt werden durch eine Unterstützung durch die Politik, die verstehen muss, dass COVID-19 gute Voraussetzungen geschaffen hat, um die Mobilitätsmärkte angreifbar zu machen."

10.3.9 Das Gegenargument könnte doch sein, dass dies im Sinne der Theorie der angreifbaren Märkte (Contestable Markets) doch gut ist, weil es sich um normale Wettbewerbsprozesse handelt?

SCHULZ: „COVID-19 ist ein exogener Schock. Die Angreifbarkeit der Märkte ist nicht selbst verschuldet. Insofern gilt hier sicherlich das ordnungspolitische Paradigma, dass in manchen Situationen auch Ausnahmen vom Wettbewerb zugelassen sind. Solange es keine Weltvolkswirtschaft gibt, hat dann auch jede eigenständige Volkswirtschaft das Recht, einen wettbewerblichen Ausnahmebereich zuzulassen."

10.4   Verhalten der Menschen

10.4.1 Werden öffentliche Verkehrsmittel im Vergleich zum Individualverkehr aufgrund der Erfahrung der Corona-Krise von Verbrauchern langfristig weniger nachgefragt werden?

JOISTEN: „Unser Mobilitätsverhalten kann grundsätzlich vernunftgeleitet (z. B. ausgerichtet an der größten Zeitersparnis), emotional gesteuert (z. B. anhand des persönlichen Erlebniswertes) oder habitualisiert erfolgen (auf Gewohnheiten beruhend).

In der Ökonomie und Soziologie werden häufig Kosten-Nutzen-Modelle zur Vorhersage unseres vernunftgeleiteten Mobilitätsverhaltens herangezogen. Diese Modelle gehen davon aus, dass unser Mobilitätsverhalten das Ergebnis einer individuellen Nutzenmaximierung objektivierbarer Größen ist, wir bei der Wahl unseres Verkehrsmittels also Kosten und Nutzen gegeneinander abwägen und uns für dasjenige Verkehrsmittel entscheiden, das den maximalen Nutzen bringt. Diese Kosten-Nutzen-Modelle berücksichtigen insbesondere externe Faktoren zur Erklärung der Verkehrsmittelwahl. Die Corona-Pandemie stellt hier einen externen Faktor dar, der sich bei der Bewertung öffentlicher Verkehrsmittel auf der Kostenseite bemerkbar macht. Die Kosten bestehen in der Sorge, einem erhöhten Infektionsrisiko ausgesetzt zu sein. Bezüglich der Bewertung des Individualverkehrs verhält es sich genau umgekehrt; es besteht das Gefühl, ein Infektionsrisiko vermieden zu haben. Da die Corona-Pandemie das Bewusstsein für Ansteckungsrisiken schärft, wird die Bewertung dieser Risiken auch langfristig in die Wahl unseres Verkehrsmittels zum Nachteil öffentlicher Verkehrsmittel einfließen.

Dennoch bietet die Corona-Pandemie auch die Chance auf ein umweltbewussteres Mobilitätsverhalten, weil sie in vielfältiger Weise habitualisiertes Verhalten aufbricht. Da unser Mobilitätsverhalten in den meisten Fällen (z. B. der tägliche Weg zur Arbeit) stark habitualisiert und damit besonders veränderungsresistent ist, gelang es in der Vergangenheit trotz umfangreicher Bemühungen nur in beschränktem Ausmaß, nachhaltigen Einfluss auf die Verkehrsmittelwahl zu nehmen. Durch die Corona-Pandemie sind unsere Gewohnheiten in vielen Bereichen radikal verändert worden (Kontaktsperren, Maskenpflicht, eingeschränkter ÖPNV und Luftverkehr, geschlossene Grenzen, Urlaubsverhalten, Home Office). Diese Aufweichung habitualisierter Verhaltensweisen wird auch eine Veränderung unseres Mobilitätsverhaltens erleichtern. Das ist eine günstige Basis für Veränderung, daher sollten Anreize für z. B. ein umweltbewussteres Verkehrsverhalten jetzt gesetzt werden."

10.5   Zukunft

10.5.1 Welche (Zukunfts-)Technologien gibt es, die bei einer Pandemie nützlich sein könnten?

SCHULZ: „Die deutsche Automobilindustrie hatte schon vor COVID-19 mit enormen Problemen zu kämpfen. Jetzt hat sich der Anpassungsdruck nochmals erhöht. KI könnte hier die Schlüsseltechnologie sein, um eine Stabilisierung zu erreichen. Wichtig ist, dass KI mehrere Wirkungsfelder hat. KI kann eingesetzt werden, um die Produktionsprozesse und Lieferketten zu optimieren. KI kann die Konstruktionsentwicklung neuer Fahrzeugtypen systemisch verändern."

EDYE: „Künstliche Intelligenz (KI) kann bereits heutzutage in vielen Bereichen angewendet werden. Jedoch stellt sich der KI-Laie eine viel komplexere Technik vor, als es tatsächlich ist. KI ist in vielen Anwendungsbereichen noch Neuland und die Unklarheiten beim Einsatz und Ausbau von KI gibt vielen ein unwohles Gefühl. Aber einfach gesagt: KI basiert auf Regeln, die der Mensch einem System vorgegeben hat. Ohne den Menschen würde es KI gar nicht geben.

KI kann in drei Kategorien unterteilt werden. Die ‚schwache KI' (Weak/ Artificial Narrow Intelligence – ANI) ist bereits weit verbreitet. Bekannteste Beispiele sind die virtuellen Assistenten Siri und Alexa, sowie die Software für Produktvorschläge bei Amazon. Beispielsweise könnte KI in der Automobilbranche als Informationssammlungs- und Auswertungssoftware genutzt werden oder Aspekte wie Supply-Chain-Risiken beobachten. Die schwache KI kann nur, was ihr beigebracht wurde. Dementsprechend können Siri oder Alexa oder Supply-Chain-Frühwarnsysteme keine komplexen Fragen beantworten, bei denen eigene Meinungen oder Wertungen benötigt werden.

Eine KI, die der Intelligenz des Menschen sowohl vom Wissen, als auch der logischen und zwischenmenschlichen oder sozialen Intelligenz her ähnelt, ist die Generelle KI (Artificial General Intelligence – AGI). Diese Art von KI kann nicht nur Dinge erkennen und verstehen, sondern auch logisch daraus schlussfolgern. Generelle KI ist das, was sich der Laie unter KI vorstellt. Allerdings schätzen Experten, dass wir noch mindesten 10 Jahre benötigen, bis wir sie wirklich implementieren können. Generelle KI könnte selbstfahrende Autos noch „intelligenter" machen und in Grenzfällen, welche bei der Programmierung nicht berücksichtigt wurden, Hilfe leisten.

Innerhalb kürzester Zeit, nachdem die Generelle KI eingeführt wird, folgt darauf basierend die Entwicklung der höchsten Stufe der KI – die Künstliche Superintelligenz (Artificial Super Intelligence – ASI). Dies werden Systeme sein, die schneller lernen und agieren können als der Mensch, und sich selber kontrollieren. Elon Musk und Stephen Hawking unterzeichneten bereits einen Aufruf zur Einschränkung dieser Intelligenz. Wir müssen klare Grenzen setzen, bevor diese Art der Technologie überhaupt eingesetzt wird, um Komplikationen aufgrund technischer Unklarheiten zu vermeiden."

10.5.2 Was brauchen wir denn, um KI umzusetzen?

EDYE: „KI setzt sich aus drei Faktoren zusammen: Grafikprozessoren (GPUs), Algorithmen und Daten. Grafikprozessoren werden benötigt, um Datenmengen parallel verarbeiten zu können. Je mehr GPUs, desto schneller und effizienter wird die

Kalkulation. Allerdings ist sowohl die Anschaffung als auch die Instandhaltung von GPUs sehr kostenintensiv. Als zweiter Faktor werden die Algorithmen herangezogen. Dies sind die Regeln oder Vorschriften, welche den Systemen vorgeben werden. Als letztes werden Daten benötigt. Laut DFKI „generieren Algorithmen einen Mehrwert aus Daten, indem sie Daten in Informationen transformieren und so aufbereiten, dass diese Informationen in der Gesellschaft gezielt eingesetzt werden können." (DFKI 2017) Das bedeutet auch: Je mehr Daten sich in einem System befinden, desto präziser fällt das Endergebnis aus – demnach, je größer der Datensatz ist, desto wertvoller ist er. Dies ist konträr zur klassischen Angebot- und Nachfragetheorie. Somit vereinfacht und beschleunigt KI nicht nur unsere Unternehmens- und Gesellschaftsprozesse, von der Existenz autonomer Fahrzeuge, über Prozessoptimierung bis hin zu der Beeinflussung der Auswahl unseres nächsten Filmes auf Netflix, sondern ist auch widersprüchlich zu klassischen Wirtschaftstheorien, auf welchen fundamentale Prozesse und Theorien zu Populationsverhalten basieren.

KI kann uns helfen, vorausschauender zu agieren. Mit Hilfe von KI können wir Informationsanalysen und Prozessoptimierungen durchführen, von denen wir sowohl vor als auch während Pandemiezeiten profitieren können. KI kann uns helfen, in der Zukunft besser auf Pandemien aufmerksam zu werden. Und ohne KI würde es auch kein autonomes Fahren geben, durch welches wir die Verbreitung eben jener Pandemien eindämmen können."

10.5.3 Wie könnten autonome Fahrzeuge eingesetzt werden?

EDYE: „Wenn wir bereits gesammelte Daten in unsere Argumentation einbeziehen und annehmen, dass die Technologie und Infrastruktur für autonome Fahrzeuge voll ausgereift sind, wären autonome Fahrzeuge ein ausgezeichnetes Transportmittel für Menschen, insbesondere während einer Pandemie. Hier sind einige praktische Anwendungsbereiche für autonome Fahrzeuge:

- Robotaxis sind selbstfahrende Taxis. Menschen könnten weiterhin von A nach B fahren, ohne mit einem Taxifahrer (der eventuell vorher schon viele Menschen transportiert hat und somit potenziell selbst mit luftübertragenen Viren infiziert wurde) in Kontakt zu treten. Dadurch wird der Luxus der Fortbewegung durch ein Auto mit reduziertem Infektionsrisiko kombiniert, was ebenfalls die Gefahr, der Taxifahrer ausgesetzt sind, minimiert. Es wären allerdings strikte Hygienemaßnahmen nötig, um das Gesamtrisiko gegenüber herkömmlichen Taxis zu reduzieren.
- Auch Krankenhäuser können von autonomer Technologie profitieren. Krankentransporte, bei denen der Patient keine Assistenz benötigt, könnten mit einem selbstfahrenden Auto durchgeführt werden. Menschen, die sich mit Verdacht einer Infektion isoliert von anderen zum Krankenhaus bewegen müssen, könnten so an ihr Ziel gelangen, ohne selbst zu fahren oder andere anzustecken.

- Mithilfe von selbstfahrenden Autos könnten großflächige Busse durch kleinere Kapseln ersetzt werden. Der Linienverkehr würde weiterhin bestehen bleiben, aber durch die geringere Anzahl an Menschen, die in Kontakt sind, könnte auch hier die Ansteckungsrate minimiert werden."

10.5.4 Wie müssen Deutschland und Europa reagieren, um KI und autonomes Fahren umzusetzen?

EDYE: „Selbstverständlich müssen alle Nationen sicherstellen, dass trotz einer Pandemie ihre wirtschaftliche Leistung erhalten bleibt. Vor COVID-19 wäre die Antwort klar gewesen: Risikofreudiger werden, als geeintes Europa neue Projekte finanzieren, umsetzen, und Solidarität beweisen. Natürlich sollte dies immer noch Fokus aller EU-Mitglieder sein, aber die verschlechterte Wirtschaftslage aufgrund Corona als Ganzes minimiert die Risikobereitschaft. Die Umsetzung und Integration von KI wurde so zurückgesetzt, sollte aber, sofern finanziell tragbar, weiterverfolgt werden.

Aufgrund von Corona hat sich ein weiteres Fenster geöffnet, um autonome Fahrzeuge den zukünftigen Nutzern näher zu bringen. Egal ob als Robotaxi, das uns ohne einen weiteren Menschenkontakt von A nach B bringt, oder als Krankentransport, um sicher in ein Krankenhaus zu kommen – autonome Fahrzeuge können uns helfen. Für die Industrie und die Gesellschaft besteht nun die einzigartige Möglichkeit, eine neue Technologie in einem positiven Licht darzustellen, und somit langfristig deren Akzeptanz zu verbessern".

10.6 Schlusswort: Was kann die Mobilitätsbranche von der COVID-19-Krise lernen?

SCHULZ, JOISTEN, EDYE: „Am Anfang des Jahres sind wir nicht davon ausgegangen, dass uns die Pandemie in einem solchen Ausmaß beeinflussen wird. Jetzt müssen wir nach vorne blicken und Konzepte für die Eindämmung einer erneuten oder wiederkehrenden Pandemie entwickeln. Es ist eine ungewisse Zeit, die vieles innerhalb der Industrie, dem Land und der Welt verändert hat. Besonders wichtig ist es, dass wir auch das mit der Krise verbundene Innovationspotenzial sehen und die Chancen für Veränderungen und Innovationen wahrnehmen. Durch Kreativität und unter dem Druck, schnell agieren zu müssen, entwickeln wir neue Ideen und Umsetzungsmöglichkeiten. Wir müssen neu- und umdenken und neue Lösungsansätze finden, um mit der Pandemie umzugehen."

Literatur

DFKI (2017). Künstliche Intelligenz, Wirtschaftliche Bedeutung, gesellschaftliche Heraus-forderung, menschliche Verantwortung. https://www.dfki.de/fileadmin/user_upload/import/9744_171012-KI-Gipfelpapier-online.pdf. Zugegriffen: 4. Aug. 2020.

Prof. Dr. habil. Wolfgang H. Schulz habilitierte an der Universität zu Köln im Jahre 2004 und ist seit 2013 Inhaber des Lehrstuhls für Mobilität, Handel und Logistik an der Zeppelin Universität. Er befasst sich mit den Entwicklungen des Mobilitätsmarktes, und hat in den letzten Jahren einen starken Fokus auf Zukunftsmobilität und Künstliche Intelligenz gesetzt.

Prof. Dr. Nicole Joisten ist Diplom-Psychologin, Sportpsychologin (ÖBS) und Psychologische Psychotherapeutin mit eigener Praxis in Köln. Seit 2014 lehrt sie im Studiengang Psychologie und Management an der International School of Management.

Christina F. Edye promoviert seit 2018 am Lehrstuhl für Mobilität, Handel und Logistik der Zeppelin Universität. Sie beschäftigt sich mit der Umsetzung von Künstlicher Intelligenz innerhalb der Automobilbranche, sowie autonomen Fahrzeugen.

CPSIA information can be obtained
at www.ICGtesting.com
Printed in the USA
LVHW100318140921
697770LV00005B/263

9 783658 333072